U0749018

我的祖父王襄

纪念发现甲骨文120周年

王成◎著

天津市口述史研究会◎编

天津出版传媒集团
天津人民出版社

图书在版编目(CIP)数据

我的祖父王襄 / 王成著 ; 天津市口述史研究会编
. -- 天津 : 天津人民出版社, 2020.1
(天津口述历史丛书)
ISBN 978-7-201-15631-6

Ⅰ. ①我… Ⅱ. ①王… ②天… Ⅲ. ①王襄(1876-1965)-传记 Ⅳ. ①K825.81

中国版本图书馆 CIP 数据核字(2019)第 280547 号

我的祖父王襄
WO DE ZUFU WANGXIANG

出　　版　天津人民出版社
出 版 人　刘　庆
地　　址　天津市和平区西康路 35 号康岳大厦
邮政编码　300051
邮购电话　(022)23332469
网　　址　http://www.tjrmcbs.com
电子信箱　reader@tjrmcbs.com

责任编辑　岳　勇
装帧设计　明轩文化 TEL:23674746 ·王　烨

印　　刷　高教社(天津)印务有限公司
经　　销　新华书店
开　　本　880 毫米×1230 毫米　1/32
印　　张　11
插　　页　2
字　　数　190 千字
版次印次　2020 年 1 月第 1 版　2020 年 1 月第 1 次印刷
定　　价　42.00 元

版权所有　侵权必究
图书如出现印装质量问题，请致电联系调换(022-23332469)

序

方兆麟

王成兄的大作《我的祖父王襄》一书终于要出版了，这是他多年来的努力和心愿，在此先对他这本书的出版表示热烈祝贺！这本书在今年(2019)出版非常有意义，因为今年正逢王襄先生在天津发现甲骨文120周年，这本书的出版是对天津文化名人王襄先生最好的纪念！

应王成兄之诚邀，为他的大作写序，说心里话，我实在有些诚惶诚恐。因为王襄先生是我非常景仰的天津市著名文化人，他对甲骨文的发现与研究，对中国文字学、国学和传统文化的学术研究，以及他在书法方面的精深造诣，都令我辈高山仰止，不可企及。更令我惶恐的是，我对王襄先生在学术方面的高深成就了解得极为肤浅，更谈不上研究。直到拜读了王成兄这本大作，才对王襄先生的学术成就、思想境界和他的品德、为人等方面有了比较全面的认识与了解，但也不过仅仅是一些皮毛之见而已,所以实在是不敢造次。

好在是我与王成兄有多年交往，彼此之间相处甚欢;同时我也很敬佩王成兄家学渊源的学识与涵养,因此不揣冒昧,斗胆写篇小文,以表对王襄老的敬意和对王成兄的情谊。

1953 年天津市文史研究馆成立,王襄先生受市政府之诚聘,任首任馆长。当时文史馆由市政府主管文化的天津市文化事业管理局代管，我父亲方纪正时任文化事业管理局局长,如此便与文史馆,与王襄先生有了很多来往。那时文史馆有馆员 20 人,都是在文化方面“深怀绝技”的能人，如评书艺术大师陈士和先生,著名票友、文物鉴定家“夏山楼主”韩慎先先生等,他们外表虽不光鲜靓丽,却是满腹经纶、学富五车。那时父亲方纪为了充分发挥文史馆馆员的作用，为繁荣天津文化多做贡献,他与王襄老商量,请文化局文艺处处长何迟亲自抢救整理陈士和的评书《聊斋》,为此还特地请天津广播电台帮忙,买了一台磁带录音机,为陈士和组织专场演出,录制他的评书段子,并将他的一些评书整理出版。天津美术出版社出版的《聊斋》系列连环画极受读者欢迎,成为它“看家”的书目之一。父亲还将文史馆馆员韩慎先安排为文化局顾问，请他到刚成立的戏曲学校任副校长,到天津艺术博物馆任副馆长。

那时因工作关系，父亲经常去参加文史馆的活动，春节时也去文史馆或家里给王襄先生拜年,我也曾跟随父亲去过两三次。记得那时候我见到留着长胡子、不苟言笑的王襄先生,心里总是充满敬畏和拘谨之感,不敢乱说乱动。但父亲与王襄先生却是谈笑风生,就像师生、朋友之间毫无拘束地在研讨学问。后来,记不清是什么时候了,家里的墙壁上挂出了4条书法作品,而作品中的字我们却一个也不认识,仅认得作品落款“王襄”二字。虽然不认得这些条幅上的字,但这些字却让我们十分好奇,时不时地站在它面前辨认、“相面”。那时因父亲工作忙,我们始终没有机会问他这4幅字是什么内容,只听他说王襄先生是甲骨、钟鼎文字专家,因此我们始终认为这幅书法作品是用无人能懂的甲骨文写就的。“文代大革命”之初,父亲多次叮嘱我们一定将这4条作品收藏好,千万别遗失了。这时我们才知道,这4条字是王襄先生用钟鼎文书写的“虢季子白盘铭”。“文代大革命”中父亲收藏的字画、书籍没能逃过被抄没的厄运,很多珍贵的字画、书籍散失了,这幅作品的命运我也不清楚它经过了怎样地辗转曲折,总之,它以后又重见天日,重新挂到了墙上。那时不少朋友来家做客时,就经常对着这幅作品“发呆”,或努力辨认其中似乎能看懂的字,或用笔抄录,甚至还有人找来“虢季子白盘铭”原文逐字对照。父亲病重住院期间,还经常惦念这幅作品,不时跟我们说起王襄老人和他这幅字。

20世纪80年代初,我到政协工作不久后,文史馆也重新恢复工作,那时我们办公室与文史馆同在解放南路399号楼里办公,文史馆在前楼,我们在后楼。有时两个单位一起搞活动,那时活动很多,座谈会、茶话会、书画鉴赏会等经常不断。很多老者既是文史馆员,也是我们经常联系的工作对象。我记得每次见到龚望先生,他总是一手拿着手杖,一手摇着大折扇,不管冬夏,总是一副名士派头。张达骧先生、张同礼先生、鲍毓麟先生,还有王成兄的叔叔王翁儒先生等,都经常来参加活动,他们也写过一些文史资料。最令我吃惊和敬佩的是刘行宜先生,她曾当过木斋中学(二十四中)校长。有一次我们与文史馆联合举办新春茶话会,领导让我做些灯谜让大家猜,猜中奖一支铅笔。我想来参加活动的老者都是有学问的人,特意选了一些自认为有点高难度的灯谜挂出来。但没想到的是,活动刚开始,刘行宜先生就扯下一大把,拿来找我要铅笔。我当时有些惊讶,还让她说谜底,她笑着一一答出,并说:这太简单了,下次找点更难的也没问题。真是让我佩服,文史馆真是藏龙卧虎!

1986年在王襄先生诞辰110周年时,文史馆搞了一次王襄先生纪念展,展出王襄先生手稿、书籍、文物、书法作品等,这个展览先在文史馆内部搞了一次预展,后移至天津艺术博物馆正式展出,吸引了不少人前来参观。开幕那天,应艺术博物馆之邀,我父亲也抱病出席了开幕式。这次展览是我第一次见到王襄先生关于甲骨文及文物研究的成果,有不少是未刊行的文稿,很珍贵,给我留下了深刻印象。1996年市政协文史资料委员会开始大力宣传天津历史文化名城保护,为弘扬天津历史文化,我们与文史馆共同举办了纪念王襄先生诞辰120周年座谈会,市政协副主席黄炎智主持会议。会后他对我说,文史委应该利用自己的优势多搞一些这样的纪念活动,让更多的人了解天津历史文化。1999年是王襄先生发现甲骨文100周年,在李鹤年、李世瑜、张仲等先生的积极倡议下,我们联合文史馆等单位,在市政协礼堂共同举办了一次“纪念甲骨文发现百年暨纪念文化名人王襄座谈会”,市政协副主席张永根出席会议,文史资料委员会主任李树人主持会议,很多专家学者出席了会议并在会上踊跃发言,对王襄先生作为天津文化名人一生的成就给予了高度评价和充分肯定,并对王襄先生是甲骨文首先发现者的问题进行了讨论。这次座谈会开得相当成功,对宣传王襄先生在传承历史文化中所做的贡献起到了积极作用。后来,在大力推进天津历史文化名城的保护工作中,在陈雍先生的积极倡导下,我们曾多次组织部分市政协委员前往当年王襄先生等从古董商贩范寿轩手中购买甲骨片的红桥区“马家店”遗址进行考察,并向市有关领导提出保护建议。

还在我们与文史馆同在一个楼里办公时，王成兄就经常来文史馆，有时他到我办公室来小坐聊天；以后两个单位分开，王成兄也时常来看我，他对王襄老人有着深厚的感情，并深得王襄老人的教诲。他经常给我讲一些关于他祖父王襄老人的故事，我也是从他片断的讲述中对王襄老人渐渐有所了解。王襄老人深厚的文化底蕴、扎实严谨的治学精神、一丝不苟的研究学风、谦逊低调的作人态度、热情助人的接人待物等，实令我辈难望其项背。他是一位真正有着大家风范的学者，也是众学人学习的榜样。

王成兄这本《我的祖父王襄》书稿，给我已经年之久，他当时只是送给我留作纪念，并无出版之意。然而，我抽暇拜读后，深受教益。今年是王襄老发现甲骨120周年，我想起王成兄这本书稿，更让我觉得在这样一个值得纪念的日子，将这部书稿整理出版，让更多的人了解这位天津著名的文化大家，宣传他并记住他，既是为弘扬天津文化做些实在的事情，同时也是从事天津文史工作的人义不容辞的责任。于是我与王成兄商量此书出版事宜，得到他大力支持。他说，如何整理修改，听凭我全权代劳。在整理这部书稿过程中，我再一次较为深入地走进王襄老的人生，令我获益匪浅。关于王襄老人，天津人知道他名字的人可能有很多，但真正深入了解他的人可能已为数不多了,可以说,王成兄这部书弥补了这个缺憾。读王成兄大作《我的祖父王襄》,读者可以从一个个小故事中,去品味王襄先生的一生,也许更可以从中受到一些启迪。我想,这就是出版这部书的意义与价值。愿人们能记住这位平凡却为中国文化做出了贡献的老人。

2019 年 5 月于拾荒堂

家世与故居

一、定居天津

我爷爷王襄的祖籍是浙江绍兴,祖辈世代靠务农为生,由于地少人多,土地贫瘠,生活十分艰难,只好另谋生路,最终选定“吃手艺饭”,以制金银饰品为生,遂男以铸铜锡成金银箔为业;女则将金银箔糊成“元宝”,然后用针线穿成串,再将制成的“元宝串”,拿到集市、庙会上去出售,以此勉强度日。当时,浙江绍兴地区每年参加科举考试的人很多,凡考取功名者,便可以做官,日后更可飞黄腾达。见此情景,我家也以为“读书做官”才是家中子弟最好的出路。但因当时绍兴地区考取、录用的考生名额较少,读书做官的机遇甚微,故全家决定去异地谋生。经过缜密思考,认为我国北方靠近京师的地区是较为理想的生活环境。为此,明清之际,全家乘船沿大运河北上,迁至天津落户。

因咸丰年间津门大水,祖辈为避水灾,弃家逃难,暂避他乡。某世祖母焦太夫人携带家中全部谱牒、各先辈的手绘影像等乘船逃难,不幸全部落水流失,致使我家后代对自身的枝系已无从考察,多年已无“家谱”可言。

为了重修家谱，祖父王襄很早前就着手积累资料,将所搜集到的自清咸丰年间天津水灾后至抗日战争期间各代先人的生平、事迹、影像等存放在后院南屋的家庙中。抗战期间祖父编制成《王氏家谱》一册,并于新中国成立后再次校对,并独自清缮,装订完毕后(线装),存放在家父长儒处。1957年9月祖父迁入新居时,曾想将《王氏家谱》自行影印出版,为子孙后代留一部寻根的记录,后因多种原因,未能实现。“文化大革命”期间,祖父生前珍藏的我家历代祖宗的影像、生平、事迹以及《王氏家谱》等,都在“扫四旧”之列,如不及时处置,一旦被“造反派”发现必将给全家带来灾难。为此,家人只好忍痛将祖父收集的历代祖宗的影像、生平、事迹以及《王氏家谱》等全部焚毁。到20世纪80年代中期,家父长儒与叔父翁儒等拟重修《王氏家谱》,并着手搜集素材,回忆家史,访亲问友,经过一段时间,《王氏家谱》框架形成,草稿略显端倪。1996年家父长儒因病谢世,叔父翁儒身体也日渐衰弱,便将重修《王氏家谱》一事交付与我,命我抓紧时间认真完成。待我退休后用了近两年的时间,终于完成了父辈交予的续修《王氏家谱》的任务,这才算了却了祖父编辑《王氏家谱》的心愿。

我家祖上来到天津后,首先选定在城厢北门外定居,仍然以铸铜锡箔手艺为生度日。为了给家中子弟铺设一条读书做官的道路,转变家庭“经商做工”的家风,全家人人勤恳,个个节衣缩食,经过多年的积蓄,在城厢内北门里大街开设了一家“利华首饰店”，营业日臻佳境。随后，我家世祖于清光绪二年(1876年)前，又在城厢内二道街张泽水胡同（清光绪二十年改名为贡院胡同）购得一处宅院，从此过上了安逸的生活，也为我家子弟铺设了一条日后读书做官之路。

约于清光绪七年(1881年)前后，全家移居城内东门里仓门口内西侧孙家胡同(1983年改称为华容胡同，与今基督教仓门口会堂仅一墙之隔)一处典型的天津式四合院居住。该院落被一木制屏门隔成前、后两院，爷爷与其父辈众多人口居住在这里。爷爷的父亲(即我的曾祖父)是老十爷王恩瀚，夫人吕氏，二人一生共有三子：长子王襄，1876年(光绪二年)12月31日生于城厢内二道街张泽水胡同；次子王赞，1879年(光绪五年)生于城厢内二道街张泽水胡同；三子王钊，1883年(光绪九年)生于城内东门里仓门口内西侧孙家胡同；另有一长女(四姑奶)夭亡，后又过继老十三爷王恩溎之长女(九姑奶)为次女。

曾祖父辈共有兄弟姐妹8人，其中虽有数人参加科考，但仅有曾祖父王恩瀚(老十爷)、曾祖父的哥哥王恩溎(老五爷)和弟弟王恩溎(老十三爷)三人走上了官宦之路。

王恩溎(老五爷)，字晋仙，号景贤，又号静娴，晚号耐园。清光绪丁丑科进士，并考取第四十七名翰林，官至翰林院检讨,殁于光绪二十七年。

王恩瀚(老十爷),字桂生。举人,精通中医,曾为天津商绅王竹林(贤宾)办理高阳、蠡县等地盐务。

王恩溡(老十三爷),字香溪,号筠生,又号石珊。举人,书法甚好,与津门学者严修、华世奎、孟定生等人交谊甚深,是津门“十老会”成员,也是爷爷王襄的启蒙老师。

到了我爷爷这一辈,共有兄弟三人,王襄为长兄(排行为二),其弟有王赞(排行为四)和王钊(排行为六)。兄弟三人在青少年时期深受家庭和叔伯长辈的影响,在曾祖父王恩瀚公及曾祖母吕氏的教育下,自幼拜师习读经史,彼此切磋学问,相互提携,共同进步。他们深知“世间最难得者兄弟”“家和万事兴”“要好儿孙须积德,欲高门第宜读书”等传统伦理道德,并成为日后修身治家的准则。

王　襄
(1876—1965)

王　赞
(1879—1935)

王　钊
(1883—1946)

清末民初天津的社会发生着巨大的变化，得天独厚的地理位置，使天津成为护卫京师的门户和海上通道。天津被迫开埠后，更成为西方列强入侵与掠夺中国的桥头堡，也成为东西方文化交汇地。一时间天津的社会上出现了新学与旧学、传统思想与新思潮、民族文化与外来文化、地方民俗与西洋民情等的延续、论争以及相互渗透、交融。随着时间的流逝，爷爷兄弟三人的年龄也在增长，每人的生活理想和人生轨迹也发生了较大的变化。

受文化家庭传统的影响，爷爷 7 岁开始入书塾读书；11 岁时，因曾叔祖老十三爷王恩溮在南斜街天津画家樊荫慈家中教书，故跟从老十三爷往樊氏家塾读书。18 岁至 22 岁，跟随王仁安、李桐庵二位恩师继续学习。当时家中前院设有一间书房，斋名曰“怡怡斋”[①]，是爷爷与兄弟读书的地方，室中悬有名人字画及陈设着古董文物，其中，清末金石学家、古文字学家吴大澂[②]（自称乐石居士）篆书的“吉金乐石”额，更是爷爷最早学临篆书的摹本。这里也是爷爷的叔伯等人与友人切磋学问、交流

---

① 子曰：“切切偲偲，怡怡如也，可谓士矣。朋友切切偲偲，兄弟怡怡。”（见《论语·子路篇》）

② 吴大澂（1835—1902），字清卿，江苏吴县人。1867 年进士，授编修，曾出为陕甘学政。以书法闻名，为近代著名书法家之一，尤其长于篆书。

治学心得的地方,更经常有严修[1]、华世奎[2]、孟定生[3]等名人的足迹。

清光绪二十四年(1898 年)冬十月,山东潍县(今潍坊市)古董商人范寿轩来津售卖古器物,来到东门里仓门口孙家胡同我家,说及河南出土有"骨版",且有刻迹。时年爷爷王襄 22 岁,他与友人孟定生闻听此事,即推断认为"此骨版为古之简册也",并极力怂恿范寿轩多多采购,来津售卖。第二年秋季(1899 年),范寿轩携带大量"骨版"来津,住进西关街的"马家店"(原名"元升店",是一车马旅店,因店主姓马,故俗称"马家店"),并来家邀请爷爷等人前往旅店观赏和购买。爷爷王襄与友人孟定生、马景涵(画家),弟弟王钊等人赶赴旅店,见到范寿轩所售"骨版"大小不一,上布满了沙子和泥土,"骨版"朽而脆薄,但文字刻痕清晰可见,可断定

---

① 严修(1860—1929),字范孙,号梦扶。天津人,祖籍宁波慈溪县,是清末巨商严信厚的堂侄。中国著名教育家,与华世奎、孟广慧、赵元礼共称近代天津四大书法家,与张伯苓同为南开系列学校的创始人之一,被称为"南开校父"。

② 华世奎(1863—1941),书法家,字启臣,号璧臣,祖籍江苏无锡,后迁避于天津。为近代天津四大书法家之首,其书法走笔取颜字之骨,气魄雄伟,骨力开张,功力甚厚。

③ 孟广慧(1867—1939),字定生,号远公,天津近代四大书法家之一。祖籍山东邹县,从小从父学书法,12 岁能摹写何绍基字,喜好古物,收集各朝代出土文物。著有《两汉残石编》、《定生藏泉》。

出自“刀”刻。爷爷王襄与孟定生等认真、仔细地观察“骨版”,反复、严格地审查其文字,最终研究确认“骨版”为“三古遗品”(即夏商周的物品),极富收藏价值。这个意外的发现,成为惊世的“甲骨文”最早的发现起源。爷爷王襄当时意欲大力求购,终因售价过高(一字一金),仅购少许,未能博收。爷爷对新购藏的甲骨爱不释手,为了表达自己对甲骨的爱恋,自称“大卜世家”,特意将书斋名更改成为“古龟轩”。

1898 年爷爷参加了清末科举制中最初级的“文童”考试,补县学生(秀才),计划继续走上读书做官之路。不料,戊戌变法及义和团运动失败后,清政府为缓和社会矛盾以维护其封建统治,提倡“新政”,废科举兴新学,通过科举而跻身仕途的路走不通了。在社会上出现了新学与旧学之争的情势下, 爷爷接受了新思潮的影响,于 1903 年参加了普通学堂 (即后来的铃铛阁中学) 的进修,并阅读了大量的新思潮报刊及近代西方自然与社会科学书籍,认为“吾人读书当具爱国之心,为青年书自立之道”,并广为宣传。为此,爷爷还自修英语,于 1905 年夏季,以 30 岁的年龄,赴北京参加清政府农工商部所办高等实业学堂(即北京大学工学院前身)招生考试。第二年(1906 年),考入高等实业学堂预科(2 年)学习,又于 1908 年,入清农工商部所办高等实业学堂矿科(3 年)学习, 于 1910 年 12 月 15 日毕业, 清政府奖给 “举人”。

1911 年 9 月，爷爷赴河南开封任候补知县，后到河南巡警道王守恂的警务公所做帮办文牍。

1995 年 9 月 16 日，天津《今晚报》第六版上，刊登出南开大学陈作仪先生发表的《王襄的“准考证”》的短文，指出南开大学图书馆于 1993 年在整理馆藏线装古籍书时，在一部书里“发现王襄先生清末参加童试时的‘准考证’”。我获知这一消息后，心情非常激动，感到如能在事隔近百年后的今天，见到爷爷年轻时的“准考证”，真是一件幸事，我决心亲眼看看爷爷的“准考证”。

几经周折，我通过天津市档案馆蓝长沄先生的介绍，见到了南开大学档案馆王月华馆长，说明了我的目的和要求，得到了王馆长的大力支持，终于，使我能在南开大学图书馆(“邵逸夫”新馆)，见到了爷爷那张清末参加“文童”科举考试时使用的“准考证”。

“准考证”为长方形，白色，纸质(纸长约 12.5 厘米，宽约 7.5 厘米，似宣纸)，已经后人加固托裱。纸面上加盖刻印有蓝色的边框（边框长约 12 厘米，宽约 6.5 厘米)，以及要求注明参试者面部特征和身材的字样，如：“童”“面形”“面色”“身”“须”等。同时，用毛笔(蘸黑墨)分别填写出与其相对应的“文”“方”“白”“中”“无”等字，以表明爷爷王襄的面部和身材的特征。因清末我国照相技术尚未普及，加之“准考证”形体较小，故未有相片，也不可能有“画像”，仅能用文字说明爷爷的长相和体征。

“准考证”钤有朱红色印两方，一方为正方形，另一方为长方形，将“面形方”三字盖住，难以清晰辨认。“准考证”的最后一行还刻有“其五官有疵疾之处均需要注明”的字样。

爷爷的这张“准考证”，据陈作仪先生分析认为：“是不是我市保留至今最早的一张‘准考证’，我不敢说，但至少是我市保留至今最早的‘准考证’之一。”这样珍贵的档案史料，值得复制保存，为此，我特请天津市档案馆技术处的褚斌先生摄影拍照，其照片大小与实物略同。

王襄“文童”的“准考证”

我拿到爷爷清末参加童试的“准考证”照片后，便欲想得知爷爷于何年曾经使用过这张“准考证”，经过多方查证、询问，终于得知这张“准考证”，是爷爷在 1898 年（清光绪二十四年），23 岁时参加生员考试进考场的凭证。

清代科举考试制度规定，凡经本省各级考试录取入府、州、县学的学生，统称为生员，即人们习惯地称为“秀才”。此种科考为最初级的考试，区分为文、武两种不同的体系，参加文官考试的，称为“文童”“儒童”“童生”；参加武官选拔的，称为“武童”。这种考试要接受本地方教官、教授、学正、教谕、训导和学正的监督与考核。当年，爷爷补县学生时，其学使为徐会澧。

清代科举考试制度还规定，凡经科考合格的生员，可参加每3年举行一次的乡试(乡试逢子、午、卯、酉年为正科，庆典加科为恩科)，考中者称为举人。清末，科举制度受到西方先进教育思潮的冲击，逐步走向废止，但科考制度中的“举人”称谓及“候补”办法却依然沿用。

爷爷凭借着一张小小的“准考证”，敲开了通往宦途之门。1903年，爷爷又参加了普通学堂(即后来的铃铛阁中学)的进修；1906—1910年，考入清农工商部高等实业学堂(北京大学工学院前身)矿科学习，毕业后，清政府仍沿用科考旧制，“奖给举人，尽先补用知县，分省河南”。1911年9月，爷爷赴河南开封候补知县，曾任王守恂先生[①]的河南巡警道警务公所帮办文牍。因亲睹官场龌龊，遂绝意仕途，同年，因爆发辛亥革命武昌起义，

① 王守恂(1865—1936)，字仁安，别号阮南，天津人。1898年光绪戊戌科进士。授刑部山西司主事。1905年巡警部成立。任警法司员外郎、郎中。1906年巡警部改民政部，任警政司郎中、总办兼掌印参议上行走。1910年出任河南巡警道。辛亥革命后，曾任内务部顾问兼行政咨询特派员、内务部佥事等职。早年负有诗名，晚年参与组织“城南诗社”和“崇化学会”。著有《王仁安集》《天津政俗沿革记》《天津崇祀乡贤祠诸先生事略》等。

于12月返回天津,从此,终止了走官宦之路。

叔祖王赞(四爷,字向葵,一字向夔),继曾祖父恩瀚公之后,为天津商会会长王竹林[①]府第的账房。我家与王竹林的关系,可追溯至清末我家自浙江绍兴移居天津的初期。当时祖辈仰仗自家有“包金”的手艺,在城厢内北门里大街上,开设了一间“利华首饰店”,王竹林即为我家首饰店中的一位学徒,以机敏、勤快深得我家祖辈赏识,故视为“王氏一家人”,认作“同宗兄弟”。后王竹林以经营盐务而致富。

王赞身为王(竹林)府的账房先生,与社会上各行各业交往频繁,接触的人员广泛复杂,因此极易接受新鲜事物。从我父亲长儒与九叔翁儒讲述的一些事中,可看出四爷王赞追求“新潮”之一斑。如第一件事,四爷的长女王贞儒(1899—1966,又名王卓吾、王振儒)出生于清光绪二十五年,当时社会上仍有女孩从小要裹脚的陋习,家中也有人建议要大姑妈王贞儒“裹脚”,做大家闺秀。爷爷王襄与四爷王赞闻知后坚决反对,并加以制止;同时商定,今后兄弟三人家中如有女儿出生,谁也不许

---

① 王竹林(1856—1939)名贤宾,以字行。山西永济人,久居天津。发迹后捐纳清末道员,以经营盐务而致富,曾接办高阳、蠡县的盐务。1903年任天津商务总会总董,1909年曾任长芦纲总,1936年当选为天津商会会长。1937年后出任日伪天津地方治安维持会委员、日伪天津市公署长芦盐运使。1939年被刺毙命。

给女儿“裹脚”。第二件事，大姑妈王贞儒于1916年入天津女师学习，1919年与好友邓颖超(邓文淑)等同学共同参加五四运动；后参加共青团、共产党；自由谈恋爱、结婚等，四爷从不干涉。1928年王贞儒与其丈夫李季达[①]被叛徒出卖而被捕，四爷又全力参加营救工作。第三件事，清末民初，社会上流行自己组装可收听无线电广播的矿石收音机，四爷热衷于此，积极购买材料，自己动手组装了一台小巧玲珑的矿石收音机，每天从中获得很多社会信息。第四件事，四爷居室中的家具别具一格，是当时社会上流行的一种镶嵌有玻璃砖镜面、大理石饰品、贝壳螺钿的硬木家具，十分时尚且华贵气派。第五件事，四爷见到社会上富户人家的庭院中，搭建有用来遮阳避雨、休憩纳凉的“天棚”，便想方设法在自己居住的前院，也建起一座“洋铁皮天棚”，只可惜在一次飓风中“天棚”被大风掀跑了。第六件事，四爷还曾购得一副“拉洋片”的设备(由一副可调焦距的凸透镜和许多外国风景明信片组成)，通过观看“洋片”，便可以一览世界各地的风光了。总之，四爷王赞是一位思维敏捷、精明能干、

① 李季达(1900—1927)，四川巫山人，1921年加入了旅欧中国共产主义青年团。1924年春转为中国共产党党员，成为中共旅欧总支部法国支部成员。不久赴莫斯科东方劳动者共产主义大学深造。1925年4月回国，奉调任中共天津地方执行委员会书记。1927年6月中共临时顺直省委成立，担任省委宣传部和工人部部长，同时兼任天津市委书记。由于叛徒出卖于当年8月16日与夫人王贞儒同时被捕。1927年11月18日就义于白骨塔。

善于接受新鲜事物与新鲜思想的人。

叔祖王钊(六爷,初名衡,字夑民,一字雪民),自幼身体柔弱多病,但天性聪敏好学,家学渊源使六爷王钊少年时便与长兄王襄共案切磋,潜心金石,探索印学,饱览家藏铜器、玺印、封泥、砖瓦、钱币等大量文物。1899年(光绪二十五年)王钊曾随哥哥王襄、孟定生、马景涵等人共赴天津城西头“马家店”(名为“元升店”的车马旅店)见到古董商人范寿轩来津销售的“骨版”, 因此王钊也见证了甲骨文最早在天津发现的全部经过。

爷爷王襄收藏的文物和甲骨, 六爷王钊很早就有所接触,并潜心研究与赏玩,与爷爷共同努力探究甲骨文的奥秘。六爷王钊成年后,对篆刻产生了极为浓厚的兴趣,他从家中收藏的诸多秦汉時期的官私印章中获得借鉴,故六爷篆刻的技艺提高得很快。30岁以后,六爷王钊在书画篆刻界已有名气,遂改以字雪民行,以治印名于世。

六爷雪民钟情于汉印, 所治之印俱能透出稳健、纯朴、温润、雅静之韵。他仿两汉铸印模式,运浙派刀法,如所刻“华世奎印”“孟定生印”“鹤年分隶”三方白文印,各具不同的风格,“华”印方劲,“孟”印圆融,“鹤”印浑厚。雪民老人一生治印,全凭学习、继承和借鉴我国古代印学发展之道路,学养深、技法精,开创出一派具备“静、雅、活”三字特色的印风。他提出“既然是今人印,何必敲边学古人”的主张,他寻求历史的真实,但从不作假,因而雪民老人所治之印比起边缘残破的古印更加自然、真实。他的这种理念，对于后辈天津篆刻人士起到了潜移默化的作用。正如当年天津著名画家、学者陆辛农先生有诗赞曰："师古不泥具卓识，追幽探奥成婀娜。天人工巧两称绝，想见游刃如挥戈。"由此可知雪民老人的篆刻技艺：有所法而后能，有所变而后大。爷爷王襄早年使用的印章，大多出自其弟弟雪民老人之手。

雪民老人极力搜集并充分利用所掌握丰富的金石文字资料，特别是过目并熟记爷爷王襄所藏5000余片甲骨上的斑驳刀痕。清宣统末年，雪民老人开始以甲骨文入印，是我国最早以甲骨文入印者，至20世纪20年代初日益成熟；而且经常用甲骨文刻边款，使用的甲骨文字之多，有的竟长达20多字，甲骨文不够用时就改用金文，绝不胡乱拼凑。约于40年代初期，老人刻的甲骨文边款已达极高的水平。以甲骨文入印是雪民老人的一大创举，这是前辈篆刻名家所没有的，这种手法，不是拟古，而是创新。杨鲁安先生[1]曾说："雪民先生给王襄先生刻制的'簠室''簠室藏贞卜文'，朱文利刃切冲，白文单

① 杨鲁安（1928—2009），原名杨继曾，出生于天津一个回族商人家庭。生前为西泠印社理事兼收藏与鉴定研究室主任、中国书法家协会会员、内蒙古书法家协会顾问、内蒙古博物馆顾问、内蒙古北疆印社社长、天津印社名誉社长、内蒙古钱币学会副会长、内蒙古文史研究馆馆员、中国书画函授大学教授、呼和浩特书画院顾问。

刀直入,凭其直觉把武丁时期贞人宾、争、韦各家的刀法表现得淋漓尽致。”已故天津书法名家李鹤年先生[①]常用的雪民老人所刻印章,其边款多数为甲骨文,均以帝乙、帝辛之世卜辞文字出之,晶莹隽美,一丝不苟,这是在当年别家边款上看不到的奇迹。

雪民老人一生清贫,好古不倦,治印技艺高超,并总结有精辟的论述,据文物鉴赏家和收藏家杨鲁安先生回忆, 王雪民先生曾著有摹印之论称:“传世之古印最著者,为周秦官私玺,汉魏六朝官私印,唐以后无足观焉。此治印学者所宜知也。然周玺之文,与钟鼎款识之文类;秦玺之文,极尽变化,殊形诡制,开印学法门。自汉迄六朝缪篆兴,摹印之学,遂集大成。”雪民老人平生治印累计逾数千方,但所存印谱却寥寥,曾以中晚年作品集为《雪民印存》数十册面世。更遗憾的是这些印存几经动乱,散失殆尽。雪民老人当年曾为国画大师张大千、天津书法大家华世奎、孟广慧诸公以及王襄所治印章,皆精心力作,堪称绝品。其中部分作品,后经杨鲁安先生搜集、整理,于 1984 年 3 月刊印成《王雪民印存》一册,供后学治印者鉴赏之。

雪民老人的篆刻艺术,深深地影响到我们王氏家族

---

① 李鹤年(1912—2000),字鸣皋,别署蹇斋,祖籍浙江绍兴,世居津门。曾任天津书协副主席、天津文史研究馆名誉馆员。

的后一代，除了雪民老人的长子强儒七叔外，其他包括我的父亲长儒以及伯父、叔父等在内的小辈们也拿起了刻刀学起了篆刻。一时间，刻刀与印石撞击之声从我家的各房屋中传了出来，可谓是满院都是刻石声，就连刚过门的王家的媳妇们也不例外，如我的母亲就曾在六爷雪民的指导下，自己动手刻过一方“朱学淑印”的名章，终生使用。此外，雪民老人还将自己的刻石技艺广传弟子，能传老人之技者有周与九、唐石父、齐智园、蓝胜青、李鹤年、任秉鉴、朱寿松诸君。

爷爷兄弟三人，在其父母谢世后，仍同居住在一个院落里，但分家各自另过，四爷王赞为天津商会会长王竹林府的账房先生，收入微薄，加之子女较多，生活不宽裕；六爷王钊在天津图书馆工作，虽有一些收入，由于家庭开支大，只好在估衣街的“文美斋”“同文任记”等南纸局，贴出“润格”，靠为他人治印另外获得些收入。每当夜深人静时，六爷便在摇曳的灯光下伏案刻石，从屋中隐隐约约传来细微的刀刻声。六爷依靠刻章的收入(六爷刻章收费标准一个字大约要几块钱，在当时属于收费最高的了)，补贴生活，然而生活依然不很富裕。加之，四爷与六爷因病较早过世，他们子女的生活与教育诸多问题，爷爷王襄也需过问，因此，爷爷便将自己的部分收入，拿出来资助两兄弟及其子女。

爷爷兄弟三人自幼生活、学习在一起，彼此相互关心、相互爱护，手足亲情极深。例如，1911年春四爷王赞赴北京办事，在琉璃厂一带见到六朝、唐人写经，立即购得邮寄回天津，供王襄欣赏研究；1912年六爷王钊与爷爷王襄二人受民国初年民主、法制思想的影响，一同参加了天津民国法政讲习所(政治经济科)的学习。1914—1939年，爷爷因生活所迫，20余年里，先后曾因工作调动，奔走于冀、闽、粤、川、浙、鄂诸省，天津家中诸事，无法顾及，皆交由二位弟弟办理。爷爷深知弟弟王钊喜爱花鸟鱼虫、山石盆景，30年代初旅居南方诸省时，特意采集到的几块太湖石、钟乳石，待休假时运回天津，送给弟弟王钊；爷爷多年奔波在外地，但每逢两位胞弟的生日时，爷爷必以寿联、画像邮寄津门为生日祝贺。特别是1935年5月四爷王赞病故时，爷爷特自浙江杭州返津奔丧，并写挽赞弟联："兄弟命多奇，少失母，壮失父，贫苦相依，垂老那堪长别痛；子女年尚稚，生在养，学在教，鞠育何恃，伤心剩有泪痕斑。"1946年7月六爷王钊病逝，爷爷写挽联悼念之："近年感幼孙长媳之丧(六爷的长孙王庆，长媳刘俊英相继因病去世)，忧能伤人，两鬓每惊吾季老；自身因谋米煤盐诸事，贫而至死，一篇谁著印家言。"此外，兄弟三人的子侄，朝夕相处，相亲相爱，团结和睦，情同手足。由上述诸事，可见爷爷兄弟三人之间的情谊是多么真挚牢固，为我家后代榜样，值得后人永久地珍惜。

二、生活在“萃古园”

清光绪二十六年(1900)二月,曾叔祖父王恩澎(老十三爷)病故,终年49岁。三月,曾祖母吕氏也去世,终年也是49岁。六月,八国联军入侵津门,硝烟弥漫,战火横飞,兵荒马乱的时局,使家人精神慌乱,心情十分沉重。有一天,一颗联军的炮弹从天而降,击中爷爷兄弟们的书斋,屋顶被炸出一个窟窿,天灾人祸,迫使家人冒着枪林弹雨危险,弃家逃往西城外,暂时投靠亲友,以避战乱。

庚子战乱后,家人不愿再搬回充满“晦气”和“灾难”的旧宅中居住,决定另择新居。经过多方考虑,终于选定了与仓门口斜对过的东门里大刘家胡同15号的新宅。这是一处坐东朝西、两进的天津式四合院,建于清同治年间。院内有房屋20余间,房屋建筑皆为青砖小式,硬山卷棚顶,砖木结构,部分房屋有前廊,建筑面积约为312平方米。

城厢东门里的大刘家胡同（1982年改称为东门内大刘胡同)是一条形成于明代的胡同,位于东门内大街南侧,北起东门内大街,中与二道街相交,南至南门东三条,全长457米。胡同名称与形成约有三种不同的说法:

一是，因明代这里住着一位刘姓的“大关”(户部征税的常关，也称钞关，俗称大关)长官，故称其巷；二是，因清道光年间，有刘某在此建房形成胡同长且宽，故名大刘家胡同；三是，因俄商萨宝石洋行买办刘某在此居住，故名刘家胡同。大刘家胡同曾居住过一些名人，如清中叶曾任广东、浙江和山东巡抚的梁宝常，北洋军阀时期的总统徐世昌，清末学者严范孙的族弟严台孙，古物收藏家缪继珊，还有我的爷爷、现代金石学家、甲骨文的发现者王襄及其胞弟津门书法篆刻家王雪民等。

大刘家胡同中部与其相交的二道街，也是城厢里一条最长的古老小街，长 815 米，《津门保甲图说》就有标示。这里曾居住过较多的商贾富豪，特别是一些大盐商，如“李善人”家、口岸店王家、津武口岸华家、景州店刘家、完满堂周家、裕源店刘家、聚义恒杨家等，以及盐运署、芦纲公所等盐商、盐官均居于此。还有三义金店刘家、洋行王家、赵家等商人，更有许多文化名人，如华世奎、孟广慧、马景涵、赵元礼①、刘云若②、王

---

① 赵元礼(1868—1939)，字幼梅，号“藏斋”，近代诗人，天津“四大书法家”之一，曾任直隶河北高等工业学堂监督。1921 年与严范孙、金息侯、王守恂等人组织“城南诗社”，以“天津近代诗坛三杰”享誉津门。李叔同曾从其学，著有《藏斋集》《藏斋诗话》等。

② 刘云若(1903—1950)是 20 世纪 30 年代天津著名的社会言情小说家，原名兆熊，又名刘存有，字渭贤。

君直[①]、寇梦碧[②]及清代诗人杨无怪、杨香吟等，都住在这块较为富庶、显赫的地方。

新居是一处坐东朝西的、两进的天津式四合院，院内有房屋20余间。走进院大门，门洞里靠左边有一间门房，是仆人居住的地方。穿过大门洞，走进天井，靠近右手有一间“倒座”的西厅房，是家中接待客人专用的客房，亲朋好友节日聚会，举办京剧、昆曲清唱、舞会、听音乐都在这里。屋内陈列有多个书橱，书帖盈架；迎面的案几上陈设有古董器物，如石造像、陶屋、陶俑、钟鼎彝器等文物；四周墙壁上悬挂有碑拓及名人字画，室内散发着古朴的书香气息。跨过木制的“二道门”，便来到前院，这是一个近似正方形的院子，前院东屋有正屋三间，一明两暗，堂屋留有后屋门(过堂屋)，可直通后院，是我四爷爷王赞的居室。

前院的北屋是里外屋相通的两间小厢房，约20平方米，是爷爷兄弟三人读书、习字的书房。他们常以自

---

① 王君直(1867—1931)，天津人，本名王金保，字丽泉，后改名王益保，字君直。1905年，在学部左侍郎严修保荐下，王君直任学部主事，授朝议大夫。1915年任长芦京引盐商代表。1927年9月被推选为芦纲公所纲总，同年当选天津商会副会长。1928年10月因“芦盐五纲总案”被南京国民政府羁押，转年解往南京，1931年1月11日在大华饭店病逝。

② 寇梦碧(1917—1990)，名家瑞，字泰逢，号梦碧，天津人。天津教育学院及天津大学讲师、天津文史馆馆员、中华诗词学会顾问、天津市老年诗词研究所所长、天津市文韵学会顾问。有《夕秀词》行世。

藏的古器物为书斋命名，如爷爷在陆续收集到很多陶俑、陶室等陶器后，曾将书斋命名为“百俑楼”“陶室”“乐陶陶居”等。1900 年他将自家多年珍藏的古俑、兽、室、井、灶等古代明器(冥器)64 件，分类摄影，在日本印刷出版了我国最早的一部著录古代名器图录的专著——《簠室古甬》，爷爷在序中写道：“……古俑之可宝，不第发前人之未见之奇，识古人之葬礼已也，其衣裳冠履可考历朝之服色焉，其跪拜立肃可考历朝之礼节焉，其装饰、其制作可考历朝之习尚与美术焉。有是数者，得之者当如何珍惜也。”1907 年爷爷获得王懿荣[①]旧藏中白作旅簠后，上有 12 字，极为珍视，因此将自己的书斋命名为“簠斋”，此后爷爷在自己的著作、题跋、印章以及书法等作品中，经常使用这一斋名。1908 年爷爷编辑、整理潘文勤、吴愙斋等人所藏彝器款识，辑成《晋斋宝藏彝器款识》，写序时，曾用“晋斋”作过斋名。1911 年春季，爷爷的弟弟王赞先生在北京为其兄长购得一束六朝唐人写经，此后爷爷又多方蒐集，甚至拿出自己珍藏的甲骨，与方地山(方尔谦)所藏的唐人写经相交换，获得六朝唐人写经多卷，经研究后，择神韵、结构自成一家者，汇集、装订成《集六朝唐人写经残

① 王懿荣(1845—1900)，字正儒，一字廉生，山东福山(今烟台市福山区)古现村人。中国近代金石学家、甲骨文的发现者和爱国志士。光绪六年进士，授编修。

页》《六朝唐人写经》，亲自写序、题词，兼论六朝唐人的书法艺术。为此，爷爷自称自家书斋为“宝古经舍”。20世纪初，爷爷获得唐代虎符一枚，十分珍爱，除名书斋为“符斋”外，并亲手影临虎符图像，制版印制成自家使用的信笺，广为流传。1930年爷爷将临摹陈簠斋等人所藏彝器款识618器，分4册编辑成《簠斋临古今文字》一书，在这里爷爷使用了“簠斋”的名称。此外，爷爷的书斋名称还有：“六十佛龛”“周定康瓠之室”“秦权斋”“两布斋”等，均为以所藏古器物命名的。爷爷对自己的书斋是非常满意的，他赞美道：“是斋也，窗明户达，花木荣滋，惜购于无何有之乡，乃空中楼阁耳。”并发出“吾爱吾庐”的呼声。由此可见，爷爷兄弟三人热爱自家书斋和收藏文物的感情。正如爷爷所说：“吾家前庭，书斋两楹，厅事一间，昔吾与两弟读书食息于斯。斋名以所藏古器物命之，殆将十数，若‘簠室’‘符斋’‘古龟轩’云云者是。”“斋名虽多，实则一斋一厅(一处书斋，一间客房)，岁时易其题额，聊咤富居而已”。这间书斋的面积虽小，屋内陈设又极其简单，但曾有一段时间(1894年前后)，王仁安先生居住在这里，为爷爷讲解古文，兼授以诗赋辞章。

前院南屋厢房也是两小间，原为四爷王赞子女的居室，后改为厨房和贮藏室。前院院落虽小，但窗前及院内四周，却布满花草和山石盆景，也曾摆设过大鱼缸，养过美丽的金鱼，小小庭院宁静、安逸，独具情趣。20 世纪二三十年代，前院内曾搭建过一座“洋铁皮”的天棚，用来遮阳避雨，特别是夏秋之际，这里既是家人饮食娱乐、休憩纳凉的好地方，更是孩子们嬉戏的中心。当时，社会上兴起一股家庭办刊物的风气，叔父翁儒、中儒也积极倡导，主持办起了家庭刊物《天话》，稿件主要来源于家庭成员，共出了两期：第一期封面为橘红色，第二期封面为深绿色，均为小 32 开本，封面图案是孔子的站立像，借用于河北第一博物院的制版铜模。刊物名称是特聘请冯小卓先生用“瘦金体”书写的，内容为文艺短文、诗歌、评论等，刊物的“编辑部”就设在这座“洋铁皮”天棚下的一张小桌上。可惜的是，在一次大飓风中，天棚被风掀得无影无踪了。

穿过前院东屋南侧的小过道（或东屋堂屋的后屋门），便可直达后院，后院是一长方形的庭院，用木制的“二道门”隔成大小两部分（即隔成大小两个庭院），“二道门”前的小院里，门旁两侧靠近居室处，各摆放一个直径约 3 尺的小型荷花缸，种满了荷花。“二道门”后的大院中央，放置着一个直径约 5 尺的大荷花缸，也种满了荷花，每当春夏季节，整个庭院里到处飘溢着荷花的清香气息。爷爷、六爷（王钊）和老十三爷（王恩溥）及其家人居住在后院。民国初年，全家的生活，依靠爷爷兄弟三人共同维持。后来爷爷的两兄弟去世，全家仅靠爷爷一

王襄在"萃古园"旧居

人的微薄工资勉强度日；至新中国成立前夕，待子侄们长大成人，可以独立生活时，方才各自分居。

爷爷兄弟三人分居前后两院，爷爷的居室在后院北屋，屋里的陈设极为简单，是全家人平时食宿、学习、会客和娱乐的地方，也是爷爷著书立说的书房和工作间，故爷爷特为自己的居室（亦即书斋）命名为"居贞土室""居贞土室北轩"等，并自称"簠室旧客"。

据父亲长儒先生回忆，到了他们这一辈人，每个人并没有自己的书斋名，只是在20世纪初，父亲与七叔强儒、九叔翁儒跟随雪民老人学习篆刻时，曾起过一个书斋名"蔼吉书屋"。爷爷王襄老人有子女共五人，四男一女，因此姑姑敬儒（独生女儿）备受父母及兄弟们的喜爱，家人希望这位"和蔼可亲""娇美和善"的姑娘，能给全家带来"幸福""吉利"的美好生活，所以当姑姑敬儒另起别号时，爷爷称之为"蔼吉"。为了表达这一美好的愿望，父亲长儒在练习篆刻技艺时，特意制印一方曰："蔼吉书屋"。后来父亲长儒、姑姑敬儒、九叔翁儒等人，凡是写作、篆书条幅、藏书藏画等，也多用“蔼吉书屋”作为书斋之名，或加盖“蔼吉书屋”的印章，此书斋名一直沿用多年。

民国以后，爷爷就职于长芦盐务稽核所，此后 25 年里，奔波于江南诸省；其他两兄弟虽久居天津，但各有自己的工作，四爷王赞供职于天津商会会长王竹林府账房及其开办的钱铺； 六爷王钊在天津市立图书馆工作，平时也很少到书房读书学习，书斋日渐闲置。偶尔有爷爷的子侄们光顾，如五四运动时期，正在天津直隶第一女子师范学校学习的、爷爷的侄女贞儒(即王卓吾)与其同学、好友邓文淑(即邓颖超)，经常来此书房中复习功课，或共同议论妇女解放、反帝爱国等大事。又如二伯父正儒、父亲长儒、七叔强儒等也经常在此书房向爷爷的弟弟雪民(王钊)老人学习篆刻、书法艺术。此外，前院西屋的客房，除偶尔接待亲友来访，或家人使用外，大部分时间处于闲置状态。

起居室的东边是堂屋， 堂屋与起居室的大小相似，走进堂屋，迎面的后檐墙边摆放着一个大条案，条案上摆放有镜子、花瓶、帽筒等物品，墙上挂有条幅和对子，条案前正中央的地方，摆放有一张八仙桌，桌子两旁，各有一把太师椅，紧靠堂屋西山墙，立着一个大书柜，存放有常用的书籍。

堂屋的东边还有一间小卧室，紧靠后檐墙处，有一

"半间屋"的大炕,炕上有一张"炕琴"和一架"被格子";后檐墙上挂有四幅花鸟屏的镜框。屋内东山墙边,放有一张"联二桌",桌面上立有一面大玻璃镜,还摆放有花盆、花瓶、座钟等。前檐的"花格子"窗前,摆放着一张小桌和两把座椅。这间小屋的地面,是暗红色油漆的地板地,也是大刘家胡同爷爷旧居里唯一的地板地,据说是为我的父母亲结婚而铺设的。

后院有东屋三间,"一明两暗", 是爷爷的六弟王钊及其家人的居室,紧靠堂屋后檐,摆放有佛龛和供桌,终年供奉着"全神像",每当重大节日,都要叩拜,特别是每年春节除夕之夜,更是要焚香、上供朝拜;初一清晨,在鞭炮声中,要"升大纸"(焚烧"全神像"),并要重新供上新请来的"全神像",以保全家岁岁平安。

后院南屋有两套"一明两暗"的住房:靠西面的一套住房,是我家的"家庙"所在地,这里供奉着我家祖宗的灵牌及绘制的"影像",每逢年节(尤其是春节、清明节)都要隆重地祭祖。南屋里还存放过六爷王钊使用的花盆、鸟笼、蛐蛐罐、风筝等物,也存放有老五爷王恩涯等人做官时使用过的"袍套靴帽"等用品。靠东面的一套住房,是爷爷及其子女存放书籍、文物的地方,兼作贮藏杂物及保姆的居室,后来,这里就成为爷爷一家的厨房和全家人用餐的地方。

此外,后院东屋南侧有一小夹道,夹道里有供全家使用的灶台，早年这里曾是家人做饭的地方，爷爷兄弟三人分家后，灶台便逐渐荒废了。穿过夹道，在东屋后边，开有一个边门，连接一处独门独院的宅院，这是一处近似方形的院落，院内共有五六间住房，穿过宅院，可达二道街的德安里。这套住房原本是我家的财产，20 世纪20 年代末，因家庭生活困难便租赁给他人，此后再无收回。

1948 年 10 月，中共中央和中央军委根据全国解放战争形势的发展，决定分割包围、歼灭平津地区的国民党反动军队。11 月辽沈战役胜利结束后，中国人民解放军东北野战军迅速挥师入关，完成了对华北敌军的战略包围。随着解放军对天津城区的包围，国民党政府和军队面临大军压境的局面，顿时一片紧张和混乱，到处抓夫、抓丁，抢筑碉堡工事；昼夜警笛长鸣，随意逮捕平民百姓；奸商囤积居奇，物价飞涨，人们为了生计，只能终日奔波，加之这一年的冬季过早地来临，天气异常寒冷，不到“立冬”时节，屋中已燃起了煤炉。天津人民挣扎在死亡线上，生活在水深火热之中，热切盼望天津的解放。

爷爷在“逢四方多故，斗米万金”的艰难时世，为了家人在战乱中得以生存，便储备了一些粮食、蔬菜，以及取暖用的煤，夜晚点灯用的蜡烛、煤油、火柴等生活必需品。12 月中旬左右，随着解放军对津城包围圈的逐渐缩小，白天或夜晚都可听到阵阵枪炮声。国民党宪兵、警察等经常以种种借口，闯入民宅“查户口”，搅得人心惶惶，鸡犬不宁，到了夜晚，我害怕得连屋门都不敢迈出一步。尽管如此，爷爷的一些学生，叔叔、姑姑们的朋友、同事却经常到家来访。他们在交谈中，对天津即将解放的形势，多加评论与推测，有时讨论得异常激烈。待天津解放后我才知道，来我家的这些学生、朋友或同事中，有的是国民党政府的官员，有的是中共地下党，他们到我家来访，与爷爷交谈，目的就是为了获得有关天津解放的情报。

随着战事的加剧，爷爷叮嘱我母亲和婶母们用“毛头纸”纸条，在家中门窗玻璃、衣帽镜上，贴成“米”字状，以防玻璃破碎后伤人；并将水缸、水桶、木盆、脸盆内注满了水，以备防火之需。同时，经常有中共地下党从大门缝中向我家院内投进许多油印的传单、小报、小册子等，我的父亲长儒与姑姑敬儒，也经常各自从工作的机关和学校带回家中许多中共的宣传品，其中有中国人民解放军的“三大纪律八项注意”、毛泽东的《新民主主义论》《论联合政府》等。爷爷每每得到这些宣传品后，便仔细认真地阅读，读后更常与子侄辈说：“共产党一定会成功”，还把一些认为重要的材料单独保存。

大约在 1949 年元旦过后不久，一天傍晚时分，家人正准备吃晚饭，突然，从前院大门外传来了国民党军警查户口的喊叫与砸门声，佯言“查户口”“剿匪”，并反复追查、询问大姑王贞儒[①]的下落与行动，并对我家前、后宅院进行多次搜查。为了逃避国民党军警搜查，确保家人的安全，爷爷与父亲和姑姑商议，决定销毁一部分进步书籍、传单、小报、小册子等，父亲和姑姑利用家中做饭的时机，从书柜里将有关的书籍、传单等物品，分批填进后院厨房的灶膛中烧毁，也就是在这次“焚书”的过程中，我在《共产党宣言》《国家与革命》《论辩证唯物主义和历史唯物主义》《新民主主义论》等被焚书籍的扉页里“认识了”马（克思）、恩（格斯）、列（宁）、斯（大林）、毛（泽东）。随着解放军对天津城区包围圈的缩小，国民党军、警、宪、特和散兵游勇对百姓疯狂的镇压与骚扰却愈演愈烈，战事的加剧迫使父亲与叔叔、姑姑们去工作单位的时间也越来越少，以致终日待在家中。密集的炮声终日陪伴着我们的生活，摈弃战争，祈求和平，成为爷爷与父辈谈话的重要内容。

1949 年 1 月 14 日早晨，枪炮声渐渐地密集起来；到中午时，隆隆的炮声震耳欲聋。爷爷与我父亲商议，估计解放军已经攻城了，为了防备炮弹击中屋舍，造成家人的伤亡，父亲与敬儒姑姑将窗前防御雨水专用的“雨帐子”放下来、捆牢，屋中一片漆黑，我和燕妹（王

① 王贞儒，又名王卓吾、王振儒，王襄的侄女，五四运动时期，曾与邓颖超、刘清扬、郭隆贞等人积极开展妇女运动，后参加过“觉悟社”、社会主义青年团等组织，曾任中共天津地委妇女部长。

燕)、丽妹(王丽)只好待在炕上玩耍。傍晚,家人们草草地吃过晚饭,在蜡烛发出的微光中,急忙用桌椅板凳、木板、床板等坚实的物品,搭盖起了两座“防空洞”,并在上面铺盖了好几层棉被、棉褥,以“防”枪弹、弹片的击穿;“防空洞”的地面上,也铺上一层厚厚的被褥,我和丽妹与父母一同挤进了一座漆黑的“防空洞”。夜深了,枪炮声愈加密集,爷爷与父亲有时轻轻地推开屋门,从门缝中,见到院子里黑洞洞的天空上,不时映出“流弹”的飞行轨迹与枪炮的阵阵火光,家人彻夜无眠。午夜过后,枪炮声逐渐稀落下去。

1 月 15 日清晨,硝烟弥漫的空气中,仅有零星的“冷枪”声。天刚蒙蒙亮,爷爷就顶着寒风到前院去打开院门,查看夜间的动静,爷爷打开院门,惊奇地见到整条大刘家胡同里全都是解放军战士的身影。他们身着绿色棉装、皮大衣,头戴毛茸茸的皮帽,荷枪实弹,威武神气。胡同两侧,有的战士依墙睡觉或休息;有的战士忙着在院墙或电线杆上书写或张贴布告、标语,忙忙碌碌,井然有序。一位指挥员模样的解放军,走到爷爷面前商谈,希望能得到些热水给战士们饮用,爷爷立即与母亲、姑姑、干奶奶李妈(父亲的奶妈)用炉灶为战士们煮开水,并用暖水瓶装好,送到战士们手中。正当爷爷与家人们里外忙活着,爷爷在“崇化学会”国学讲习班夜校的学生蔡美彪先生,担心老师是否受到炮火的惊扰,拂晓就匆匆忙忙地跑到老师家中探望,师生见面,互道平安,更兴高采烈地庆祝天津的解放。他们滔滔不绝地痛斥了国民党政府的腐败,一致认为国民党政府发动内战,早就该灭亡;热情歌颂了解放军的神勇,坚信天津的解放,将会使老百姓获得新生。师生畅谈了近三四个小时,爷爷异常激动与兴奋。下午,爷爷又独自一人跑到东门里大街上,去看解放军在城厢内打扫战场。天快黑了,这位74岁的老人,才两手高举着人民政权刚刚印制的庆祝天津解放的传单,跑回了家,并与家人愉快地诉说着下午的见闻。

天津的解放是爷爷新的生活开始,此后,他改变以往的闭门谢客、关门著述的生活态度,积极投入到现实生活中去,广泛地参加社会活动,努力自学毛泽东的著作《矛盾论》《实践论》《论人民民主专政》《在延安文艺座谈会上的讲话》等,阅读《社会发展史》《唯物辩证法》《政治经济学》诸书,深有心得体会,认为"方今唯物之论悦群众, 马恩学派已大昌"。他努力整理自己的著述和珍藏,希望献给人民,并在81岁的高龄时,光荣地加入了中国共产党。

爷爷自25岁至82岁在大刘家胡同的旧居度过了大半生,对旧居有着深厚的感情:曾祖父王恩瀚、曾叔祖父王恩淮在这里病故,爷爷的前两位夫人叶氏、杨氏以及两位兄弟也都在这里相继去世。爷爷与奶奶杨时(新中国成立后第一次人口普查时，爷爷为奶奶取名杨时，寓意为奶奶赶上时代的好日子了。）在这里结婚，并生有四男一女。爷爷研究甲骨金石之学，著书立说的事业主要是在这里。之后，爷爷出任天津市文史研究馆馆长，当选为天津市政协委员，加入中国共产党，也是在这里。爷爷对大刘家胡同旧居的情与爱，真是难于言表，难以忘怀，故将此旧居命名为“萃古

王襄故居大门(城厢鼓楼东大刘家胡同15号)

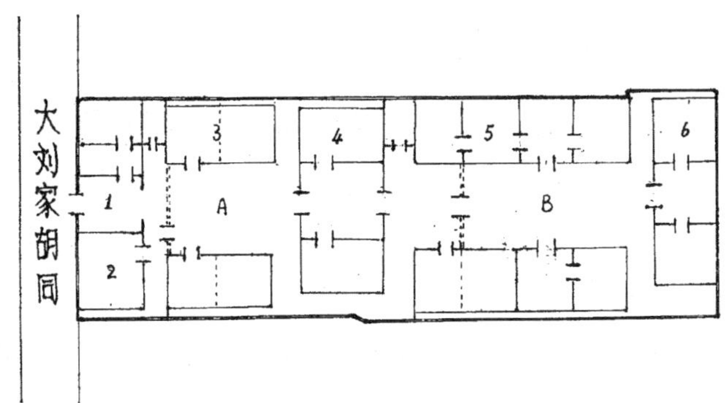

王襄故居房屋分布平面示意图(城厢鼓楼东大刘家胡同15号)

A.前院： 1.门楼过道 2.客房 3.书斋 4.王赞先生居室

B.后院： 5.王襄先生居室 6.王钊先生居室

园”，并亲自撰《萃古园记》及诗，以永久怀念之。

我小时候，爷爷住在后院北屋，有四间居室，其结构为“一明两暗，带挎间”，靠西边的一间是起居室，挎带着一间仅有一个大炕的卧室，卧室的西山墙上，悬挂有爷爷手书的四扇屏的镜框。起居室约有20平方米，青砖墁地，用毛边纸、苇子棍扎吊的顶棚，屋的前檐是镶嵌着玻璃的、“一面墙”式的花格子窗户，阳光可直照射屋内。窗前放有一张“八仙桌”，这张“八仙桌”兼有书桌、客桌、餐桌及工作台的功能，桌子两旁各有一把带扶手的木制靠背椅；紧靠屋后檐墙摆放着两件直抵屋顶的大柜，是爷爷存放衣物、字画、甲骨及文物的地方。大柜前有四个形制相同的“桌柜子”，既可以存放杂物，又可以当作凳子。靠近“挎间”处，有一“联二柜”，上面安放着一台日本制造的三灯收音机，是爷爷和奶奶重要的娱乐工具；靠近堂屋的山墙处，有一张小书桌和一排书架，爷爷经常坐在“桌柜子”上倚着小书桌读书、阅报或休息，书架上摆放着爷爷常用的书籍，屋里的陈设极为简单，这间起居室是我们一家人平时食宿、学习、会客和娱乐的地方，也是爷爷著书立说的工作间，爷爷一生的许多著作和书法作品，都是在这间起居室内完成的。新中国成立后，爷爷在这间居室里，还曾会见过中央、省、市的一些领导人和学者，如陶孟和、罗常培、王培仁、方纪、王金鼎、胡厚宣、陈邦怀、陆文郁、齐治源、龚望等；爷爷的学生唐石父、李鹤年、杨鲁安等人更是这里的常客。

新中国成立初期,我在小学读书,因体质较差,染有肺疾,每日咳声不断,饮食不佳,骨瘦如柴,全身无力,无法坚持学习,只得休学静养。爷爷、奶奶及家人见此情景,心急如焚,带着我多方求医问药。经医生告知,让我除吃药治病外,还须少说话、少活动,多卧床、多睡觉,需静养多日,方可痊愈。为此,家人为了让我有一个舒适、安静的休养环境,将我安置在前院的北屋书房中居住。每日,母亲陪伴着我,照料我的饮食起居,爷爷、奶奶及家人也经常来看望。我除了吃药、睡觉外,别无他事,闲得无聊,只好翻看屋中书柜里的各类书籍,或认(识)字、写字、画画、刻印章等,以此消磨时间。有时屋中仅我独自一人,此时感到些"惧怕",我便用力拍打放在书桌上的"办公铃","呼喊"家人来照料我。如此生活,大约一年多的时间,我的身体康复了,又重新走进学校去学习。此后,我仍经常在这间书房中写作业、复习功课、读书、习字,一直到上了中学,我才逐渐离开这间书房。

我养病期间,爷爷经常到前院北屋的书房来看望我,有时遇到我正在看书或习字,便停下来为我讲解、指点一下,利用这种机会,爷爷为我讲解了许多中国象形字的故事,如日、山、水,马、虎、鸟,人、手、足等字的演变和写法;也为我讲一些古代历史、成语故事,如"孔融让梨""凿壁借光""将相和""司马光砸缸"……并教我背诵

《三字经》《百家姓》以及简单的唐诗、绝句等，使我与传统文化有了初步的接触，为我后来继续学习中国文化历史增添了极大的兴趣。但在我读书、习字的过程中，却养成一种骄傲自满、不求甚解、囫囵吞枣、极不踏实的坏习惯，读书、习字只是“知其然，而不知其所以然”，整天夸夸其谈，“大概其”“差不离”这些话语，已成为我的口头禅。每当爷爷听到我说出这些词语后，总是严肃地批评我，并经常为我讲解“满招损，谦受益”的道理，帮助我克服自己的缺点。20 世纪 60 年代初，我走上工作岗位后，开始大量读书和藏书，有时也为报纸和杂志写一些小文章，心中更想为自己曾居住过的故居的书房起一个斋名，以铭记儿时这段“难忘的记忆”。我将自己的想法告诉了父亲，父亲让我请爷爷命名。经过一段的时间，爷爷针对我上述的缺点，为我考虑出“求实”“求是”的书斋名。并以 88 岁的高龄，为我题写了“求寔书斋”“求是书屋”的匾额，让我牢记戒骄戒躁、谦虚谨慎的真理。为此，我特意篆刻一枚“求是书屋”的印章，使用至今，终生铭记爷爷的教诲。

两间陋室，三代人的书斋，记录了一家人的学习、生活与变化，映出了不同的时代，是历史的展现，也是我人生成长的一页，愿美好的回忆常在。

当年祖上乔迁大刘家胡同新居时，为了让我家后人记住祖辈取得的“功名”，让世人了解被誉为“翰林院王家”的荣耀，曾叔祖父王恩溁特聘请好友、书法名家孟广慧(定生)先生书写了一幅楷书体“太史第”的匾额，金匾黑字，字体气势遒劲，浑厚有力，是难得的篆书佳品。这块匾是为纪念曾伯祖王恩溎(老五爷)考中“光绪丁丑科进士”并官至“翰林院检讨”而书写的，悬挂在我家大门洞迎面的上楣处，格外醒目。同时，还命人在大门洞两侧的墙壁上悬挂了4块分别书有“经魁”“文元”“贤士”“贡士”字样的白匾黑字的匾额。这几块匾从清末一直保存至新中国成立后，它是我家祖辈参加封建“科举”的见证，也是我家成为“读书人家”“书香门第”的象征，①曾为我家增添了光辉。爷爷经常用“萃古园”大门洞上楣处及两侧墙壁上悬挂的、祖辈取得“功名”象征的5块匾额故事告诫我们子孙：“匾额”为我家被誉为“翰林院王家”的门第增添了光辉，也记录了先人们为取得“功名”走过的艰苦道路。他殷切地希望子孙们以先人为榜样，“自爱”“自励”，做家人爱戴、社会“有用的人”。

“萃古园”虽没有亭台楼阁、小桥流水、喷泉池塘，却也有山石盆景、鸟语花香、姹紫嫣红，别有情趣。“萃古园”的小小院落里，屋前及院内四周，布满了盆花；汉白

---

① 另据我九叔王翁儒说，爷爷于清农工商部高等实业学堂矿科毕业后，清政府奖给“举人”功名，也曾刻有匾额一块，但始终未悬挂，存放在居室的大柜顶上，我从未见过。城厢东门里大刘家胡同故居大门洞里的5块匾，现全部保存在天津博物馆。

玉的山石盆里，摆放着各种造型的假山；泛着绿色清水的灰色养鱼瓦盆中，游动着美丽的小金鱼；小小庭院宁静、安逸，独具情趣。园内搭盖的“洋铁皮”天棚，既可用来遮阳避雨，又是烈日炎炎的盛夏时日，家人饮食娱乐，休憩纳凉的好地方，更是孩子们嬉戏的活动中心。

种植花草、摆弄盆景，是爷爷王襄老人生活中的一大乐趣，他视自己为“萃古园”中一园丁。

大院的荷花缸前，有一座长方形的花盆架子，上面布满了盛开鲜花的大小花盆，北屋居室的窗前点缀有山石、盆花。在紧靠“二道门”的地方，放置着爷爷旅居南方诸省时采集到的几块太湖石、钟乳石以及爷爷亲手栽种的花草，有牵牛花、茉莉花、丝瓜、葫芦、豆角、向日葵、爬山虎等，并为栽种的藤蔓植物搭起棚架。每当鲜花盛开的季节，庭院里繁花似锦，艳丽的花朵随风摇动；果实成熟，满棚架上的累累硕果，散发出缕缕的清香。爷爷的六弟王钊喜爱虫鸟，经常将鸟笼悬挂在棚架上，鸟语虫鸣，间杂有几声鸽哨的声响，一派生机盎然的景象。

春回大地时，是爷爷“犁地疏土，种莳杂花”最繁忙的季节，他将园内的铺地砖剖开一小块儿，砌成花池；将大大小小的花盆换上花卉专用的黄土，并在花池、花盆中埋上豆饼、马掌之类的肥料，然后，种上花籽，浇上水，日日夜夜盼望花籽发芽。爷爷利用等待花籽生长的时间，清理好荷花缸中已枯死的荷花残枝败叶，重新注上清水,迎接新的荷枝嫩芽的诞生,并将屋中过冬的盆花、山石等移至室外的花架子上,然后,每日必到庭院中,悉心照料这些“奇石异草”,浇水施肥,除草防虫,为平淡生活增添了几分情趣。

盛夏时节,“萃古园”里到处飘溢着沁人肺腑的花草清香气息,大大小小的山石上长满了绿茸茸的藓苔;鲜花盛开,庭院里繁花似锦,花盆中艳丽的花朵陪衬着藤架上的枝叶、果实随风摇曳,婀娜的影姿,着实好看。爷爷在“萃古园”中经常栽种些茉莉花、蓖麻、向日葵等,也栽种一些藤蔓植物,如丝瓜、扁豆角、葫芦、牵牛花、爬山虎等。每当藤蔓植物需要爬架生长时,老园丁找来竹竿、麻绳、铁钉等物品,亲自动起手来为藤蔓植物搭起棚架,爷爷捆绑的棚架非常结实,雨季的阵阵狂风和瓢泼的大雨,都吹不倒,冲不垮。

“凉风阵阵,百花俱杀”的金秋,“萃古园”中却充满了生机,爷爷种植的瓜菜已成熟,累累硕果挂满了棚架。老人搬了凳子,在棚架中忙上忙下采摘鲜果。此时,也是我们生活在“萃古园”中的孩子们最快乐的时候,顿顿晚餐几乎都可以尝到清香的炒丝瓜、鲜嫩的炒扁豆;女孩子的头上、胸前插满了茉莉花、喇叭花;炒熟的葵花籽是全家人最钟爱的零食;挂满藤架的小葫芦,更是孩子、亲友、邻居们最喜爱的玩物。中秋节佳节,忙坏了“老园丁”,他购置了大批鲜红的鸡冠花和婀娜多姿的菊花,安放在“萃古园”的屋里屋外；中秋之夜，秋风徐徐吹来，全家人围坐在一起，吃着月饼，赏着明月，闻着花香，听着蛐蛐、蝈蝈秋虫的鸣叫，“萃古园”中充满了无限的生气与欢乐，可谓是其乐融融。

大雪纷飞的寒冬，银白色的雪花盖满了“萃古园”的屋顶和庭院，好似生活在神话的世界里，万般寂静，间或见到几只小小麻雀飞至园中觅食，或隐约听到园外远处几声商贩的叫卖声，爷爷居住在温暖如春的“篁室”老屋中，读书、写作，恰似生活在闹市中的“村居”。进入农历腊月，全家人就准备“过年”了，老园丁也忙碌起来，他到集市买来水仙花，找出自己收藏、珍爱的宋代官窑淡青色瓷罐，将水仙花种养起来；爷爷特别喜爱梅花，但因梅花的价格昂贵，买不起，只好买些迎春花、干枝梅等来替代。这样，过年时，小小的“篁室”中，又增添了几分春意。

一次，爷爷在自己开辟的花池中，栽种了几棵毛竹，经过精心的管理，毛竹长得格外地茂盛，再配上爷爷从南方采集到的几块太湖石、钟乳石，俨然是一幅精致的中国画，爷爷看后感慨地说道：石之坚硬，竹之柔韧，画中如此，君子应更具之品格。

20世纪50年代初，爷爷响应街道居委会的号召，在“萃古园”中种了大量的蓖麻、向日葵。秋后，爷爷将收获的大量蓖麻籽、葵花籽，送交给居委会，得到了居委会的表扬。后来，爷爷谈及此事，高兴地说，没想到，在家中种花(指栽种蓖麻、向日葵等油料作物一事),也可以爱国。

爷爷王襄生活在“莘古园”里,日常的生活极为简单、平淡,除种植花草,摆弄盆景外,平时,到菜市场为家人买菜;到古玩店、书铺、南纸局等处购物;读书、阅报、写字、墨拓;或探亲访友、接待来访者等;这些便是生活的全部。除此之外,老人将自己全部的精力与时间,用于甲骨与文物的研究,写作或整理、抄录手稿、文献等工作上。犹如一位勤奋的园丁,在广袤的中华文化大地上,耕耘着自己终生喜爱的传统文化的“莘古园”。爷爷在“莘古园”生活的50余年中,先后完成了《簠室殷契类纂》《簠室殷契征文》《秦前文字韵林》《古文流变臆说》《簠室古甬》《古陶今释》《古陶残器絜语》《古镜写影》《簠室题跋》《簠室杂钞》《簠室丛录》《纶阁文稿》《丛录备忘》等专著几十部,为我们留下了众多的文化遗产。

爷爷王襄不仅是“莘古园”里一位种植花草的园丁,而且也是一位创造中华文化精神财富的园丁。他非常欣赏自己的“莘古园”中老园丁的角色,他在《题莘古园诗》中记下:“漠漠春阴天一雨,园中杂卉艳方吐,闲种麻葵应群众,辟地不大将尺五。勤施花粉重秋成,满篝几欲验瓯窭。园之胜境由人造,赐以佳名名莘古。我生阅世八三年,从今学农兼学圃。”“莘古园”饱尝了人世间的沧桑,记录了老园丁王襄老人热爱自然、清苦节俭、勤劳耕耘、努力著述的人生之路。

新中国成立初期,爷爷的大刘家胡同旧居,因年久失修,早已破旧,庭院中没有上、下水道的设施;厕所极其简陋,仅使用灰桶子(粪桶)、泔水梢或在泥土地上挖的粪坑,所以污水、粪便满地皆是,臭气熏天,卫生条件极差。加之大刘家胡同原为泥土路面,每逢雨雪天气,道路泥泞,极难行走,更由于前院内的地面,大大低于大门外胡同的路面,形成"倒吃水"的状态(如同"三级跳坑"一般),故雨季来临,前院经常被污水倒灌、雨水浸泡,潮湿霉烂,蚊蝇滋生,生活条件极为艰苦。1957 年 7 月 24 日,爷爷从由居室到南屋(家中的厨房兼饭厅)吃晚饭时,不慎踩翻了南屋外台阶上的方砖,摔倒在地,致使腿部受伤。后经天津著名中医正骨科大夫"苏先生"(苏少权,1885—1960 年,天津人,世代以"中医正骨"为业,祖传"苏先生膏药"疗效甚好)医治痊愈后,行动仍不便。天津市人民政府考虑到爷爷及其家人的起居安全,决定为其另行择地分配住房, 爷爷也将旧居无偿捐献给国家。1957 年 9 月, 在天津市人民政府和天津市文史研究馆的领导的关怀下, 爷爷与家人迁出大刘家胡同旧居,入住和平区睦南道睦南里 3 号新居。

迁居前,家人们做了大量的准备工作,父亲、母亲与姑姑、叔叔等人一道,协助奶奶用了 10 天的时间,整理家中的各种物品,打点"行李",准备搬家。

爷爷虽然年事已高,行动不便,但他仍倔强地坚持整理自己心爱的文物与书籍。爷爷把每一件文物用棉花、绵纸或旧布、废纸仔细地包裹好,再用毛笔在包皮外写上名称,然后分门别类地装箱。爷爷把自己常用的书刊一一挑选出来放在一起, 把订阅的多种杂志与报纸, 按日期或刊号整理好,把自己收藏的图书按类别加以区分开。爷爷还把自己书写、使用、收藏的各种字画、拓本、手稿、印章、古币、瓷器等仔细的清点、包裹和装箱。

爷爷王襄对自己居住了 57 年的老屋感情甚深,老屋的一草一木、一砖一瓦,他是那样地熟悉;居住在老屋里的人,发生在老屋里的事,他是那样地了解。快要搬家了,爷爷和奶奶每天都要“唠叨”些老屋的往事。屋中曾经用作收藏甲骨、文物、字画和衣物的大柜,因过于笨重,迁入新居不再适用,爷爷无奈地多次用手轻轻抚摸,难以割舍。老人还把挂在墙上的镜框、字画、匾额一一取下,擦拭干净。爷爷在日历上记下了搬家前每日的活动,作为永久的“记忆”加以保存。搬家前的每日清晨,老人都要早早地起床,走到庭院中,看看自己亲手栽种的花草,摸摸自己旅居南方诸省时采集到的太湖石、钟乳石,仿佛又回到了鲜花盛开, 空气中飘溢着荷花清香气息,棚架上硕果累累,庭院里鸟语虫鸣,恰似闹市中“村居”的“萃古园”。

王襄与夫人杨时在离别旧居时的留影

“惜别老屋”

老人对旧居流露出无比的深情，家人们见此情景，一方面为老人诉说久居旧居的诸多不便，另一方面为老人尽力描绘新居的美景。经过商量，家人们打算为爷爷与奶奶在离开旧居前，拍一张照片留作纪念。于是我向好友周金福借了一台照相机，在爷爷、奶奶即将迁出旧居的前一天的中午时分拍下了这张“惜别老屋”的照片。

“惜别老屋”是一张黑白照片(如上图)，爷爷和奶奶站在老屋(堂屋)的门前。爷爷因患腿疾(1957 年 7 月，右腿受伤)，行动不便，双手扶着门框站在屋内，奶奶站在屋外门前的台阶上。他们的右手边是爷爷的老屋起居室，窗前有山石和爷爷亲手栽种的花草，秋日的阳光，洒在两位老人的身上，在金色的阳光里，他们望着昔日的老屋，依依不舍地与之告别。此照片是爷爷与奶奶在旧居的最后一张合影，他们非常珍爱，为此，我又特意为他们放大成为特写的“大照片”，保存至今。

一切事宜就绪后，爷爷与家人迁往新居。爷爷为乔迁新居（和平区睦南道睦南里）而欣喜，特制印一方，自称“南里老民”以纪念之。睦南里的新居为新式单元楼房，钢筋水泥的结构，共有 3 层。爷爷的居室在 1 楼，共有 2 个单元 5 间住房（偏单元 3 间、中单元 2 间），爷爷住偏单元房，其次子翁儒、侄女贞儒住中单元房。

惜别旧居，爷爷对“萃古园”的深深眷恋，难以忘怀，为此，老人迁出故居后，心情极难平静。老人为了追忆故居的情景与往事，特聘请天津的名画家刘子久、陆辛农等人专门绘制出一本图册，请陈邦怀为画册题跋。爷爷自题《萃古园记》序及诗 4 首，以永久怀念之。老人在《萃古园记》题记中写道：“刘巷里宅，先人之故居。巷本刘家胡同旧名，因其不雅，易以刘巷。宅之中庭，地不及半亩，老屋四楹。用所藏周簠得名，曰‘簠室’。他若‘古龟轩’‘符斋’‘百俑楼’‘宝古经舍’皆据物授名，非有如是之广居，实一‘簠室’止耳。屋老家贫，不时修治，弊破倾斜，期避风雨，免压覆而已。风日阴晴，四时佳胜，并轩当风，短檐曝日，逢冬夏尤宜。……门庭静寂，有似村居。……余则披览吟咏，月得文史馆薪俸，生事无忧。冬尽春回，犁地疏土，种莳杂花，间以麻葵应街道之号召，结子收实，备打油之用。半亩之地，辟为小园，因余集古之故，名为萃古。"

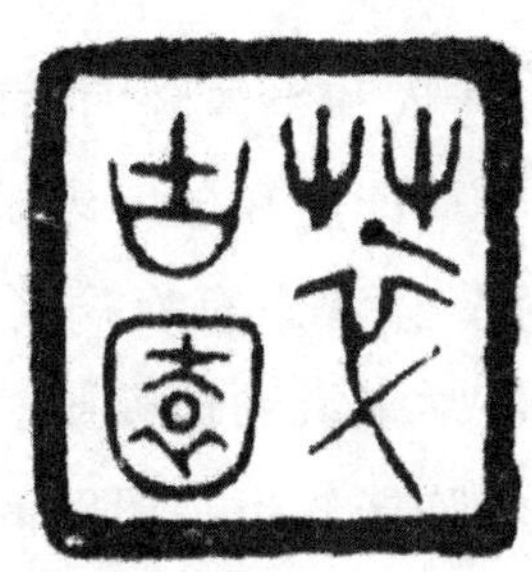

王襄的"萃古园"印章

故居记录了爷爷部分人生往事，也记载了我们家族的历史。1998 年 5 月，天津市南开区人民政府为纪念天津文化名人、甲骨文发现者王襄老人，特决定将其东门里大刘家胡同(今南开区大刘胡同)15 号的故居，列为天津市南开区重点文物保护单位永久保留。但后来随着城市危陋平房的改造，这里也被推平了。

三、乔迁新居

迁入和平区睦南道睦南里新居后，爷爷基本上是足不出户，即使在居室内也极少运动。因此，体质下降，秋冬时节经常患有疾病。爷爷的好友陈微尘先生懂得中医，经常来家为他诊脉、下药，以调养其身体各部位的机能，经陈老先生一段时间的调理，爷爷的体质略有恢复，饮食起居日趋正常，身体微胖，面色红润，可谓是“童颜鹤发、精神矍铄”。随着爷爷体力与精神的增强，他再次加大了自己的学术研究工作的力度。

1957 年，首先完成了《孟定生殷契序》一文，收入《纶阁文稿》(第四册)。在此文中，爷爷王襄系统、完整地阐述了天津学者首次发现甲骨文的全过程，是研究甲骨文发现史的重要依据之一。其次，为唐石父先生在天津宁河县(今宁河区)新获汉瓦，写《题新出残瓦》一文。再次，将《古文流变臆说》《古陶今释》《古镜写影》《簠室殷契》4 种书稿，送中国科学院审订。最后，整理、完成《丛录备忘》(第十册)和《簠室题跋》(卷四)。

1958 年，邀请画家刘子久、陆辛农等人为其画制《翠古园图册》，请陈邦怀作跋，并自题《萃古园记》及诗

4首。相继整理、完成《丛录备忘》(第十一册)、《纶阁文稿》(第三册)、《簠室所抚殷契》(第五册)。1959年,整理、完成了《纶阁文稿》(第四册)。接着于1960年,完成《汉及后汉文物举例·附新文物举例》,该专著是研究(新中国成立前后)我国出土传世的两汉新莽时期文物的重要参考资料。

20世纪60年代初,爷爷年事已高,随着年龄增长,他的身体与精力已感到明显不支,每日白天嗜睡,夜晚失眠,饮食锐减,身体消瘦。夜间睡觉,由于身体僵直(强直),自己不能随意翻身,须别人协助翻动身体才能入睡,此种状况持续多年。即便如此,爷爷仍尽最大的努力,顽强地工作:1961年,整理文成《古文流变臆说》一书,并由上海龙门联合书局出版。1962年应邀参加天津市艺术博物馆主办的天津市书画300年展览会,送去展品篆书毛泽东《如梦令·元旦》及"散氏盘"铭文。1963年,整理、完成《簠室题跋》(卷五)。1964年整理、完成《纶阁诗稿》共2册,收录其一生写诗稿312首。此外,在这些年里,多次用毛泽东、周恩来、鲁迅、陈毅等人的诗句,书写(篆书、楷书)条幅,赠北京荣宝斋、家人及亲友等。

爷爷居住的新居比起东门里大刘胡同的宅院,生活条件好了许多,但每年冬季因居室内没有暖气设备,则必须点燃煤炉取暖,故室内很难保持恒温。夜间,因无人照看炉火,煤炉时有燃灭的情况发生。这样,在严寒冬天的深夜里,居室内没有炉火取暖,室内温度会下降许多,加之家人为帮助爷爷睡觉时翻身,又必须掀掉盖在他身上的厚棉被,爷爷的身体则完全暴露在居室内的低温之中;又因为爷爷晚年的体力渐衰,所以每到冬季,他患感冒的次数渐渐多了起来。

1965 年 1 月,爷爷以"万事从心"的心态,进入到新的一年。元旦过后不久,他便用毛泽东诗句"梅花欢喜满天雪",书写横幅(楷书)赠友人。1 月中下旬的一天下午爷爷午睡后,突感身体不适,全身发冷、四肢酸痛,头部眩晕,呼吸急促,体温为 38 摄氏度左右,家人疑为患了感冒,便找来了许多解热、发汗的中西成药,爷爷服药后,症状略微减轻,但体温一直徘徊在 37.6—37.8 摄氏度之间,此种状态持续约一周,爷爷已经卧床不起,饮食锐减,终日昏睡。家人见此情景,心情沉重,焦虑万分,决定送爷爷前往天津市医学院附属第一中心医院(今天和医院)医治。经医院专家医生诊断,确诊为因患感冒而引起的急性肺炎,需住院治疗。大约于当月的 27 日(或 28 日),爷爷住进了市一中心医院的内科重症病房,后经三四天的治疗,仍不见效。1 月 30 日白天,爷爷呼吸困难,气喘,咳痰,痰中略带有血丝。经医生们研究,爷爷于当日晚间住进了"氧舱",开始了抢救治疗的工作。1 月 31 日,爷爷终日昏睡,不进饮食,呼吸渐趋平稳,体温略显正常。下午5时许，家人们暂时离开医院，陆续回家吃晚饭，我和父亲刚刚回到家中(大约为晚6时20分左右)，就接到医院打来的电话，告知爷爷病危。我和父亲又急忙赶回到医院，见到爷爷躺在氧舱内，面色略显微白，口唇泛青紫色，胸部急剧起伏不定，喘着粗气，两眼紧闭，两手紧抓着被褥不放，身体与双腿不停地抖动。1月31日晚7时30分，爷爷便永远地停止了心跳与呼吸，享年90岁。2月5日，安葬于天津市北仓公墓。

爷爷去世后，当晚10时左右，我和强儒七叔一起将爷爷接回家，停放在他生前的居室中，并设立了一个小小的灵堂，供人们悼念、吊唁。第二天，正好是农历除夕日，下午5时，全家人遵照爷爷生前"丧事从简"的遗嘱，为爷爷举行了简单的入殓仪式，将爷爷的遗体安放在棺木中。随后，我家正式向亲朋好友、政府机构、文史馆等有关部门发出"报丧"的通知。

1965年2月3日，《天津日报》刊发表"市文史研究馆馆长王襄同志逝世"的新闻，宣告"王襄同志治丧委员会"成立，并发布《讣告》。全文如下："天津市文史研究馆馆长，中国共产党党员，中国人民政治协商会议天津市委员会委员，甲骨文专家王襄同志，不幸于一九六五年一月三十一日下午七时病逝，享年九十岁。兹定于二月五日上午九时三十分在天津市河南路五十八号市殡仪馆公祭。王襄同志生前友好，如送花圈挽联，请于二月五日前寄送殡仪馆,特此讣告。”

祖父的治丧委员会由时任天津市市长胡昭衡先生担任。治丧委员会委员有王亢之、王培仁、王植范、王煜文、王金鼎、方纪、白桦、李定、李杰、杜新波、周茹、周叔弢、梁斌、张国藩、张映雪、张羽时、胡厚宣、娄凝先、杨雨民、杨亦周、陈邦怀、国海亭、樊伯鳌、黎钦。

故居的变迁,书写了爷爷人生的历史,记录了一位中国的“旧”知识分子由清朝的举人成长为共产主义战士所走过的道路,使我们感受到了爷爷那种不畏强权、主持正义、勤奋好学、勇于探索、严谨治学、坚持真理的精神。

四、爷爷的墓碑

1965 年 1 月爷爷病故后,安葬于北仓公墓。当时北仓公墓内有一块供埋葬革命烈士、社会名人等专用的墓地,称之为“革命公墓”,爷爷王襄即长眠于此。爷爷墓的左边是著名教育家张伯苓先生的墓地;右边是一位牛姓的革命烈士,他们的墓前,均树立有制作精良的墓碑。

爷爷故世后,家人们也打算在他的坟前,为其树一方墓碑,考虑到爷爷是甲骨文的发现者,且终生研究甲骨与古文字学,生前又是《甲骨文合集》的编委之一,因此,希望能烦请一位德高望重、学识渊博的专家、学者为其题写碑铭。经再三地研究并与文史馆领导商谈,拟聘请甲骨学者胡厚宣先生题写碑铭,并正式向胡先生发出邀请函,胡厚宣先生见信后立即复函,婉言谢绝,随即答应由他去恳请郭沫若先生为王襄老人题写碑铭。胡厚宣先生认为,郭沫若同志是中国科学院院长兼历史研究所所长、《甲骨文合集》的主编、甲骨学专家,他的学识渊博,才华卓著,对历史学、考古学、文学等多种文化学术领域做出过贡献;同时,郭沫若同志还是著名的书法家。因此,"由郭老为王老题写碑铭,是再合适不过的了"。

胡厚宣先生回忆此事的经过时指出:"王老故世后,我请郭老给王老题碑铭,郭老还说:我从前还说王老甲骨是假的,心中还有点耿耿于怀。"这件使郭老"耿耿于怀"多年的事,就是前文提到过的 1930 年郭老在日本见到了爷爷王襄老人的《簠室殷契征文》后,便认为该书收录的甲骨是"伪片"一事。胡厚宣先生与我的姨妹魏世新女士,都是中国科学院相关部门的工作人员,他们的家庭都居住在北京东城区科学院的职工宿舍里,1965 年秋,我家通过魏世新女士的介绍,很快与胡厚宣先生取得联系,并得到了郭沫若先生为爷爷题写的碑铭(行书),原件书写为:

殷墟文字研究专家
王襄同志之墓
一九六五年春
郭沫若题

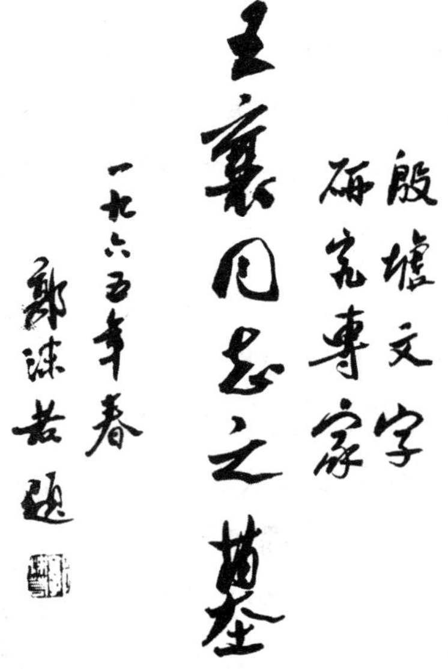

郭沫若为王襄书写的墓碑

随后，文史馆的领导将碑铭拍照。后经家人研究，决定由我父亲长儒先生（爷爷的长子）为爷爷撰写碑文（碑阴为寸楷）：“先父王襄，字纶阁，号簠室，天津市人。一八七六年生。毕生致力于金石考古之学。解放后，任天津文史馆馆长，天津市人民政治协商会议委员，天津文物保管委员会委员，中国科学院《甲骨文合集》编辑委员。在党的关怀下，努力改造思想，一九五六年参加了中国共产党。著有《簠室殷契类纂》《簠室殷契征文》《簠室古甬》《古文流变臆说》《古镜写影》《古陶今释》《秦前文字韵林》《殷代贞史待征录》《两汉文物举例》《滕县金石志》《簠室题跋》及诗文稿等。于一九六五年卒，九十岁。葬于天津市北仓第一公墓。子长儒、敬儒、翁儒、孟儒、巨儒谨志。"经工匠打制后，制成一方汉白玉石的墓碑(碑高约50厘米、碑宽约40厘米、碑厚约10厘米)，于当年冬季，安立在爷爷的墓前。①

1972年冬季，祖母杨时老人因患肺炎病故。当时正值"文化大革命"，丧事简办，只是在家中举行了一个简单的悼念仪式，祖母的遗体便在西郊(今西青区)张家窝火化场火化，其骨灰移至北仓公墓保存。"文化大革命"结束后，北仓公墓要重新改建陵园，拟将"革命公墓"拆除、平整，另作他用。因此，只好将祖父的棺木刨出，尸骨重新火化，其骨灰仍保存在北仓公墓。随着时间的流逝，父辈们也相继谢世，儿孙们考虑到要为祖父、祖母寻找一块长眠的乐土，决定将祖父、祖母的骨灰合葬，于2004年3月21日上午，在天津北仓公墓种植了一棵常青的柏树(北仓公墓6方336号)，为祖父、祖母举行了

① 遗憾的是，该墓碑被毁于"文化大革命"期间。

祖父与祖母骨灰植树合葬后的墓碑

植树葬。这颗常青的翠柏，是爷爷精神世界的化身，也是爷爷最好的墓碑。

五、欣慰的纪念

1965 年 1 月爷爷王襄老人病逝后，安葬于北仓公墓。春季，家人们遵照爷爷生前的遗嘱，准备将其一生的手稿、墨迹以及收藏的全部文物等资料(包括拓片)，全部捐献给国家。当时由父亲长儒先生与叔父翁儒先生、孟儒先生主要负责整理爷爷的遗物，依据与有关部门商洽的计划，将爷爷的遗物分门别类地登记造册，反复核对、编号。夏季，待完成了爷爷遗物的整理工作后，由天津市革命委员会接收，然后分别拨交给天津市历史博物馆(甲骨、各种各类文物、碑帖拓本、拓片等)、天津市人民图书馆(藏书、著作、手稿)、天津市艺术博物馆(墨迹及书法作品、字画、印章等)、天津市文史研究馆(书信、部分书法作品、山石盆景)保管。同年9月,天津市人民委员会,为奖励王襄老人及其家属捐献老人的遗著及收藏文物,特举行隆重的颁奖仪式大会,由天津市副市长周叔弢同志主持会议、授奖。同时,由天津市文物保管委员会、天津市文史研究馆,在天津市文物公司二楼(和平区辽宁路“艺林阁”),历时两周,联合举办了王襄同志遗著及收藏文物展览会。《天津日报》做了报道,天津市图片公司为展览会摄影纪录。

王襄遗著及收藏文物展览会

王襄遗著及收藏文物展览会的部分展品

在“文化大革命”中爷爷捐献文物后剩余的古玩、字画、瓷器、旧币、古旧书籍等，以及家人和父辈们的个人图书、杂志、衣物、家庭用品被席卷一空。同时，安葬在天津北仓公墓的王襄老人坟前墓碑，也遭到了严重破坏。

1976年10月，这场震撼中国大地的“文化大革命运动”终于结束了。在“拨乱反正”方针的指引下，我国的社会主义革命与社会主义建设事业步入正轨。特别是党的十一届三中全会以来，实现了全党、全国工作重心向经济建设的转移。在改革开放的浪潮中，人们进一步认识到，为了中华之崛起，我们不但要注重物质文明的建设，同时也要注重政治文明建设及精神文明建设。

随着改革开放步伐的加快，天津市人民政府大力弘扬中国传统文化，深入挖掘地方民族文化资源，1986年，当我国甲骨文发现者、古文字学家、天津市文史研究馆原馆长王襄老人诞辰110周年之际，天津市文史研究馆、天津市社会科学院历史研究所、天津市图书馆、天津市历史博物馆、天津市艺术博物馆五单位特决定联合举办纪念活动。当年国庆节后，筹备工作全面展开，家人中有我的父亲长儒、叔父翁儒、孟儒、巨儒，爷爷的弟子唐石父先生参加了此项活动的具体策划工作。他们对活动的内容、时间、展品的目录清单、拟聘请的专家学者名单，甚至是展览会、座谈会的聘书、说明书等都做了认真详尽的研究，并向有关领导提出了建议。

1986年12月31日上午9时，在天津市艺术博物馆，五单位联合举办的纪念王襄诞辰110周年展览举行了开幕式。开幕式由天津市艺术博物馆副馆长云希正先生主持。

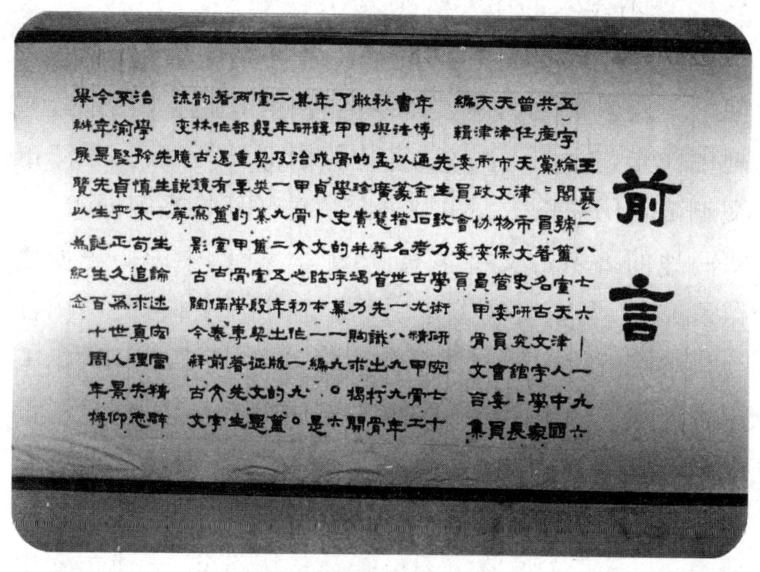

王襄纪念展览的《前言》

天津市文化局副局长张新生同志致开幕词，高度赞扬了王襄老人，在国家、民族经历忧患的年月里，作为一位正直的爱国学者，反对黑暗统治，刻苦治学，努力保护民族文化遗产，追求光明，热爱党和社会主义，最终，光荣地成为一名无产阶级先锋队战士。

随后，中国社会科学院历史研究所研究员、甲骨学专家胡厚宣教授致辞，他赞誉了王襄老人最初辨认甲骨，搜集、研究甲骨，以及新中国成立后老人将其一生搜集的全部甲骨(其中一级甲骨珍品约为70片，二级甲骨约为400片，以及所藏全部拓本)捐献给国家。这种公而忘私、热心学术的伟大精神，令人钦佩。

冒着大雪出席开幕式的有：天津市委统战部副部长郎维华及干部处调研员邢富绅、副处长赵金水、办公室副主任张连奎，天津市委宣传部副部长马献庭，天津市文史馆副秘书长王大川及办公室主任任焕晶等同志。京津两地的著名古文字学家、历史学家有：中国历史博物馆研究员、国家文物鉴定委员会副主任史树青，中国社会科学院近代史研究所研究员蔡美彪，天津南开大学王玉哲教授，中国社会科学院考古研究所副研究员王世民，中华书局《古文字研究》副编审赵诚，天津市地方史编修委员会委员杨大辛，天津市社会科学院历史研究所研究员、国家文物鉴定委员会委员唐石父，天津市文史研究馆馆员李鹤年以及天津市文化宣传部门的老领导，新闻、出版、教育、美术、书法等各界朋友，王襄老人生前文史馆的部分领导、同事，老人的弟子、子孙等300余人也参加了开幕式。

王襄纪念展览剪彩揭幕后，与会人员观瞻了王襄老人的手稿与专著、书法墨迹、各种收藏品、甲骨及文物拓本等。睹物缅怀斯人，对王襄老人一生论述宏富精辟，治学矜慎不苟，追求真理矢志不渝，为人坚贞严正，不胜敬仰之至。

纪念王襄诞辰110周年座谈会的会标

当天下午2时，五单位在天津市政协礼堂，联合举办了纪念王襄诞辰110周年座谈会，由天津南开大学王玉哲教授主持召开，会上胡厚宣、蔡美彪、史树青、赵诚、王世民、李鹤年、李世瑜、崔志远等先生以及王襄老人之子翁儒、巨儒二人，依次发表了讲话，他们各自从不同的角度，较为全面地探讨了老人一生的思想、人品、发展成长的道路。与会者一致认为，他终生探究学问、严谨治学、坚持真理的科学态度，以及具有较高学术价值的丰硕学术研究成果，是天津及全国学术界一位著名的学者，是后辈学人的榜样。

此后，天津市人民政府、学术界和人民群众，以多种形式怀念王襄老人。例如：1993年，天津市政府为了表彰历史名人，提高人们对天津历史的了解，《在改善城市人民生活的十项工作决定》中，决定投资建立天津近代人物塑像馆，并作为市政府重点项目。本馆设在天津市历史博物馆的展厅内，展厅面积为800平方米，展线长161.35米。有34尊人物塑像(蜡像)，爷爷王襄老人的塑像也在其中。

再如，1997年4月，天津市文史研究馆的龚望、卞慧新、唐石父、李鹤年、李世瑜、王翁儒6名馆员，联名向天津文史研究馆提交了一份倡议书，倡议由天津文史研究馆承办，出版前馆长王襄老人的遗著，以纪念甲骨文发现100周年。同年6月，经天津文史研究馆报请中共天津市委统战部批准并拨发专款，启动《王襄著作选集》的编辑出版工作。经天津图书馆、天津市历史博物馆等部门的大力支持，在叔父翁儒、巨儒先生的具体操办下，由唐石父、王巨儒先生点校、注释后，交由天津古籍出版社出版、发行。为了更好地宣传王襄老人在学术上的造诣和在甲骨学方面的卓越成就，2005年12月14日，天津市文史研究馆在天宇大酒店举办《王襄著作选集》赠书仪式。天津市政府秘书长何荣林等同志出席了赠书仪式。天津市图书馆、天津市档案馆、南开大学、天津师范大学、天津社科院历史所、天津市政协学习和文史委办、天津市史志办、天津市社科联、天津博物馆、天津市文物处等单位，将永久地收藏《王襄著作选集》。

《王襄著作选集》赠书仪式会场

1997年《今晚报》与天津市地方志办公室开始筹备酝酿"天津历史文化名人评选"活动，本市的方志学家、历史学家、民俗学家、社会学家、考古学家和有关部门的负责同志都为此项活动献计献策。经过多年的准备，为纪念天津建城600周年，于2003年6月19日，《今晚报》与天津市地方志办公室启动了由人民群众广泛参与和专家推荐相结合的"天津历史文化名人评选"工作，并推选出包括王襄老人在内的20位历史文化名人，在报刊上分别作了介绍。

爷爷王襄老人是甲骨文的发现者之一。甲骨文自发现至1998年，经历了100周年，天津市政府与学术界为纪念甲骨文发现百年及纪念历史文化名人王襄老人,开展了一系列的活动;天津市文史研究馆利用馆刊《天津文史》(第2期)开辟《纪念甲骨文发现一百周年》专栏,发表专家学者撰写的学术专题论文;1999年5月6日,在天津市政协礼堂(解放南路273号),由天津市政协文史资料委员会、天津市文史研究馆、天津市档案馆、天津市历史博物馆、天津市艺术博物馆五单位联合举办纪念甲骨文发现百年暨纪念文化名人王襄座谈会。会上有关领导、各单位的专家、学者等作了精彩的发言,畅谈了王襄、孟定生二人首先发现甲骨文的经过,王襄老人对甲骨学的贡献,以及百年来甲骨学的重大成就与今后发展。

纪念甲骨文发现百年暨纪念文化名人王襄座谈会会场

随着21世纪的到来，天津市政府与人民迎来了纪念建城600周年这一千载难逢的机遇，为了全方位展示天津悠久的历史文化和人文风采，总结新中国成立以来，特别是党的十一届三中全会以来天津取得的巨大成就，推广改革开放和社会主义现代化建设，特别是实现“三五八十”四大奋斗目标取得的成功经验，天津市的各传媒机构加大了舆论宣传的力度，充分利用报刊、图书、电视、广播等工具，努力提升天津城市文化品位和市民整体素质，增强市民对家乡的认同感，激发广大群众热爱家乡的自豪感和建设家乡的使命感，起到了实实在在的效果；对于塑造现代化天津国际港口大都市的崭新形象，扩大天津影响、加大招商引资力度，加快国际化、现代化进程，起到了巨大的推动作用。在一系列的纪念活动中，爷爷王襄老人的生平与事迹，得到了广泛宣传，《天津日报》《今晚报》《每日新报》《城市快报》及天津电视台等部门都做了专门的报道。天津人民出版社、天津教育出版社、天津古籍出版社等出版单位，出版了多类图书，在社会上大量发行。

2004年12月17日，天津市文学艺术界联合会、天津市文史研究馆、今晚报社联合主办，并责成天津市书法家协会在天津市美术馆（和平区新华路237号）举办纪念天津建城600周年津门书坛十家遗作展览。上午10时举行了开幕式，由市书协主席王学仲先生主持并讲话，对10位已故天津著名书法篆刻家的人品与艺术给予高度评价,希望后来学子不忘前人,沿着老一辈书法篆刻家开创的中国书法事业的道路继续前进,要学习老书法家的人品、艺品,让中国书法不断“香火”、不断出新。本次展览包括有爷爷王襄老人在内的10位津门书法家、篆刻家的作品,约120件书法、篆刻作品。下午1时30分在文联大楼剧场举办了津门书坛十家遗作展览学术报告会,“十老”的后人及传人纷纷讲述了先人的情操与艺术造诣,让人们肃然起敬,令与会者受益匪浅。主办单位还印制了精美的纪念册，并在《天津书法通讯》(总第15期)、《中国书画报》(2005年1月13日)、《书法导报》(2005年2月16日第7期)、《中国书法》(2005年第2期)等报刊上作了广泛的宣传。

津门书坛十家遗作展览书法家简介

总之，党和政府、学术单位以及广大的人民群众，对甲骨文的发现者、古文字学家王襄老人给予了极大的荣誉及关注。老人的人品和学术研究成果，获得了高度的评价与认可，老人一生热爱祖国、献身科学、探究真理、愤世嫉俗、爱憎分明、坚贞自守，从新中国成立前的一位洁身自爱的学者，成长为一名光荣的共产党员，他走过的道路，为我们后人指出了一条光明大道。人们纪念、称颂王襄老人的光辉人生，使我与家人感到无比的欣慰，我们要以爷爷王襄老人为榜样，走好人生路。

附：王襄诞辰110周年纪念展览贺词选录

四川大学徐中舒题词

集殷契之菁华，传古文之真迹，考绝学，徵殷礼，功著学林，嘉惠来者。

徐中舒 时年88

中国历史博物馆史树青先生题诗

洹上卜龟难计年，斯人研契得春先。
片言曾启王文敏，传信多依范寿轩。
解义汉唐已晦后，考文周孔未生前。

白头稽古堪追念，名著千秋定不刊。

王襄先生诞辰110周年纪念。先生松柏本性，毕生劬学。光绪二十四年戊戌潍人范寿轩相告殷契出自洹上、翌年冬携津求售，计字索值，一字一金，先生不能尽得菁华，悉归王廉生懿荣，故诗及之。

1986年12月31日

乐亭后学史树青初稿

南开大学王玉哲题诗

契文初识首孟王，转日回天有余香。
万紫千红宏祭酒，思源能不念甘棠。

最早收藏与鉴定甲骨者有天津孟广慧和王襄两先生，今年是王先生110周年诞辰纪念，因献芜词以怀念之。

王玉哲1986年11月题于南开大学寓庐

丁立群的述怀诗

参观王襄馆长诞生110周年纪念展览述怀

丁立群

一

甲骨遗文久失传，搜罗独步著先鞭。
无心塞口称宏度，有力存真实史篇。
报国悉将文物献，律身惟曾子孙贤。
津门耆宿齐钦仰，争羡先生福寿全。

二

琳琅文物满厅堂，墨本堪曾祖国光。
桃李争荣华胄耀，芝兰竞秀萼楼香。
敦行立品垂千古，类纂征文播四方。
入馆迟公三十载，恨无缘分拜门墙。

祖父与甲骨文

一、甲骨文的发现者

早在20世纪50年代在小学历史课上我就学到了中国的甲骨文是世界上最古老的文字之一，是清代金石学家王懿荣所发现的。进入中学后，一次历史课上，老师讲殷商历史时，再次提到甲骨文的发现，并结合“乡土教材”指出：首次发现甲骨文的学者，应当是天津的两位秀才孟定生和王襄。我听到这个结论后，当时非常地惊奇和兴奋，并极力想了解这一历史发现的经过。事后，我曾向父亲和爷爷请教过，父亲(王长儒)仅给我讲了这一发现的梗概，爷爷却只是轻轻地笑笑。当时，因我的年龄尚小，对此事知之甚少。直到20世纪70年代末，九叔(王翁儒)及部分学者重又研究这一课题，引起了我极大的注意；20世纪80年代初，我对这一问题才开始做了较为系统的学习与研究，对甲骨文发现的经过有了初步的了解。

骨出土先曝乾之再施滌濯乃有巨大之甲骨傳
于人世其文成章可誦事蹟亦的然可考當獲
見之時村農收落花生果偶于土中檢之不知
其貴也濰賈范壽軒輩見而未收亦不知其貴
也范估賈售古器物來余齋座上話言所見鄉人
孟定生世叔聞之意爲古簡促其脂車訪求時
則清光緒戊戌冬十月也翌年秋攜來求售
名之曰龜板人世知有殷契自是始甲骨之
大者字酬一金孟氏與余皆困于力未能博
收有全甲之上半珍貴逾他品聞售諸福山
王文敏公懿榮所攜知有龜甲獸骨二種余

王襄关于在津首次发现甲骨文的记载——《题易穞园殷契拓册》书影(部分)

1898年（清光绪二十四年戊戌）“冬十月”(初冬或深秋),山东潍县的一位古董商人范寿轩,来到天津销售古董器物。爷爷当年23岁,是一位古董爱好者,因购买古物,常与古董商贩接触。范寿轩来津后,便来到东门里仓门口孙家胡同爷爷旧居书房,销售古物,顺便提及河南“汤阴”(实则河南安阳)出土有“骨版”,呈长条状,且有刻画的痕迹。当时在座的有爷爷的世交好友、书法家孟定生(当年32岁),二人闻后十分惊喜,因平时他们都极喜爱金石、书法,经反复商谈研究后,便初步推断“此骨版为古之简册也”，爷爷与孟老很想利用“骨版”以研究书法，故求购、收藏“骨版”心切，因此便极力怂恿范寿轩得便时携带“骨版”来津销售，此为天津学者首次闻知甲骨文的信息。

1899年(清光绪二十五年己亥)秋季，范寿轩再次来津销售古器物，告知爷爷与孟老已携带“骨版”到津，并邀至西门外的“马家店”(亦名“元升店”)的一家旅店观览。爷爷与弟弟王钊、孟老(定生)、画家马景涵等共赴“马家店”。相见后，范贾出示“骨版”，众人抚摸观看，见到的大小不一的“骨版”上有清晰的人工刻画痕迹，经爷爷与孟老等人认真、仔细地观察并反复、严格地审查后，推断为“三古遗品”(即夏商周的物品)的文字，极富收藏价值。此为天津学者首次发现甲骨文。爷爷后来回忆这段情景时曾写道：“翌年十月，范君来，告以得古骨版，期吾侪到彼寓所观览。彼寓西门外马家店，店甚简陋，土室壁立，窗小于窦，炕敷苇席。群坐其间，出所谓‘骨版’者，相共摩挲。”

爷爷、孟老等人当即与范寿轩商谈甲骨(骨版)的售价，范说，大片的甲骨“一字一金”，以“字数”定价；小片的甲骨，按“块”数计值。爷爷和孟老都是穷秀才，家中财力有限，虽经范寿轩的再三撺掇，也不可能购买范贾携至津门的全部甲骨，只能根据个人经济条件，购买少量的甲骨收藏，以供考古、书法研究之用。

范寿轩带来天津销售的甲骨中，有个别的形体较大，字数较多（如全龟甲的上半部分，或称之为“半个整甲”“全甲之上半”），而且完整无缺，极有价值，当时视为“大宝”，但因其价格昂贵，爷爷和孟老无力购买。因此，范贾在津未能售出的甲骨，后来竟以“得价三千金”的价格，全部出售给了北京国子监祭酒、团练大臣王懿荣了。孟老（定生）闻讯后，对王懿荣所得的“半个整甲”十分羡慕，不能忘怀，为此，特烦请在津的王懿荣次子王崇烈（字翰甫、汉辅，举人，天津候补道员）写信介绍，于 1899 年初冬，专程赴北京拜访王懿荣。见面后，王懿荣问孟老如何得知他藏有甲骨？孟老告知古董商范寿轩曾在天津销售甲骨事，并说自己因财力不足，未能买下大块的甲骨，所以范寿轩将大块甲骨（包括“半个整甲”）携带至北京出售。孟老进而说明此次专程进京拜访，即希望再次见到自己未能购买的“半个整甲”。孟老如愿地在王懿荣处见到了范寿轩售出的“半个整甲”，并释出甲骨 48 个字（实际为 52 个字）。此事，后来被甲骨学者陈梦家先生记录在专著《卜辞综述》中。

从上述甲骨文发现之经过，经我研究认为，[①]①是

---

① 笔者研究“甲骨文的发现者”这一专题的依据是王襄老人的著作，主要包括：《簠室殷契征文》（《簠室殷契征文》序）、《题所录贞卜文册》（《簠室题跋》卷一）、《题易穞园殷契拓册》（《簠室题跋》卷二）、《亡弟雪民家传》（《纶阁文稿》第二册）、《簠室殷契》（《纶阁文稿》第三册）、《题孟定生所藏殷契拓本》（《纶阁文稿》第四册）。

天津学者(孟定生、王襄)首次发现甲骨文。他们先是从古董商范寿轩处“得知甲骨信息”,时间是1898年(清光绪二十四年戊戌),而后,从商范寿轩处“见到甲骨实物”并购得,时间是清光绪二十五年,即1899年。②据目前公之于世的文献,在最先发现甲骨文的三人中(孟定生、王襄、王懿荣),能完整记载甲骨文发现的经过者,唯有王襄一人(即发现甲骨、搜集购买甲骨、收藏甲骨、研究甲骨,并记录甲骨文发现的过程)。因此,其他人的传说与记录,一律可视为“第二手材料”,与发现者的记载相比较,仅能作为参考。

一个多世纪以来,关于甲骨文的发现,学术界存有不同的说法,主要有以下三种观点:

第一,“药罐引出一代文化”。传说清末,王懿荣因病吃药而发现甲骨文。甲骨文发现的时间是1899年(清光绪二十五年己亥)。

第二,天津学者孟定生、王襄为甲骨文发现第一人。其中分为两个时间段:①在1898年冬(清光绪二十四年戊戌)首先从范寿轩处得知了甲骨文的信息。②在1899年秋(清光绪二十五年己亥)见到了范寿轩带来刻有文字的甲骨,并购买了实物。

第三,孟定生、王襄、王懿荣是甲骨发现者。甲骨文发现的时间是1899(清光绪二十五年己亥)。对此,亦有多种不同的看法:①书法家、学者李鹤年先生认为:孟定生、王襄了解甲骨的信息较王懿荣了解甲骨的信息早三个季度。孟定生、王襄收购甲骨先于王懿荣收购甲骨;之后,范寿轩才将孟、王二人未能购买的甲骨卖给了王懿荣。所以孟定生、王襄是最早知道、鉴定和收购甲骨的人,王懿荣在他们之后。②甲骨学家胡厚宣先生等学者认为:王懿荣因病吃药而发现甲骨文之说不可信,但王懿荣首先发现甲骨,而孟定生、王襄鉴定和收购甲骨在王懿荣之后。③有些学者认为,在北京,首先发现甲骨文的是王懿荣;在天津,首先发现甲骨文的是孟定生、王襄。④王懿荣、孟定生、王襄三人全是由古董商范寿轩处购得甲骨。

以上这三种观点,目前仍在讨论中。但我完全认同李鹤年先生的结论,我国学者首先闻知甲骨文的信息是在天津,首先发现者是王襄和孟定生。他们最早闻知甲骨的时间是 1898 年(清光绪二十四年戊戌),并约范寿轩将所见到的"骨版"带到天津来,于是才有了范寿轩于 1899 年(清光绪二十五年己亥)秋第二次来津贩售甲骨之举。

天津的"马家店"是甲骨文的发现之地。"马家店"开办于清末,正名为"元升店"(亦有人称之为"元胜店"),因店主为马姓,故俗称"马家店"。当年这里曾是河北、河南、山东诸省及张家口等地区贩卖小百灵鸟、画眉鸟、麻雀、蟋蟀等禽鸟商贩的聚居地,因此,人们又常称"马家店”为“画眉店”“麻雀店”。又因为商贩们经常将经商活动中使用的交通或搬运工具——木制的大车和骡马，寄存在“马家店”，故人们又习惯地称之为“大车店”。“马家店”附近有一座韦驮庙，终年香火不断，加之商贩们的商业活动，使“马家店”门前总是人来人往，熙熙攘攘，直到韦驮庙大街一带。随着时间的变迁，“马家店”后来逐步改建成为民宅。

我听到“马家店”这一称谓，大约是在20世纪60年代初。一次，九叔(王翁儒)向爷爷询问有关甲骨文发现的经过时提到“马家店”一词，从此，我开始认真了解有关“马家店”的故事，并于1981年前后，曾四次到“马家店”旧址考查。

最初，我以为天津市红桥区西马路北段西侧的一条名曰马家店胡同(今民族中学附近)，就是“马家店”的旧址了。(马家店胡同原属红桥区春德街办事处辖区，该胡同东起二道街，西至寺南王胡同，长100米。约于清光绪六年形成胡同，胡同因“马家店”而得名。1987年由于城建需要，马家店胡同被拆除建楼，现名西关北里。)我几经寻找，未能找到“马家店”的旧址。

1986年夏末，一次我在九叔翁儒先生家中谈及“马家店”旧址一事时，他告诉我，据他的调查，当年的“马家店”，大概就是新中国成立后的“黎明旅馆”，坐落于红桥区故物场大街一带。故物场大街是红桥区的一条胡同名称,属红桥区春德街办事处管辖。该胡同北起韦驮庙大街和南小道子,南至西关大街,中与烈女祠、血料王胡同、僧王祠相交,长 154 米。该地 20 世纪初是旧衣物的市场,30 年代初形成胡同后,仍沿袭故物场大街旧称。此后,我曾多次到故物场大街探访过“马家店”旧址,但始终不敢确认。

1997 年春天,我去拜访爷爷王襄老人的学生李鹤年先生,在其家中谈及甲骨文发现一事,见到了居住在天津市河北区大江南里的师建英先生赠送给李老他所拍摄的“马家店”照片,我当即烦请李老代我与师建英先生联系并向师先生索求照片,但终因李先生的去世,未能了却心愿,成为一件憾事。

21 世纪初,我将有关寻找“马家店”的事情告知了民俗专家张仲先生,引起了他的极大兴趣。后来,天津电视台文艺部拍摄《甲骨学在天津》的电视片时,张仲先生通过调查与考证,认定红桥区故物场大街 1 号院,就是王襄老人、孟定生先生发现甲骨文的所在地。此后,天津的文史工作者又曾对“马家店”做了多次的调查,访问了众多的居民群众,特别是访问了世代居住在“马家店”附近的 102 岁的范贵林(人称“范六爷”)老人。经他确认,故物场大街 1 号就是“大车店”,也就是俗称的“马家店”,曾经也叫过“麻雀店”。

范贵林老人回忆说,自己的父辈就住在故物场大街

1 号附近，自己也是自出生之后一直没有离开过这里。老人介绍说：故物场大街 1 号院原来是山东人一位姓马的客商开的大车店，虽然比较简陋，但在附近还算得上是“大店”，生意一直都很好。不少来津做生意的山东、河南客商都很喜欢住在这里。

故物场大街 1 号现在是一个民居大院，院子基本呈正方形，院子里的房子建设基本呈“U”形，房屋之间的通道不足 1 米宽。据住在院里的居民介绍，故物场大街 1 号院过去曾是大车店，抗战胜利后改为“胜利旅馆”，1949 年后又更名为“黎明旅馆”，一直营业到 20 世纪 80 年代。现在的故物场大街 1 号院属于红桥区服务公司的企业产。旅馆关门后，房子也就被红桥区服务公司分配给职工当宿舍。

如今观察故物场大街 1 号院的特征和爷爷王襄的记载基本一致。1898 年爷爷居住在城厢仓门口内的孙家胡同(1983 年改称为南开区华容胡同)时，经常到鼓楼附近的古玩店搜集、购买古器物，结识了古董商人范寿轩，从而有了以后得知甲骨信息，进而购得甲骨，以及之后开始研究甲骨的经历。

二、祖父与甲骨文研究

爷爷与孟广慧于1899年(清光绪二十五年)秋，在天津城西头马家店从山东古董商人范寿轩手中，以“一字一金”的价格购得少量甲骨后(孟定生当年得购430片甲骨)，于第二年(1900年)四月，八国联军围困津门时，又从流落于天津的山东古董商贩范维卿处，购得“零碎殷契”百余片。此后约20年间，节衣缩食，又陆续购进多片甲骨，总计约有甲骨片4000片(据李鹤年、杨继曾先生称，王襄老人一生藏甲骨5000片)。爷爷收藏的甲骨，按其内容考察，基本上涵盖了目前已出土的甲骨卜辞的全部内容。爷爷依据甲骨文所记载的贞卜事项，将自藏甲骨划分为：天象、地望、帝系、人名、岁时、干支、贞类、典礼、征发、游田、杂事、文字12大类。据专家统计分析，现收藏于天津博物馆中的王襄老人旧藏甲骨(据胡厚宣先生统计约为1166片)，依据国家文物分类标准，其中，有一级甲骨片约80片，二级甲骨片约300片，其余也多为我国早期出土的甲骨片。

爷爷收藏的甲骨，有些是极可宝贵的珍品，如记载3000多年前有关日月食天象记录的甲骨，就是最好的例证。目前在我国已发现的甲骨卜辞中,有关日月食天象记录的甲骨,可信者仅有 10 条(其中月食 6 条,日食 4 条),这些原始的古代天象记录,是中外学者研究、推断和解释古代天文、历法问题的主要依据。而爷爷王襄收藏的甲骨中,有关于日月食记录的甲骨就占 2 条。

商"旬壬申月夕之食"卜骨及卜骨正面及侧面拓片

其一,为武乙时有关月食的天象记录。在甲骨卜辞中有关月食的记录仅有 6 条, 而刻有干支的则只有 2 条,爷爷王襄收藏的这片甲骨就是其中之一,也是我国国内仅存的一片。这是一片牛肋骨,其背面刻写有:"旬壬申月夕之食"7 个甲骨文字。甲骨文中"旬"字的本义,是指从甲日到癸日间的 10 天为一旬,"旬壬申" 是指第一旬的第九天。该片甲骨中的"夕""月"二字形为早期甲骨文的写法,晚期甲骨文中“夕”“月”的字形为互相倒个儿。甲骨文中“夕”字的本义是指夜半至次日清晨以前的一段时间。故该片甲骨卜辞的含义为:“第一旬壬申这一天的夜半(即午夜后至癸酉日清晨以前),有月食现象出现。”这条甲骨卜辞经甲骨学家陈梦家先生推断,是记述了 3000 多年前的一次天文现象,即记载公元前 1183 年 1 月 28 日癸酉晨前 4 时,月亮发生的初亏现象。

其二,为武乙文丁时日、月交食的天象记录。这是目前甲骨文中我们唯一能见到的日、月交食的完整原始记录。这也是一片牛肋骨,其背面刻写有“癸酉贞,日夕又食,佳若……”两行共 18 个字。

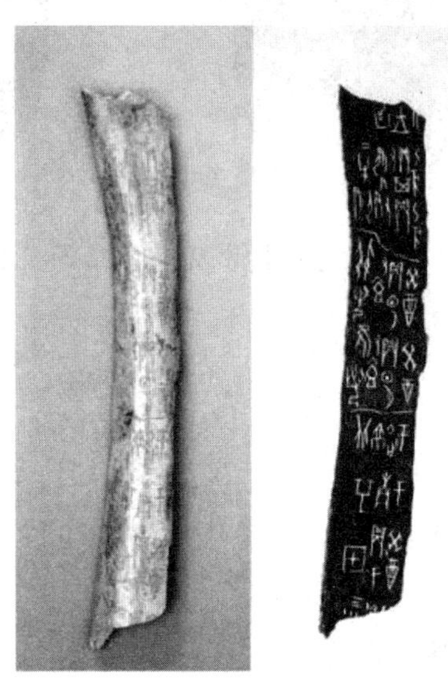

商“癸酉贞,日夕又食,佳若……”卜骨及拓片

此外，有关考察殷商社会制度、农业生产的甲骨“……王大令(命)众人曰协田其受年十一月”;有关祖庚祖甲时考察“水寝”一辞的甲骨“辛亥卜,出贞,今日王其水寝。五月”等均属罕见;还有记载“帝系”“干支”“游田”等方面的甲骨也都十分珍贵。

爷爷珍藏的甲骨，风风雨雨地历经了半个多世纪，新中国成立后,老人经过缜密的思考,决心为自己一生珍爱的甲骨找一个妥善保管、收藏之地。1953 年,便将珍藏的全部甲骨(多为一、二级品)捐献给国家,现存天津博物馆;随后又将全部甲骨拓片赠予《甲骨文合集》编辑部,供编辑、出版《甲骨文合集》使用。

《甲骨文合集》书影,共 13 册

爷爷与孟广慧二人,一向对书法艺术及文字学的研究抱有极大的兴趣,当1899年两人见到"骨版",发现"骨版"上的文字"字出刀刻","复审其文,知为三古遗品",惊为千载瑰宝,深知"骨版"不仅可供习字,而且"骨版"上的刀刻文字,还另有含义。此后,二位老人便各自开始认真地临摹、学习、研究甲骨文了。

爷爷曾回忆道:当年(1899年)自己与孟定老二人购得甲骨后,未久,翌年庚子(1900年)八国联军入侵津门,战乱起,自己居住在东门里仓门口孙家胡同的宅院中弹被毁。全家人只得冒着硝烟炮火避居他处,自己暂时顾不上研究甲骨了;而此时孟定老却开始临摹甲骨,并成书一卷。待战乱平息后,爷爷全家移居城内东门里大刘家胡同。一次,爷爷去城厢二道街探访局胡同拜访孟定老,在孟老的书斋"镩于室"里,见到孟定老正为他人作书,几案上摆放着甲骨与其他汉代碑帖等物混杂在一起,孟老还将自己摹写成功的甲骨作品拿来出来给爷爷相看,由此爷爷知道孟定老已经开始学习、研究甲骨了。此事后来亦被甲骨学家陈梦家先生在其《殷墟卜辞综述》一书中(第648页)加以证实:"孟定生是最早鉴定与收藏甲骨之一人。他的甲骨今归文化部,我们曾加以整理,孟氏在包皮上亲笔写下了'十六册,二百零五至二百二十,字精者,庚子(1900年)九月二十一夜抚过。'由此可见庚子那年孟定生已经摹写过卜辞。"

后来，爷爷将孟定老临摹甲骨的作品借来学习、观看，并照录一册（即《贞卜文临本》），这是爷爷王襄老人临摹各家殷契之始。《贞卜文临本》也是爷爷学习、研究甲骨文最早的专著。此后，爷爷将《贞卜文临本》及其他摹录的各家殷契汇辑为《簠室所抚殷契》（其中第一编录有孟广慧所藏甲骨330品，第二编录有自藏甲骨220品，第三编录有山东潍县古董商人所藏甲骨14品，总计564品。未刊行）成书一卷。

爷爷自幼师从著名学者王守恂、李桐庵，学习古文、诗词，20岁即开始从事中国金石文字学的研究，着力从事于许慎[①]《说文解字》的研读，有较深厚的汉语言文字功底。清末，戊戌变法及义和团运动失败后，清政府采取废科举、兴学校的方法，以缓和社会矛盾并维护其封建统治。一时社会上出现了新学与旧学之争，爷爷因受新思潮的影响，选择了参加普通学堂（即后来的铃铛阁中学）的进修，在此期间，他努力地阅读了大量进步、革命报刊及近代西方自然与社会科学书籍，树立起"吾人读书当具爱国之心，为青年书自立之道"的爱国思想，并终生淡泊名利、严谨治学、勤奋著述、献身于科学事业。

1904年始，爷爷更加系统地研究甲骨文了。据爷爷

---

① 许慎（58—147），字叔重，东汉汝南召陵（现河南漯河市召陵区）人，是汉代有名的经学家、文字学家、语言学家，是中国文字学的开拓者。他于100年（东汉和帝永元十二年）完成中国首部字典的编纂，即《说文解字》。

回忆:“甲辰(1904 年),乙巳(1905 年)年间,从学于京师高等实业学堂,日课闲余,始治其文字。知此骨有龟甲、象骨二种,乃古人占卜之用品。文即卜时所记,所谓命龟之辞与占验之兆也。字之可识者多,因加诠释,与同志讨论之。”1906 年 4 月,完成《贞卜文临本》第一册中的孟老及自己收藏的共 563 片甲骨的释文,并送交孟定老审阅。1910 年完成《题甲子表》一文。

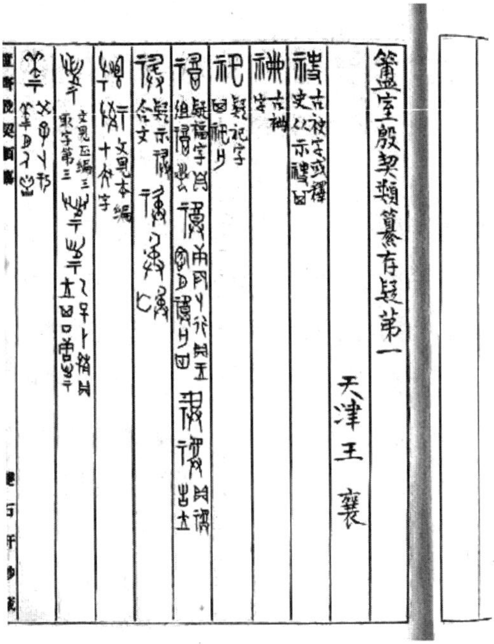

《簠室殷契类纂》书影

1918 年爷爷完成了《簠室殷契类纂》一书的初稿,同年 7 月,送请王懿荣之次子王崇烈校正。王崇烈阅后大加赞赏:“余为此学二年，实不逮我纶阁之精且细,今而后将以余之一得附于此书,亦涓埃之益,则吾昆弟二人可成此业,不但为余二人之幸,亦上古文字之幸也。”1920年，天津河北第一博物院出版了爷爷的甲骨文专著《簠室殷契类纂》(简称《类纂》),全书有“正编”14卷、“附编”1卷、“存疑”14卷、“待考”1卷。“正编”收录可识文字873字,重文2110字,共计2938字;“附编”收合文243字，重者98字;“存疑”有1852字;“待考”有142字。全书以《说文解字》部首顺序排列,检索极为方便,是我国第一部甲骨文字汇,开编纂甲骨文字典之先河。《类纂》是爷爷多年研究甲骨文的重要成果,具有科学性和开创性,有较高的学术价值,在每一辞条下既有考释文字,又有整句卜辞,犹如现代字典的编排。正如甲骨学者陈梦家先生所评价的:《类纂》是“值得我们重视的创作性字汇”。但过去“没有得到应有的表扬,是不公允的”(陈梦家:《殷墟卜辞综述》)。它是我国第一部研究甲骨文字的专著,《类纂》发表47年后,日本甲骨学者岛邦男先生的专著《殷墟卜辞综类》,也借鉴了《类纂》的编辑方法。可见,祖父的《类纂》至今仍不失为一部有学术价值的工具书。

爷爷于1914年入长芦盐务稽核所,1923年调职广东盐务稽核所工作，此间他仍坚持以探究甲骨文秘密为主要研究方向。同年,完成《簠室殷契征文》(简称《征文》)

书稿，并以书信复函的方式，与甲骨学者叶玉森先生①广泛讨论对甲骨文研究的看法。爷爷认为，甲骨文研究是一门很年轻的学问，应充分发挥各家之所见，待后人在治学实践中去取舍，如果仅墨守一家之言，则无法推进与发扬这门学问。1925 年，爷爷的甲骨文专著《征文》由天津河北第一博物院出版，该书为石版印刷，有图版 12 卷，考释 12 卷，著录自藏甲骨1125 版(实为 960 版，其中重复、裁割者 165 版)，全书按天象、地望、帝系、人名、岁时、干支、贞类、典礼、征发、游田、杂事、文字 12 大类划分，基本上概括了甲骨卜辞的全部内容。依据甲骨文中所贞卜的事项而分门别类的加以著录，此书虽非为首创，但此后，甲骨文研究者著录甲骨时，虽采用多种方法，但基本上未能超出《征文》的范围。

簠室殷契徵文第一編
天象
天津王襄輯
一
二
三
四
簠室殷契徵文 天象 一

《簠室殷契征文》书影

《征文》的“考释”引

① 叶玉森(1880—1933)，江苏镇江人，字荭渔，号中泠，精诗文、书画，甲骨文专家。

证详明，以古籍为依据，将金文与卜辞相互印证，论说有据，且富有独特的见解，便于检索，有利于研究，至今仍为甲骨学界诸多学者引用和称赞。另外，《征文》有“甲骨卜辞印本（拓片）”二册、“考释（每条皆有释文）”二册，极便于研究者对照使用。

《征文》为石印本，由于当时印刷条件所限，加之爷爷因编辑分类的需要，曾将甲骨拓本剪裁、拼接，待该书出版后，曾引起一些学者的质疑，认为祖父所藏甲骨原件不真，“片片可疑”“剪辑粉饰”，实为赝品。其实爷爷并没有假的东西。后罗振玉[①]在其《殷墟书契续编》一书中，辑印了祖父所藏甲骨的部分拓片，《征文》的真实性才得到了世人的确认，《征文》亦即成为甲骨学中一部重要的著作。

爷爷的《类纂》与《征文》两部书的出版，还得感谢其老友俞祖鑫先生[②]。俞祖鑫先生当时供职于河北第一博物院，曾为爷爷的《类纂》与《征文》印刷出版做出过重大

---

① 罗振玉（1866—1940），字叔蕴、叔言，号雪堂、贞松老人，浙江上虞人。曾任清廷学部参事及京师大学堂农科监督。中国近代金石学家、语言文字学家、甲骨文学家、文物收藏家，是甲骨四堂（即罗振玉、王国维、董作宾、郭沫若）之一。关于王襄老人与罗振玉的交往，笔者后文还将有较为详细的论述。

② 俞祖鑫，字品三，直隶大兴（今北京大兴）人，善书法，对古文字学颇有研究，其主要著作有《汉字偏旁溯源》《说文古籀补校笺》《草法举例》等，并有大量藏书，已捐赠天津市历史研究所。

贡献。俞祖鑫先生特意为爷爷的《簠室殷契征文》一书题写书签，尤其是在印制《征文》时，更采用了一些有效的方法。因《征文》为石版印刷，需用一种特殊的“石印药纸”，当时正在福建、广东工作的祖父先将一部分原稿用“石印药纸”誊写清楚，装入小铁筒内，邮寄给俞先生付印，俞先生再将空白“石印药纸”或印稿装进小铁筒寄回，如此交替进行多次。《征文》中所印甲骨拓片，也是直接用“石印药纸”拓好落石印刷的(爷爷的甲骨拓片，原使用“六吉棉连纸”拓成)。这种使用“石印药纸”替代“六吉棉连纸”拓成拓片，再行制成石版印刷的方法，是当时一位籍贯为河北省的印刷工人王麟生先生提出来的，并经过多次试验，确实可行。为此，爷爷对俞祖鑫、王麟生两位先生在印刷出版《类纂》与《征文》的过程中所做的工作，极为感激与怀念。

1927 年至 1928 年间，爷爷在四川三台及返津休假之际，重新修订了《簠室殷契类纂》，修订后的《类纂》中，新识与勘误者 27 字，增补异文者 11 字，并于 1929 年 10 月仍由天津河北第一博物院再版重印。

1929 年 9 月，爷爷休假期满后，调职浙江省盐务稽核所乍浦分所工作。于 1931 年 8 月在浙江，又完成了一部篇帙浩繁的文字学专著——《秦前文字韵林》(未刊行)。鉴于祖父自幼研读许慎的《说文解字》，他认为：“史仓史籀之文，当求诸彝器款式之学”，并开始古文字学的研究。甲骨文的发现为爷爷探究中国文字演变的源流开拓了更为广阔的道路。他将先秦文字依时代先后为次，上起殷商，下至七国，凡卜辞、金文、鼓文、匋文、玺文、币文等可识文字，一一搜集，以《簠室殷契类纂》《说文古籀补》(吴大澂编著)和《金文编》(容庚编著)为蓝本，依《佩文韵府》之例，分上平、下平、上、去、入声，辑为五编，将我国文字的发展与衍变清晰地展现出来。《秦前文字韵林》一书正是按照这一思路编辑而成，全书收集各类可识文字3102字，叙述了我国先秦文字的演变，是一部创造性的文字学著作。1934年，爷爷将此书交由天津永聚珂罗版印刷所印行350部(每部5册)，待印制第一册四页后，承印商突然提出要提高印价，故此书终因承印商毁约未能出版。有些学者认为："此书成书最早(1931年)，收字最多(3102字)，可惜未能及时付印，因此，《古籀汇编》(徐文镜著，1934年出版)、《甲骨文编》(孙海波著，1934年出版)、《金文编》(三版)(容庚著，1937年出版)等书均出版矣"，实为憾事。

1931年九一八事变后，日军侵占我国东北三省、热河等地；1937年日军又发动七七事变，敌寇压境，山河破碎。爷爷面对"放眼河山剧可悲，人间非复太平时"的时局，心情无比悲愤。为了不做亡国奴，不为日伪统治者工作，1939年秋，毅然辞去长芦盐务稽核所的工作。此后，长期闭门家居，尽力避开来自日伪多方面的骚扰和伪政府当局的诱惑,不与外界接触,过着清贫、节俭的生活。爷爷此时并不是一位消极闲散的隐士,而是一位关心国家与民族命运的学者,他拿起手中的笔,写出许多抨击日伪罪恶统治的诗句,以揭露、谴责日寇的侵略罪行。同时,他曾多次表示自己决不临末变节,并用自己的旧作——1923 年写的《寿王仁安夫子六十生日》文中句警示子侄辈:“人之读书,前言往行,一一信诸心,无他焉,欲致用而已。事之来也,不慑于声势,不屈于利害,从容处理,不使溃决不可收拾,所谓见理明,处事当,能行所学者。”爷爷几乎用了全部的时间,刻苦治学,勤奋著述,但在日伪时期,却从来没有发表过一篇著作,而是将自己的作品一丝不苟地手写誊清,藏于家私,企盼日伪统治者灭亡后,再拿出自己的研究成果奉献给国家。爷爷是一位忠诚的爱国学者,他为学术研究而献身的高尚精神, 至今对于我们这些后辈仍具有深刻的教育意义,是我们学习的榜样。

抗战胜利后,爷爷极为欢悦,心中深深感到:“知日本降服,八年国难,一朝告靖,中心慰怍,匪区区身世已也。”“曩逢国难,几不知所终。今则大难已定,目睹太平,俯仰欢慰,不虚此生矣。”但好景不长,日本投降后的短短几个月的“太平气象”很快被国民党反动派发动的内战所打破。国民党政府政治腐败、对人民的压榨依旧,人民所受苦难不减当年。当时的社会生活仍旧是“盐米苦人”与“斗米万金”的“乱世”。爷爷虽然衣食不周，生事艰难，以致典卖家中杂物易米度日，却仍然勤奋著述。1947年秋，72岁的祖父完成了《古文流变臆说》一书的(上编)，用甲骨文、金文推考我国文字的演变的规律，成一家之言。

1949年1月15日天津解放了。爷爷面对“万方解放民更始”的大好局面，心情无比激动，期衰老之年能为新社会有所作为，倾尽全力从事甲骨文、金石学的研究，仅在文字学研究方面，当年就续成《古文流变臆说》一书的(下编)，全书成。1953年，爷爷这位78岁的老人，以勤于探索的精神，完成了晚年代表作之一的《殷代贞史代征录》(未刊行)，该书共8节，采用卜辞断代法，例举贞人87名，并将每一贞人及其相关的活动予以排比，“供修殷史人物志者取材”，遗憾的是该书稿至今未能公开发表。

1957年爷爷将自己的《古文流变臆说》(上、下编)等4种书，送中国科学院审定，最终决定将《古文流变臆说》一书于1961年10月交由上海龙门联合书局出版。该书就甲骨文、金文推考我国文字演变规律，举甲骨文69字，金文75字以为释例，加以说明。全书分上、下两编，是文字学者从事研究工作的重要参考书。爷爷在编写此书时，曾于1949年删除9字；1954年删除1字；1957年删除3字。由此可知，《古文流变臆说》由初稿到定稿11年间,反复斟酌,3次修订,由初稿的82字修订为69字,其严谨程度之高。因当时在京津两地找不到缮写古文字者,故书稿只能由86岁高龄的祖父亲自执笔,用蝇头小楷抄写而成,影印出版。可见爷爷治学矜持不苟、精益求精的精神,字里行间显现出祖父谦谦君子之风。

爷爷自发现、搜集甲骨始,便将研究甲骨文作为自己治学的主要内容。他以许慎《说文解字》为主要依据,广泛参考大量的历史文献,充分利用金石、甲骨文学者的研究成果,开展自己的学术研究。无论是在京师求学,还是外出谋生,奔波于闽、粤诸省,祖父总是以甲骨、拓本、书籍为伴,以著书立说为最大乐趣。一位学者为了科学研究的需要,必须要掌握丰富的资料,了解科学研究的信息与最新成果,才有可能取得学术上的发展与进步。爷爷有家口衣食之累,终年在外辛苦劳作,仅靠微薄的薪资勉强度日,尽管节衣缩食,也难以尽情购求大量的最新资料,许多资料买不起,为此,爷爷所需的大量书籍与资料,只能暂借他人的藏品,亲手抄录而成。如新中国成立前抄录的甲骨学著作:《贞卜文临本》(共1册563品,1900年)、《殷契录存》(共2册555品,1933年)、《契文汇录》(共3册616品,1949年),以及新中国成立后抄录的《绘阁所录殷契》(共4册,1956年)、《簠室所抚殷契》(共5册,1958年)等,其中,就抄录有日本林泰辅的《龟甲兽骨文字》、加拿大明义士的《殷墟卜辞》、郭沫若的《殷契粹编》、董作宾的《殷历谱》以及《殷墟文字存真》《甲骨文录》《河南安阳遗宝》等多部甲骨学著作的精髓部分。据有关专家粗略统计,自民国初年至新中国成立后,祖父亲自抄录的甲骨学、金石学、考古学方面的资料,多达一万多种,此种刻苦治学的态度,实为难能可贵。

爷爷曾对我讲过,当年(1931—1934),他在湖北省盐务稽核所新堤分所工作时,得知国民党前中央历史语言研究所(简称"史语所"),对河南安阳殷墟进行了大规模的考古发掘,并完成了《安阳发掘报告》,心情十分激动,几经周折,找友人借来了《安阳发掘报告》,夜以继日、废寝忘食地抄录了近一个多月,"用'秃'了两只(毛)笔",才算完成《殷契录存》(第二册)中的第一部分(《殷契录存》(第二册)中,第一部分有"史语所"发掘报告中389片甲骨)。祖父还曾告诉过我抄录董作宾先生[①]著作《甲骨文断代研究例》的经过:当年(大约为20世纪30年代初)抄录《甲骨文断代研究例》时,正值夏季伏天,气候奇热,挥汗如雨,臂肘扶在书案上,稿纸即刻湿透,更没有现在的电风扇、空调等可以乘凉,加之蚊虫叮咬,实

---

① 董作宾(1895—1963),河南省南阳县人,字彦堂,又作雁堂,别署平庐,甲骨学家,著述颇丰,有《董作宾学术论著》《平庐文存》《董作宾先生全集》等。

在难熬,为了抄录书稿,他只得“赤膊上阵”,脱掉上衣,光着脊背,并在案头放置一盆凉水(井水)和一条毛巾,用以擦汗、解热之用。就是在这种状况下,起早贪黑,爷爷竟用工整的小楷,抄录了董作宾先生的《甲骨文断代研究例》。祖父就是以这种惊人的毅力,勤奋地工作,用繁重的抄录方法,不遗余力地获得最新、最广泛的第一手资料,博采众家之长,从而使自己的学术研究(金石、甲骨文、文字学等)能不断得到充实、提高,并开拓新的研究领域。

总之,爷爷从事甲骨文研究,长达60余年,孜孜不倦,著书立说从未间断,其勇于探索、坚持真理的治学精神,是值得我们永远学习的。

三、祖父与甲骨收藏

爷爷自1899年购得甲骨收藏后,便视甲骨为生命,十分珍爱,即使后来迫于生计,在家中经济生活最困难的时候,宁可鬻字为生,也毫无售卖甲骨之意。甲骨便是爷爷生活的全部。

爷爷的珍藏自1900年秋季始,以后经常用自己收藏的甲骨临摹、赏玩、研究甲骨文。民国初年,一次家中夜间闹贼，存放在前院西屋客房箱柜中的甲骨，险些被窃。一场虚惊后，爷爷便将所藏甲骨时刻携带在身边。1914 年，爷爷经在清农工商部高等实业学堂学习时的同学陈震华先生介绍，入长芦盐务稽核所石碑支所供职盐政。20 余年里，先后曾因工作调动，奔走于冀、闽、粤、川、浙、鄂诸省，为了临摹、研究与赏玩甲骨(文)的需要，爷爷总要将甲骨带在身边。正因如此，爷爷珍藏的甲骨经历了一次“失而复得”的“惊变”。

1931 年冬爷爷调职湖北省盐务稽核所工作，至 1934 年夏方有返津省亲的休假时间。当时，爷爷为参观河南省博物馆展出的“新郑出土晚周文物”，决定由湖北沔阳返回天津途中绕道开封，作短暂停留，故将随身携带的行李和装有甲骨的木箱，托交铁路部门运回天津。爷爷返津后提取行李时，发现装有甲骨的木箱不见了，顿时大为惊慌，便急忙去车站查找、交涉，毫无结果，又托友人去北京沿途各站查找，仍无下落，这样反复折腾了 50 余天，最后在铁路局的协助下，终于在张家口火车站找到了这只装有甲骨的木箱。取回木箱后，发现这只木箱已经快散了，箱盖被打破。原来这只装有甲骨的木箱，在行李托运过磅时，就引起了小偷的注意，所幸的是，爷爷仔细察验了装在箱内的甲骨，并未有丢失，心情才平稳下来。

为何会出现这种事情？后来分析认为，当初爷爷在湖北托运行李时,是将行李箱子全部用铁丝捆成单十字形,因考虑到装甲骨的箱子很重要,特请工人师傅将装甲骨的箱子多加一道铁丝捆绑,用铁丝捆成双十字形,这与其他行李箱子包装截然不同。大概正是因为爷爷过分重视这只装有甲骨的木箱,包装特殊,才引起他人的觊觎。窃贼先是将由湖北托运至天津的木箱的标签,改换成由湖北托运至张家口,转移地点后,趁机将木箱盖撬开,取出箱内物品,发现是一些用破纸包裹着的"朽骨败甲",并非是值钱的珠宝玉器,就原封不动地放在那里了。这样,爷爷的这只有装甲骨的箱子,被幸运地保留了下来。

后来,每逢谈及此事时,爷爷总是心有余悸地说,自己收藏的甲骨,此次能够"失而复得","实为一大幸事"。经过这次险情后,爷爷再也不敢将甲骨随身携带至外地了,并将所藏甲骨约4000片,每一片甲骨都用绵纸或棉花包裹好,然后分门别类地存放在大小不等的硬纸盒(鞋盒子、糕点盒子等)中,在包装纸(盒)上用毛笔标明甲骨文原形字、殷干支或帝系人名等,存放在家里的大柜中,而对自己极为喜爱和珍贵的部分甲骨,则另觅安全、稳妥之地收藏。

1936年,爷爷调职长芦盐务稽核所工作。不久,日军发动七七事变,平津沦陷后,又侵占华北全境。在日伪的奴役与统治下,爷爷深感生活、工作、处境异常困难，但爷爷宁可失业在家赋闲，绝不为日伪统治者服务，他毅然辞去了长芦盐务稽核所的工作。1942 年日军在天津强制推行粮食配给制，量少质劣，爷爷每日只能食用“配给”的“混合面”过活，家中的“财路”已断，仅能靠卖点什物来维持生活。在日本统治天津的年代里，爷爷为了寻求所需的文物、书籍等资料，经常涉访一些书店、古玩店，结识了一些书商、古董商人。当时，“大罗天”(位于今和平区鞍山道与山西路交口西南侧。1917 年兴建的一座花园式综合游艺场，1925 年始设古玩市场，后有古玩店 33 户，曾为当时朝野名流、军政要人、巨商富贾等娱乐消遣之地，1937 年后逐渐衰残)的一些古董商贩多次跑到家中苦苦劝说爷爷，将甲骨高价出售给日本人，以解决生活之需。爷爷不愿使国之瑰宝流入异邦，便以为了暂避战乱，甲骨未敢带在身边，已将甲骨存放在内地封存为借口，搪塞过去。

爷爷是书法家，善金文、甲骨、楷书，故日伪的权贵及文人墨客，托词“喜爱”，频频索书者甚多，令爷爷十分憎恶与恼火，为了避开这些人，便巧妙地施用一计，制定出一张“王纶阁篆书润格”，委托估衣街上的南纸店收件并高额索价，惊人的高价“吓退了”这些恶棍。日伪统治者为了得到王襄老人的书法作品，便令天津图书馆出面“邀请”他参加在日本东京举办的“大东亚书道展”，并允诺他若能到日本去从事甲骨、书法等研究，更可得到巨大的回报。爷爷面对日军的诱惑,决心不慑于声势,不屈于利害,更不能临末变节,坚决拒绝了“邀请”。

日伪统治时期,天津又遇上了1939年的大水灾。大水殃及宅院,爷爷及全家人惊恐万分,决定暂时移居英租界的永兴里避难,家中仅留有少数人护院。为了确保存放在大柜中的甲骨不被水淹,爷爷特意将装有甲骨的纸盒放在大柜的顶层,四周用衣物垫牢,并嘱托护院人员要经常查看。待水灾过后,家人返回旧宅,查看大柜中的衣物和甲骨,安然无恙,爷爷才放下心来。

1945年8月15日日本宣布无条件投降,爷爷极为欢悦,他说:“知日本降服,八年国难,一朝告靖,中心慰忭,匪区区身世已也。”然而抗战胜利后国民党的腐败统治,给老百姓带来的只是物价飞涨、民不聊生,苦难的生活也波及爷爷全家,此时家中已再无零散杂物可变卖,仅靠爷爷鬻字更难以维持全家的生活。不得已,爷爷拟将自己珍藏的甲骨取出约800片出售,以解生活上的燃眉之急。此消息传出后,有些古董商贩来家中洽谈,如北京来薰阁的陈济川(陈杭)先生、藻玉堂的王经理以及几位专家学者等,纷纷登门洽谈。当爷爷得知他们是专为齐鲁大学(原为英、美等国基督教会创办的山东基督教共和大学,1917年改为齐鲁大学,设有文理学院、医学院、神学院等)、东吴大学(原为美国基督教监理会于1871年在苏州设立的存养书院,1903年改建为东吴大学堂或称东吴书院，1911年定名为东吴大学，设有文、理、法学院及附中等)购买甲骨时，立即警觉起来。爷爷深知齐鲁、东吴这些大学均为外国教会所建立，他们购得的甲骨，将来有可能流失于国外。爷爷极不愿意因自己(出售甲骨)将祖国珍贵文物外流而愧对于子孙后代，为此，爷爷特将出售甲骨的价格索要甚高，以"高价"巧妙地避开了甲骨流失于国外的危局。

新中国成立初期(约为1952年以前)，甲骨学者董作宾先生(昔日，曾与爷爷共同探讨、研究过甲骨文中有关殷历甲子干支、日月食诸事)，自国外来函询问王襄老人的生活、工作状况，并称老人若有意出售所藏甲骨，则可代为介绍，得以善价。爷爷阅信后，经仔细考虑，深知董作宾先生身居国外，服务于美国某大学，一旦外国人购得中国所藏甲骨，必使国宝甲骨外流，爷爷认为"此事是万万做不得的"，随即复信婉言谢绝。

新中国成立后，爷爷在党的关怀、教育下，努力自学马列主义、毛泽东思想，悟出"方今唯物之论悦群众，马恩学派已大昌"，坚信"共产主义就是真"，"共产党一定会成功"的真理。1953年6月27日，天津市人民政府聘任爷爷为天津市文史研究馆馆长，他深感自己在衰老之年能有所作为，实为幸事。此后，爷爷更加努力从事自己的学术研究工作，同时也考虑到自己年事已高，一生收藏的甲骨、文物、图书、碑帖、字画、印章以及全部著作书稿等物品应有一个妥善的安排，才不会使这些珍藏失散,今后也可供有识之士学习研究之用。特别是对自己珍藏的甲骨尤为关注，他曾对我讲:“殷契出土至今,日渐稀少”,“日后(也)不可多得矣”等语。爷爷对洋人掠夺我国甲骨(文物)一事,深恶痛绝,经过缜密的考虑,于1953年,爷爷决定将自己视为生命的甲骨,全部捐献给国家。1959年,又将全部甲骨拓片赠予《甲骨文合集》编辑部,至此爷爷珍藏的甲骨得到了圆满的结局。爷爷的爱国之心,也得到了世人的称赞与颂扬。

恩师、友人与弟子

一、祖父的恩师

我小时曾多次听父亲说，爷爷四五岁时便由曾祖父教其识字，曾祖父王恩瀚（老十爷）是爷爷的第一任启蒙老师。曾祖父精通中医，经常为家人与亲友诊脉处方，疗效甚好。爷爷7岁后入塾读书，开始习读古文、古诗，练习书法，并在其叔父王恩溎（老十三爷）的指导下练习书法。曾祖母吕氏，对爷爷的学习也要求甚严。爷爷曾告诉我说，小时候上私塾，几乎每天课后母亲（曾祖母）都要询问他学习的情况，还经常查看他的书法练习。

老十爷与老十三爷都是举人，故多有乡人“拜师学艺”，天津城东南斜街的樊氏弟子樊荫慈（号小舫，天津画家），因从老十爷与老十三爷学习，获益颇丰，其书法又酷似老十三爷，故于1886年。樊宅开办的樊氏家塾时，特聘请老十三爷为塾师，爷爷11岁时便跟随叔父王恩溎到樊氏家塾读书。

爷爷自7岁至17岁，在家中受到了良好的教育，在私塾中学到许多中国传统文化的知识，为今后进一步地提高自己的学识以及治学、为人处事打好了基础。1893年，爷爷为了能走上“读书做官”之路，便开始认真系统地学习有关科举文字,先后拜李桐庵[1]、王仁安两师学举业。自18岁至22岁,爷爷从李桐庵、王仁安两恩师学举子业,受益匪浅。尤对王仁安先生更是推崇备至,终生引以为楷模。仁安先生善讲授古文辞、古近体诗。1894年,31岁的仁安先生为便于弟子王襄探究举子业之学问,竟搬至爷爷家中居住,为爷爷讲授举业,兼授诗赋辞章、古文辞和读书方法。师生相处的日子里,每当茶余课后,仁安先生更是谈古论今,使爷爷听之神往。1898年,爷爷参加了清末科举的童试,成为秀才,走上读书做官之路。后来爷爷因接受了西方新思潮的影响,于1903年,选择了参加普通学堂(即后来的铃铛阁中学)的进修,树立起"读书当具爱国之心"、走"青年自立之道"的决心。1905年夏季,以30岁的年龄,赴北京参加清农工商部高等实业学堂(即北京大学工学院前身)的招生考试。后于1908—1910年,在清农工商部高等实业学堂矿科学习、毕业,奖给举人。1911年9月,赴河南开封候补知县。此时,爷爷的恩师王仁安先生,正出任河南巡警道,爷爷在恩师的协助下,出任河南巡警道警务公所帮办文牍。

---

① 关于李桐庵先生的生平业绩,笔者了解得甚少。据我父亲长儒先生讲,李老先生的文字功底很深,精通"八股文"的写作,对许慎的《说文解字》很有研究,特别对清代的"科举考试"了解甚详。但他本人的仕途道路却很坎坷,终生未能为官。

爷爷在与恩师王仁安先生分离的时间里，除了经常有书信、诗词的往来外，每逢仁安先生的诞辰，爷爷还常写“寿文”以示祝贺。仁安先生对自己的弟子王襄也格外的厚爱，曾嘱托爷爷王襄：“将来铭幽志墓，有以累吾贤也”，因此，仁安先生逝世后，爷爷曾为其守灵并撰写《先师王公墓志铭》。爷爷对恩师仁安先生也总是念念不忘，直至晚年，还经常翻阅《王仁安集》，甚至夜晚睡觉做梦时，还背诵仁安先生的诗篇。

爷爷的另外一位恩师是华学涑先生。[①]中日甲午战争，年轻的学子华学涑先生目睹了清王朝的腐败，认为中国“舍改革无以救亡”，所以华先生力主发展实业，兴办教育，参加同盟会，推翻清王朝。每当遇到“有志之士”，更是百般爱护和提携，倾心结交之。爷爷王襄的伯

---

① 华学涑（1872—1927），字实甫、石斧，天津人。20岁入庠，1897年举于乡，入刑部为主事。1903年考取商部章京，授商部主事，旋改为农工商部主事。此人学识广泛，除精于理化博物外，尤专研小学训诂，是天津一带的著名教育家。他创了自立小学堂，继而扩充为初等工业学堂（天津工业初级职业学校前身）；后为高等实业学堂（北大工学院前身）监学官，兼博物化学教授，以及顺天中学堂化学教授。他力主革命和实业救国，曾加入同盟会。1900年在天津从事化学制造工业，1906年（光绪三十二年）以后至民国初年，在北京、张家口等地，创办了一系列工厂、公司、学校等。1912年任工商会议直隶代表，1913年任直隶商品陈列所调查员、编辑主任，1916年在津积极参与创设天津博物院的工作，并任该院副院长。晚年，更致力于金石、文字学的研究，著有《文字系》《秦书集存》《秦书八体原委》《义教钩沉》等著作。

父王恩湛(老五爷),是清光绪丁丑科进士、翰林院检讨(御史公),与华学涑先生的父亲华祝萱侍郎是“文字挚友”。1906年,爷爷考入清农工商部高等实业学堂预科学习时,华学涑先生是该校的教员,任爷爷的化学课教师;后来爷爷入清农工商部高等实业学堂矿科学习,课余时间,经华先生推荐,担任北京畿辅实业学堂[该校为旧直系同乡京官捐资兴办的学校,校址在北京东珠市口天津试馆旧址内,华学涑先生任教务长,教师多由高等实业学堂与京师大学堂学员中选聘,共招收两期学生,于宣统元年(1909年)停办]的分析化学教师。另据天津画家陆文郁先生讲,华学涑先生的族弟华景颜(字伯荃)与王襄均为先生的学生,经先生介绍,约于1908年共同加入同盟会。由此可见华学涑先生与爷爷的师生情谊甚笃。

爷爷终生不忘恩师的教诲,经常颂扬恩师的情谊,以恩师为榜样,一生勤奋学习,严谨治学,努力工作,简朴生活,受到世人称赞,是我们后代人的楷模。

二、祖父与友人

1. 与罗振玉

罗振玉是中国近代金石学家，一生广泛收集多种文物资料，分门别类进行整理研究，自 1906 年始着手搜集甲骨，总数约 2 万片，是我国早期收藏甲骨最多的藏家，也是我国在甲骨学研究方面，最初取得重要进展的学者之一。他首先考订出甲骨出土地河南安阳小屯为殷墟，并断定甲骨为“殷室王朝的遗物”。此后更有多部专著问世，如《殷商贞卜文字考》(1910 年)、《殷墟书契前编》(1912 年)、《殷墟书契菁华》(1914 年)、《殷墟书契考释》(1915 年)、《殷墟书契后编》(1916 年)、《殷墟书契续编》(1933 年)等。

辛亥革命后，罗振玉以清朝遗民自居，携眷东渡日本，旅日长达 8 年之久，于 1919 年夏举家返国，定居津门。1920 年秋，罗氏在天津日租界的秋山街(今和平区锦州道)与法租界的德大夫路(法租界 31 号路，今和平区河北路)交口，靠近法租界一侧的嘉乐里处营建新宅“罗公馆”，落成后合家迁入。罗振玉深感“读书著书，北方最便”,此后愈加积极从事学术研究活动,他与欧洲汉学界交往不断:法国的伯希和给他寄来流落海外的唐《切韵》残卷复制件;德国一博士亦寄赠《楼兰》印本;俄国学者伊凤阁甚至专程赴津访罗,终使载有汉文与西夏文字的《掌中珠残卷足本》保留面世。他还与津门藏书大家李盛铎(木斋)先生达成默契,得以披览李氏所藏孤本秘籍,并获准翻刻其中一些珍版书册,这对罗氏“传古”之业大有助益。此外,他与梁启超①、铁良②、张勋③等在津做寓公的旧日显宦、学者相互多有走动。书

① 梁启超(1873—1929),字卓如,一字任甫,号任公,又号饮冰室主人、饮冰子、哀时客、中国之新民、自由斋主人,广东新会人,清光绪举人,和其师康有为一起,倡导变法维新,并称“康梁”,同为戊戌变法(百日维新)的领袖。作为中国近代维新派代表人物,他曾倡导文体改良的“诗界革命”和“小说界革命”。其著作合编为《饮冰室合集》。

② 铁良(1863—1938),字宝臣,穆尔察氏,满洲镶白旗人。清末大臣,曾为荣禄幕僚,后任户部、兵部侍郎。1903 年赴日本考察军事,回国后任练兵大臣襄办,协助袁世凯创设北洋六镇新军。1906 年任陆军部尚书,与袁世凯争夺北洋新军的统帅权。1910 年调任江宁将军。辛亥革命时防守南京,与革命军作战,并与善耆等皇族成员组织宗社党,反对清帝退位。中华民国建立后以“遗老”身份在青岛、大连、天津等地,积极参与清帝复辟活动。

③ 张勋(1854—1923),原名张和,字少轩、绍轩,江西省奉新县人。北洋军阀,中国近代军阀。清末任云南、甘肃、江南提督;辛亥革命以后曾任江苏督军、长江巡阅使。清朝覆亡后,它的遗老遗少一直图谋复辟,恰好“府院之争”为他复辟提供了一次良机。张勋以调停“府院之争”为名,率领“辫子军”进京,于 7 月 1 日拥戴清废帝溥仪复辟,恢复“宣统”年号。失败后,张蛰居津门。

业老友傅增湘[1]、张元济[2]诸人每当路过天津时,便常来晤谈。康有为[3]也曾到嘉乐里专访过罗振玉。1921 年北京大学蔡元培[4]校长聘请罗振玉出任导师,从此,罗振玉

---

① 傅增湘(1872—1949),四川江安县人,字沅叔,别署双鉴楼主人、藏园居士、藏园老人、清泉逸叟、长春室主人等,现当代著名藏书家。傅氏一生藏宋金刻本 150 种,4600 余卷; 元刻本善本数十种,3700 余卷; 明清精刻本、抄本、校本更多,总数达 20 万卷以上,是晚清以来继陆心源皕宋楼、丁丙八千卷楼、杨氏海源阁、瞿氏铁琴铜剑楼之后的又一大家。他无论是在藏书、校书方面,还是目录学、版本学方面,堪称一代宗主。

② 张元济(1867—1959),字筱斋,号菊生,浙江海盐人。出生于名门望族,书香世家。清末中进士,入翰林院任庶吉士,后在总理事务衙门任章京。1902 年,张元济进入商务印书馆历任编译所所长、经理、监理、董事长等职。1949 年后,担任上海文史馆馆长,继任商务印书馆董事长。著有《校史随笔》等。1959 年 8 月 14 日在上海逝世。

③ 康有为(1858—1927),又名祖诒、字广厦、号长素,又号明夷、更甡等。广东省广州府南海县人,人称"康南海"。清光绪年间进士,官授工部主事。为我国近代著名的政治家、思想家、社会改革家、书法家和学者,信奉孔子儒家学说,并致力于将儒家学说改造为可以适应现代社会的国教,曾担任孔教会会长。著有《康子篇》《新学伪经考》等。

④ 蔡元培(1868—1940),字鹤卿,又字仲申、民友、孑民,浙江绍兴山阴县(今绍兴县)人,原籍浙江诸暨。中国近代著名革命家、教育家、政治家,中华民国首任教育总长,1916 年至 1927 年任北京大学校长,革新北大,开"学术"与"自由"之风;1920 年至 1930 年,蔡元培同时兼任中法大学校长。代表作品有《蔡元培自述》《中国伦理学史》等。

和王国维[①]、马衡[②]、容庚[③]、商承祚[④]、唐兰[⑤]等诸多学者有了深厚的交往,在学术上也得到了广泛的交流。

爷爷是天津最早发现、搜集与研究甲骨的学者之一。他与罗氏早有频繁的书信交往。1910 年秋,爷爷王襄与罗振玉相识,并获得罗氏赠予的《殷商贞卜文字考》。此后,还曾多次得到罗氏馈赠的《国学丛刊》《掌中珠残卷足本》等书籍。爷爷对罗氏的著作非常认真地拜

① 王国维(1877—1927),字伯隅、静安,号观堂、永观,浙江海宁盐官镇人,清末秀才。我国近现代在文学、美学、史学、哲学、古文字学、考古学等各方面成就卓著的学术巨子、国学大师。

② 马衡(1881—1955),浙江鄞县人,字叔平,别署无咎、凡将斋。西泠印社第二任社长、金石考古学家、书法篆刻家。曾任北京大学研究所国学门考古学研究室主任、故宫博物院院长。1952 年任北京文物整理委员会主任委员,主持过燕下都遗址的发掘,对中国考古学由金石考证向田野发掘过渡有促进之功,被誉为中国近代考古学的前驱。

③ 容庚(1894—1983),广东省东莞县人。自幼熟读《说文解字》和吴大澄的《说文古籀补》。1922 年,经罗振玉介绍入北京大学研究所国学门读研究生,毕业后历任燕京大学教授、《燕京学报》主编兼北平古物陈列所鉴定委员、岭南大学中文系教授兼系主任、《岭南学报》主编、中山大学中文系教授等。

④ 商承祚(1902—1991),字锡永,号驽刚、蠖公、契斋,广东番禺人,古文字学家、考古学家、金石篆刻家、书法家。早年与罗振玉等人研究甲骨文字,曾任中山大学教授、中国书法家协会理事。有《殷墟文字类编》《商承祚篆隶册》行世。

⑤ 唐兰(1901—1979),浙江嘉兴人,是我国著名的文字学家。他在 20 世纪 20 年代就精研了《说文》《尔雅》等典籍,30 年代著有《古文字学导论》《中国文字学》,对古文字研究造诣很深,贡献极大。

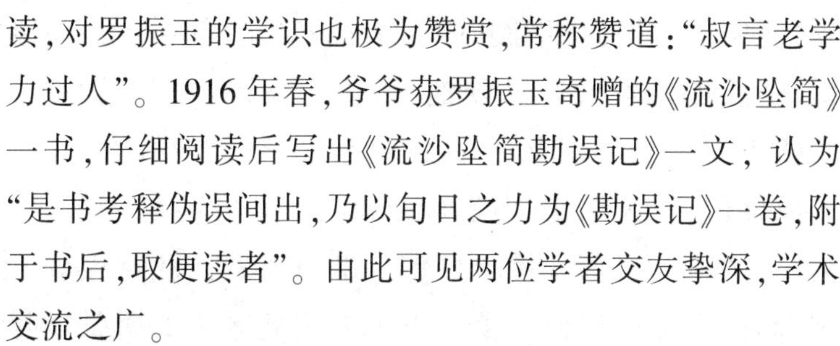

读，对罗振玉的学识也极为赞赏，常称赞道：“叔言老学力过人”。1916年春，爷爷获罗振玉寄赠的《流沙坠简》一书，仔细阅读后写出《流沙坠简勘误记》一文，认为“是书考释伪误间出，乃以旬日之力为《勘误记》一卷，附于书后，取便读者”。由此可见两位学者交友挚深，学术交流之广。

爷爷自1899年至1917年间，前后约6次陆续购得甲骨4000余片，并于1900年秋季，借用孟定生先生的“《贞卜文》成书一卷”，录成《贞卜文临本》第一册，开始学习、临摹甲骨文。1904年开始更加全面系统地研究甲骨文，为学习和研究的需要，爷爷使用“六吉棉连”，以陈簠斋先生墨拓铜器铭文的技术，亮墨手拓自己珍藏的全部甲骨，放置案头，便于翻阅、查核与诠释。

定居于天津的罗振玉，于1920年春专访了爷爷王襄，他观看了祖父所藏甲骨及其拓片，十分激动，尔后他致国学大师王国维（王国维在研究殷商甲骨中，最早突破文字考释的范围，将甲骨作为原始史料，用以探讨商代历史、地理、礼制等，首次证实《史记·殷本纪》所载商王世系的可靠程度，并提出商周之际礼制的截然不同。）信函中称赞道：“刻见天津王氏所藏卜文甚佳，约七八百纸，其佳者约得大半。”

此后，罗振玉多次来家中造访祖父。一次，罗氏见到书桌、案几上放有大量的甲骨拓片，欣喜若狂，急欲得到,便向爷爷提出“借阅”的要求,并应允短期归还。但老人不肯,后经罗氏软磨硬泡,爷爷无奈,只好勉强答应。罗振玉“借”走甲骨拓片后数日不还,爷爷放心不下,便多次催促,仍无结果。最终罗氏寄给爷爷20块银元,作为“工本费”,将拓片攫为己有。爷爷对罗氏此举极表不满,然而也无可奈何。罗振玉占有王襄老人的甲骨拓片后,未经征得老人的同意,竟擅自选出老人拓本中的大部,放在罗氏自家的《殷墟书契续编》一书中发表。爷爷每言及此,为之悻悻。但爷爷每逢谈及罗振玉及其学术研究成果时,仍恭敬的称罗振玉为“罗老”“罗叔老”,称罗振玉是“不可多得的学问家”,“是我的老师”。爷爷的学生李鹤年先生告诉我,老人曾嘱托其代为寻觅《殷墟书契续编》一书,准备择其书中尚未发表的自己的甲骨拓片自行出版,后因种种原因,事终未成,实为憾事。

罗振玉本有在津终老之意,但因为参与清室的复辟活动,于1928年冬卖掉嘉乐里宅院,携家迁往旅顺。至此,罗振玉与祖父的联系便中断了。

2. 与郭沫若

爷爷自20多岁便从事金石、文字学的研究。自1899年开始,全面系统地研究甲骨文,1918年完成了《簠室殷契类纂》(简称《类纂》)一书的初稿,1923年又完成了《簠室殷契征文》(简称《征文》)一书的书稿。

20世纪20年代初，由于当时印刷条件所限，加之爷爷王襄依据编辑全书体例、分类的需要，曾将个人所藏的甲骨拓本剪裁、拼接，影印成《征文》一书，因此待该书出版后，引起一些学者的质疑，有些人认为王襄老人所藏甲骨原件不真，实为赝品。郭沫若先生[①]就是其中的一位。郭沫若先生对甲骨文研究是有贡献的，但在学术研究方面也有武断之处。1930年当他见到《征文》后，便认为该书收录的甲骨是“伪片”“片片可疑”，并在《中国古代社会研究》一书中写道：“伪片之传播者在中国当推天津王襄的《簠室殷契征文》一书，此书所列几于片片可疑，在未见其原品之前，作者实不敢妄事征引。”1931年5月，大东书局为他印制的《甲骨文字研究·〈释寇〉附注》中他又说：“王襄《簠室殷契征文》，其所收集多属可疑。”当爷爷见到郭沫若先生书中的不实之词后，胸有成竹地道出：“塞口易，塞心难”“终有河清之日也”。正如甲骨文学者胡厚宣先生指出的：“这书印刷不精，且多割

① 郭沫若（1892—1978），原名开贞，字鼎堂，四川乐山县人。中国现代文学家、历史学家和古文字学家。1928年流亡日本，开始进行中国古代史、甲骨文、金文研究，1929年夏先后写出《甲骨文字研究》《卜辞中的古代社会》等专著，1930年出版《中国古代社会研究》，1933年出版《卜辞通纂》，1937年出版《殷契粹编》等学术著作。新中国成立后，历任中华人民共和国政务院副总理、全国人民代表大会常务委员会副委员长、全国文联主席、中国科学院院长兼历史研究所所长等职。

剪,所以书刚出来,大家多以材料可疑,摒而不用。其实王氏精于鉴别,并没有假的东西。”

爷爷珍藏的甲骨拓本,虽然有些已在自己的专著《征文》一书中选用,但仍藏有部分甲骨拓本。1933年,先后被著录在罗振玉的《殷墟书契续编》和商承祚的《殷契佚存》中,此后,商承祚先生又将爷爷自藏甲骨拓本摄影收入《商氏影本》(未刊)。同年,郭沫若先生编写《卜辞通纂》,发现自己于1930年时对《征文》的指责欠妥,便在该书的《后记》中指出:“临末尚有一事当自承其过,乃对于王襄《簠室殷契征文》一书之评骘。王氏此书,余曩于东洋文库曾假阅再四,观其文字多用毛笔痕迹,遂断为伪品,余于纂述此书时,亦摒诸视顾之外。比读董氏文(即甲骨学家董作宾于1933年发表的《甲骨文断代研究例》)注云:‘《征文》为翻刻本,不伪’,似即针对余之旧评而言,乃急由文求堂索得一部,重加检阅,遂终不能不承认余言之为诬。……知《征文》不伪,则其书自为可贵之研究资源,中多足证佐余说者,亦有仅见之例为它书所未有者,今译录数片如次。……均王书中之逸品,亦均余说之佳证也。王氏所据之资料当尚存,不知其有意重加精拓精印以嘉惠学林乎,不胜企而望之。”郭沫若在《卜辞通纂》述例中也说:“《征文》一书余曩声言其伪,今案乃拓印不精,文字多上粉,原物不伪,特附正予此。”此后,1947年郭沫若先生在对《中国古代社会研究》一书修改时，特别指出："另有天津王襄的《簠室殷契征文》一书，文辞均经剪辑粉饰，未能存其真，殊为可惜。"

1937年，甲骨文学者孙海波先生在《簠室殷契征文校录》一文中指出："是书出版后，人多以契文刀刻之恶劣与他书多不类，因疑为赝品。近人郭沫若先生复力斥其非真(见郭著《中国古代社会研究》及《甲骨文字研究》)。由是治契文者于其出真赝未审定之前，率皆摈之而不敢征用矣。1929年(己巳)冬，余过颂斋(即古文字学家容庚先生之号)，涉及是书，闻王君(王襄)藏契实甚众。其后，希白先生(即古文字学家容庚先生之字)出示所藏甲骨之影本凡数百片(商锡永先生摄影，民国十二年四月用蓝纸晒印)，皆王氏簠室藏物(中有王氏贞卜文字、宝古亭、符斋长物、符斋古缘、訚庐等印，皆王氏私玺，其为王氏之物无疑。)殆即王氏辑《征文》时所本之材料，命为校雠，因以兼旬之力，校核一通，得其与《征文》同者凡三百余事，惟尚未全，殊可惜而。据此三百余事论之，则知世讥王书之伪，非材料伪也，乃因其依原拓摹写，且割裂剽夺之处甚多，故致文字失真，有似于伪耳。"

1956年，甲骨文学者陈梦家先生在其《殷墟卜辞综述》中也指出，王襄老人石印的《征文》一书，"因石印不精，上石之先曾加摹改，所以自郭沫若以来尝疑其伪。后来他的未剪裁的拓本由罗氏重印于《续编》中(即罗振玉的《殷墟书契续编》)，商承祚又曾借他的拓本照了一部分照片,他所用材料的真实性才为世人所知”。

爷爷对于郭沫若先生在20世纪30年代初,认为《征文》中收录的甲骨是“伪片”“片片可疑”一事,从未公开提及,始终抱着宽容、大度的态度。1962年我在研读郭沫若先生的《中国古代社会研究》一书时,发现所谓“天津王襄的《簠室殷契征文》一书,文辞均经剪辑粉饰”的甲骨“伪片”事件,当即询问爷爷,爷爷也只是微笑着告诉我一句话:我收藏的(甲骨)全是真品,不是假的,谁若不信,请到我这来看。1965年爷爷故世后,天津市文史研究馆的领导拜托胡厚宣先生,请郭老为王襄老人题写碑铭,郭沫若先生自责地表示说:我从前还说王(襄)老的甲骨是假的,心中还有点耿耿于怀。

3. 与其他友人的交往

爷爷在日常生活中是一位沉默寡言的老人,一天也说不上一两句话。平时,对周围的人或事,都很少发表议论,晚年更是如此。尽管如此,爷爷心中对身边的人与事,都有一个较为准确的评价和判断。因此,他一生能结交有许多真诚的朋友。我与爷爷共同生活20年,爷爷生前我有幸见过爷爷与多位好朋友的交往;爷爷过世后,在整理爷爷的遗物时,我又有机会阅读了爷爷的部分手稿以及他与友人之间交往的信函;加之,从父辈及亲友们的谈话中,更多地了解到爷爷与朋友交往的诸多往事，我从中看到了爷爷的为人和与挚友珍贵的友谊。

20 世纪四五十年代，爷爷居住在“萃古园”后院的北屋时，爷爷的朋友和弟子经常来家中访问。每当此时，这间十四五平方米的堂屋里就充满了欢声笑语，爷爷一改寡言少语、打盹昏睡的状态，与友人们侃侃而谈。爷爷的故居，曾经是许多专家、学者、文史馆馆员聚居、交谈、探讨学问的地方，学术研究的风气十分浓厚，同时，各级政府与文史馆的领导也经常到此与爷爷洽谈工作。这一时期，老人的生活非常充实。

在爷爷结交的朋友中，有一部分朋友是他父辈的友人，如爷爷的恩师王仁安先生，既是他本人的良师与益友，也是他父亲王恩瀚（老十爷）同年的举人；天津学者、书法家严修（字范孙）、华世奎（字启臣）、孟广慧（字定生）、画家马家桐（字马景韩、景涵）等人，与爷爷的叔父王恩溎（老五爷）和王恩澎（老十三爷）往来频繁，交谊甚笃，故这些老辈人也就成为爷爷终生的朋友。

爷爷也曾广泛结交社会名流、乡绅，如华学涑、罗振玉、温世霖（字支英，天津普育女子学堂创办者）、赵元礼（字幼梅，著名书法家）、李叔同（弘一法师，著名文化大师）、刘宝慈（号竹生，又号竹笙，著名教育家，创办天津模范小学校）、郑炳勋（字菊如，教育家，曾任中央文史研究馆馆员）、陆文郁（字莘农，植物学家、画家，曾任天津市文史研究馆馆员)、刘子久(著名画家,曾任天津市文史研究馆馆员),等等。

爷爷的朋友多是在学术研究活动中结交的。如爷爷与王懿荣的次子王崇烈的友谊，就是在交流研究甲骨文心得的过程中建立的。1918 年 7 月,爷爷将自己的专著《簠室殷契类纂》的初稿送王崇烈教正,王阅后题记道:“古人多有自为著述且见某人撰述与己所见同且高于己,即置笔而让之,或襄助赞补。余今于治殷文字之学见纶阁二弟此著其有同情乎?西人古之学者亦多此旨。余为此学二年,实不逮我纶阁之精且细,今而后将以余之一得附于此书,亦涓埃之益,则吾昆弟二人可成此业,不但为余二人之幸,亦上古文字之幸也。当共勉之。”同年 9 月,爷爷见到王崇烈所释《殷墟书契待问编》,假归录副并题:“予集贞卜文字书成,闻汉辅兄治斯学有年,因就正之,冀有所理董也。出其所释《殷墟书契待问编》各文受襄,噫,汉辅兄于此学致力深矣。录副于册,以原书归之。”从这些文字中可以看出,爷爷王襄在与王崇烈共同探讨“殷墟书契”学问之中建立起了深厚的友谊。

祖父也有许多朋友是以书信往来方式建立起来的友谊,如 1923 年爷爷曾多次与甲骨文专家叶玉森先生,以信函的方式探讨有关对甲骨文字研究的看法,王襄老人在信函中,表明了自己治学的态度,认为甲骨文的研究是一门较为年轻的科学，应该充分发挥研究者各家之长处，听听各家的意见；学术研究中的不同观点、不同方法，可在研究的过程中进行筛选，也可让后来学者不断研究、探讨；如若墨守一家之言，则有碍对甲骨文(或甲骨学)的研究与发展。

此外，著名国学大师、金石学家王国维先生 1917 年发表了《殷墟卜辞中所见先公先王考》后，爷爷曾多次用通信的方法与之研讨殷商史学，可惜的是，往来书信毁于“文化大革命”。甲骨学家董作宾、胡厚宣等多位学者，也都曾以书信往来的方式，与祖父建立起深厚的友谊。

1959 年，爷爷受聘为中国科学院历史研究所《甲骨文合集》编辑委员会委员后，经常关心、了解《甲骨文合集》的编辑工作。他曾告诉我，编辑《甲骨文合集》是“国之大事”，自己能有机遇参与工作，“实为人生一大幸事”。1964 年 3 月初，爷爷致函北京胡厚宣先生，再次询问《甲骨文合集》的编辑工作。

胡厚宣(1911—1995)，幼名福林，河北望都县人。1934 年从北京大学史学系毕业后，入中央研究院历史语言研究所考古组，先从梁思永先生在河南安阳参加侯家庄西北冈王陵和同乐寨三层文化的发掘，继又作《殷墟文字甲编》的释文，并协助董作宾先生整理《殷墟文字乙编》的甲骨文文字。1940 年起任成都齐鲁大学国学研究所研究员、教授，中国文学系主任，历史社会学主任。

1947年任上海复旦大学历史系教授、中国古代史教研室主任。1956年调北京中国科学院历史研究所(今属中国社会科学院)任研究员、历史研究所学术委员会委员、先秦史研究室主任。胡厚宣先生勤于著述,撰有专著和论文130多种,被国内外学术界誉为继罗振玉、王国维、董作宾和郭沫若等前辈学者之后最重要的甲骨学者之一,且任《甲骨文合集》总编辑。

胡厚宣先生与王襄老人的交往始于抗战胜利后,据胡先生回忆:“日本投降,我到北京后,先到天津来看王老,那时王老还在大刘家胡同住。后来我到上海复旦,就和王老书信来往,我留有不少王老的书信。编《甲骨文合集》我特别到天津请王老作《甲骨文合集》编辑委员会的委员,王老很慷慨地答应,同时拿旧藏甲骨文拓本统统归《甲骨文合集》使用。”

此外,胡厚宣先生因公出差路过津门,总要拜访王襄老人,问寒问暖,叙叙家常,或畅谈学术研究诸事,1956年6月19日胡厚宣偕夫人来到爷爷居所访问,胡夫人特意为老人拍摄了照片。1964年秋,胡厚宣夫妇再次拜访了王襄老人,这一年,爷爷“凡事遂心”“百事如意”,他经常用毛泽东、周恩来、鲁迅、陈毅等人的诗句,书写条幅(篆书、楷书),赠家人及亲友,并应北京荣宝斋之请,篆书毛主席的诗词《如梦令·元旦》《采桑子·重阳》等,以表自己生活、工作的愉悦之情。一天下午,胡厚宣先生及夫人专程由京来津拜访王襄老人，并随即为老人拍了一张生活照。事后，爷爷见到这张照片，非常满意，认为“拍摄得很自然”，随即命我父亲长儒先生复信告知胡老。胡老闻讯后，也极其兴奋，特意翻拍、放大一张赠予王襄老人珍藏。胡厚宣先生对此事记忆尤为深刻，1986 年他还回忆道：“在王老故世前一年，我还看到王老，给王老拍了照，王老认为这照很自然。”原照是一张黑白逆光照片，拍照时，室内光线暗淡，未加闪光灯，爷爷端坐在木床边的安乐椅中，右手扶在安乐椅的扶手上，左手按在床边，身体微微前倾，脸上显露着安详、幸福的微笑，此片是爷爷生前的最后一张真实生活的写照。

王襄老人最后的生活照片

20世纪四五十年代,天津教育家、原官立中学校校长王效曾先生,是一位古泉专家,多次到爷爷故居拜访,与爷爷共同研究、探讨其自家藏泉中的外国古代货币,并手自拓墨,辑成《王效曾藏泉拓本》4册以赠祖父。天津书法家齐治源先生经常携带自己的书法作品拜访祖父,探讨书法问题。爷爷的学生唐石父、李鹤年、杨继增等人,更是我家的常客,每次来访都与祖父共同探讨甲骨文、古文字学、考古、文物、碑帖、篆刻、书法等方面的知识,这些专家、学者,均与爷爷结成终生的友谊。

此外,爷爷还广泛参加一些学术团体和社会活动,如1935年前后,祖父曾参加“城南诗社”“冷枫诗社”;1947年祖父应邀在“崇化学会”任国学讲师授课、在私立淑修小学代理校长;1953年祖父受聘于天津市文史研究馆,参加社会活动更广泛,通过参加这些活动,爷爷又广泛地结交了许多朋友并建立起深厚的友谊。

爷爷一生有许多朋友,朋友之间有着深厚的友谊,这主要得益于朋友之间的相互信任、相互关怀,也得益于爷爷对待朋友始终有一颗真诚的心。我记得每年过春节,家人团聚,爷爷特别高兴,除夕前,故居的前后院都要打扫干净,贴春联、窗花,悬挂宫灯,爷爷此时也忙着寻找在屋内自己喜爱的字画悬挂起来。每年,爷爷总要找出几幅老师、朋友如王仁安、孟广慧、马景涵等人的作品悬挂,以表示对友人的深深怀念。爷爷特别念旧情,他

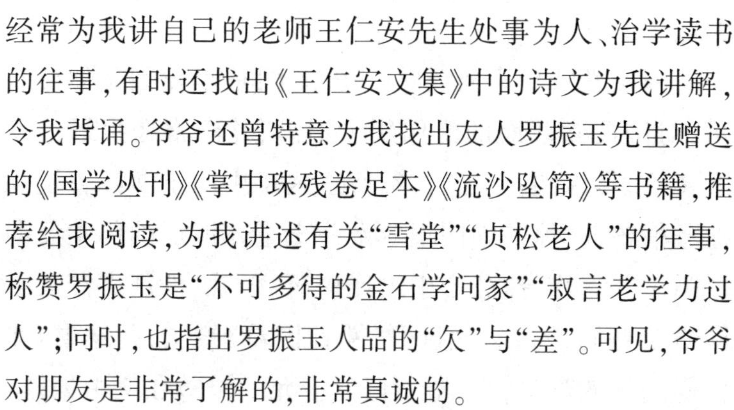

经常为我讲自己的老师王仁安先生处事为人、治学读书的往事，有时还找出《王仁安文集》中的诗文为我讲解，令我背诵。爷爷还曾特意为我找出友人罗振玉先生赠送的《国学丛刊》《掌中珠残卷足本》《流沙坠简》等书籍，推荐给我阅读，为我讲述有关“雪堂”“贞松老人”的往事，称赞罗振玉是“不可多得的金石学问家”“叔言老学力过人”；同时，也指出罗振玉人品的“欠”与“差”。可见，爷爷对朋友是非常了解的，非常真诚的。

爷爷是非常看重情谊，也表现在他对亡友的悼念方面，一旦有朋友因病谢世，爷爷便亲自前往吊唁、守灵（为王仁安先生），或用撰写挽诗（为刘竹笙、赵元礼等人），撰写挽联（为严范孙等人）、墓志铭（为王守恂、郑菊如等人）的方式，寄托自己对友人的哀思。爷爷晚年，仍经常怀念当年供职于河北第一博物院曾为自己的《簠室殷契类纂》与《簠室殷契征文》两部书的印刷出版做出过重大贡献的挚友俞祖鑫（字品三）先生和工人师傅王麟生先生。

这里有件事值得一提。1934 年 11 月 13 日上海《申报》总经理史量才及其夫人沈秋水、儿子史咏赓及其同学浙江之江大学学生邓祖询（仲同）等 6 人在由杭州结束度假后返沪途中，遭国民党特务头子戴笠等人策划的暗杀，史量才和他儿子的同学邓祖询、司机 3 人当场遇害，其子逃脱。这起骇人听闻的政治谋杀案震惊了中华大地。

国民党特务为何要暗杀史量才，根本原因是他反对蒋，对国民党政府的所作所为不满，并经常在报纸上发表文章予以抨击。当时，爷爷王襄正供职于浙江省杭州盐务稽核所，惊闻中国报业泰斗史量才惨遭国民党反动派暗杀并遇难身亡，心中无比愤慨。未几，浙江之江大学同学会特聘请祖父代撰《祭邓仲同君》祭文，并篆书《邓仲同同学遇难事》文，爷爷慨然应允。爷爷在文中揭露："暴客非越货之流，以狙击为志，击讫逃散。噫，斯辈也，何凶残之无等欤？……谨书遇难事始末刻于同怀堂壁，后之读者，知世途可畏哉。"通过这些简短文字，一位爱憎分明、恪守正义、为人正直的学者形象跃然纸上。《邓仲同同学遇难事》一文嵌刻于该校"同怀堂"内，用作永久的悼念。

爷爷对待朋友委托的事情是极其认真的。他是一位书法家，经常有一些朋友、学生希望能够得到他的墨宝，爷爷都是有求必应、认真地对待。记得爷爷 89 岁那年，有一次，爷爷为李鹤年叔叔书写一幅篆书中堂，内容是毛主席的诗词《采桑子·重阳》，当写到上半阕"战地黄花分外香"时，发现其中的"外"字写错了，让我当即用小刀把错字剔除，并粘补上一块宣纸，爷爷把"外"字重新补写好；后来又写到下半阕"不似春光"一句，爷爷又将一个"光"字写错了，又用同样的方法将错字改

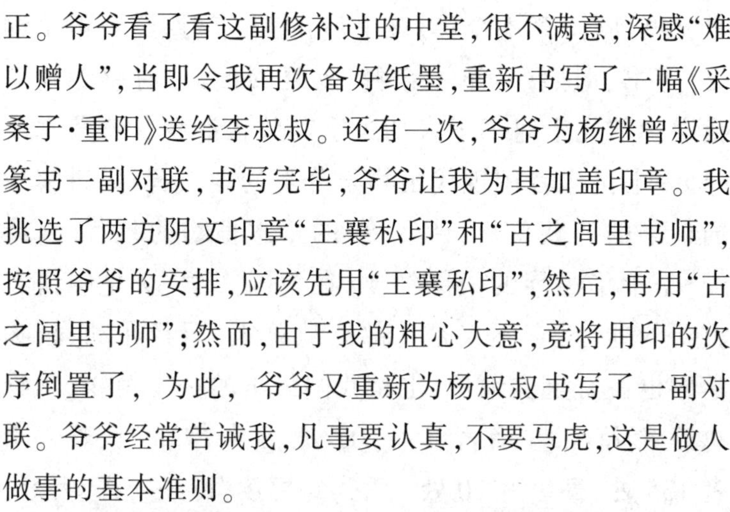

正。爷爷看了看这副修补过的中堂,很不满意,深感“难以赠人”,当即令我再次备好纸墨,重新书写了一幅《采桑子·重阳》送给李叔叔。还有一次,爷爷为杨继曾叔叔篆书一副对联,书写完毕,爷爷让我为其加盖印章。我挑选了两方阴文印章“王襄私印”和“古之闾里书师”,按照爷爷的安排,应该先用“王襄私印”,然后,再用“古之闾里书师”;然而,由于我的粗心大意,竟将用印的次序倒置了,为此,爷爷又重新为杨叔叔书写了一副对联。爷爷经常告诫我,凡事要认真,不要马虎,这是做人做事的基本准则。

正是爷爷这种真诚待人、办事认真的人生态度,得到了朋友们的极大信任,许多专家、学者都极热情地将自己的著作,送交爷爷王襄老人阅览。20 世纪 50 年代,甲骨文专家陈邦怀先生,在编写《殷代社会史料征存》时,为了推敲、探讨个别甲骨文的意义,曾多次从距城厢较远的住处“津中里”(今和平区贵州路),步行到东门里大刘家胡同拜访王襄老人。爷爷也将自己的著作或有关学术研究中的想法的信函,命我送至陈老处。1956 年,陈老的初稿完成后,还亲自将书稿送交王襄老人审阅,征求意见;1959 年,天津人民出版社正式出版了陈邦老的《殷代社会史料征存》一书,陈老将此书赠送给祖父。植物学家陆文郁先生在 1957 年出版了一本《诗草木今释》,陆先生立即将该书的样书送给了祖父,祖父见到《诗草木今释》该书后，找来了《诗经》《本草纲目》等书，对照《诗草木今释》反复阅读，很有感触地对我说："陆先生对书下大功夫了"，并告诉我，《诗草木今释》一书是作者用现代植物学分类的观点解释、讲解我国最早的诗歌总集《诗经》中的草木植物的专著。《诗经》是中华民族的一部经典，在我国文学、文化中占有重要的地位，它不仅是一部诗歌总集，而且在动、植物学上也占有重要地位，也是我国最早的一本植物、动物总谱。《诗经》中有言草者105处，言木者75处，鸟兽虫者135处，言鱼者20处。后人每每读《诗经》，都对诗句中众多的草木芳名惊叹不已，更有专家、学者研究《诗经》中的动、植物，各类专著不胜枚举，《诗草木今释》是杰出的著作之一。

同样，爷爷也经常将自己的著作、书法作品等送予友人交流。1961年10月，爷爷的古文字学专著《古文流变臆说》，由上海龙门书店出版。该书以甲骨文、金文153字为例，阐述了我国文字演变的规律，是古文字学的一部重要著作。由于印刷得较少，出版社赠给爷爷的样书仅有五六册，许多亲友都向爷爷索要该书研究阅读，实在无法满足。地方史专家王斗瞻先生闻讯也曾后多次向祖父索求，无奈之中，爷爷最终将自己仅存的一册样书送给了斗瞻先生。

1955年，有福建省龙海市(1960年由龙溪、海澄两县合并为龙海县）王凤池[1]先生从角美东山村龟山采得红豆，豆子殷红莹澈，灿然照眼。随后，他以“龟山红豆”为题，遍求海内外名家作品，以文会友，策划编辑《红豆吟集》，重在神交。红豆自古以来既是表达男女爱情的信物，也是表达朋友之间相思、友谊之物。唐以来，诸多文人墨客、学者雅士，多以“红豆”为题吟诗作画，抒发自己对友人的“相思”之情，所以红豆又被称为“相思子”，在古代成为寄予远行之友人作为纪念的礼物。王凤池先生这个创意，使数枚小小红豆在国内掀起了墨海波澜。

1963 年 9 月 11 日，王凤池先生专门致函时任天津市文史研究馆馆长的王襄先生，信中写道：“闽中龙溪以产红豆传闻海内，即唐诗所谓南国红豆者，因有《红豆吟集》之辑，数年以来，辗转征求各方对此红豆一题颇多雅兴，当代名流题咏殆徧，辄蒙中央暨北京、上海、广东、江苏、甘肃、福建等省市文史馆诸贤赐诗作画用，敢恳请钧座为《红豆吟集》颁赐鸿词，不胜祈祷之至，随呈红豆两双，聊供清玩。”王凤池先生非常珍惜来自祖国各地的佳

---

① 王凤池，字云甫，号静轩，龙海雅士也。早年启蒙于龙溪县（今龙海市）锦江学堂。西湖高等小学毕业后，即入金庆记书店。从此，一生与文化结缘。益以其勤奋自学，虚心求教，广结文缘，交游多文士时贤，知名的有弘一法师、叶圣陶、老舍、叶恭绰、沈尹默、周瘦鹃、丰子恺、邓散木、郑逸梅、溥杰、圆瑛法师、妙善法师等多人，鸿雁往来，交往甚频。谈诗论画，索解典章，其乐融融，真可谓是“谈笑有鸿儒，往来无白丁”。

句名篇，随信函用工整的小楷撷录部分《红豆吟集》诗词，这些诗词佳句主要出自商衍鎏、陈云浩、叶恭绰、康同璧、曹铁如、郭渔村等专家学者、文人雅士、社会名流以及中央和部分省市文史馆馆员的诗词作品。同年9月17日，爷爷王襄收到此信，手托着信笺，抚摸着随信寄来的红豆，心情久久不能平静，深感自己虽已耄耋之年，却仍有远方的朋友来函研讨、交流诗词，实为幸事，无比地欣慰。88岁的祖父真切地体会到“有朋自远方来，不亦乐乎”的无穷乐趣。经过几天的认真思考，祖父题七言绝句一首《酬王凤池赠红豆》：“送晓东风次第吹，年年红豆放新枝。知君永结相思愿，好与亲交慰所思。”并用因年迈而颤抖的手，将这首绝句提笔抄录在自己的《纶阁诗稿》第二册《归田谣》专辑中(《王襄著作选集》下册第2586页)，永久地珍藏了这首生命中最后的诗作。爷爷王襄更以“红豆的故事”为例，谆谆告诫子孙：“待人应忠厚，与友常相思。”

遗憾的是，在“文化大革命”中，王凤池先生用蝇头小楷逐首抄录的来自各地的名人佳作300首诗作《红豆吟集》原迹被毁，所藏尽失，《红豆吟集》的手抄本亦散失殆尽。1994年王凤池先生在整理杂物时，于故纸堆中发现了《红豆吟集》的初抄本，已残缺不齐，所存诗词作品不及原稿的一半(称之残本)，但可略见《红豆吟集》原稿轮廓。残本的《红豆吟集》保留有诗词126首，是经历

“文革”后的遗存,十分难得,是不幸中的大幸。后经王凤池先生的积极努力和政府有关部门的支持,《红豆吟集》(残本)经过抢救性整理成为福建省龙海市地方史的重要文献,被永久地保存在龙海市图书馆内。

天津的李世瑜先生虽然是以搞社会学研究为主的,但学术涉猎比较广泛,也曾得到过祖父热情的帮助。李先生早年就读于辅仁大学社会学系,研究院人类学部毕业。1948年获硕士学位。曾在辅仁大学、天津师范大学、《历史教学》杂志社、天津古籍出版社、天津社会科学院等单位任职,是天津市文史研究馆馆员、著名历史学家、社会学家,并兼任美国宾州大学、日本学习院大学客座教授,在历史学、考古学、方志学、方言学、文献学、宗教学、民俗学等学科多有研究。曾获得美国亨利路斯奖金及终身“路斯学者”称号。重要著作有:《现代华北秘密宗教》《宝卷宗录》《天津的方言俚语》,等等。

20世纪50年代,天津史学工作者为了探究天津地区的形成,开展了一系列的研究工作。依据文献资料的记载,一些天津地方史的研究者认为,天津地区成陆较晚,唐朝以前还是海洋,即从三岔河口向东,经金钢桥、狮子林桥直至大沽口这一区域内(70多千米的范围内),陆地还未形成,天津地区的陆地是在唐朝以后才逐渐形成的,因此认为天津是“海滨弃壤无古可考”。

1956年随着天津社会主义建设的需要,土地开发与利用日益增多，当年秋季，在东郊区（今东丽区）张贵庄地区随农田水利建设，发现一处古墓群，共计有古墓33座，并出土有大量的随葬品，经天津考古工作者云希正先生（国家文物鉴定委员会委员、天津市艺术博物馆原馆长）等人的考证，认为这一批古墓是战国时代的遗存，古墓群所在地的地质概况，是在一处高出地表约1米的堤上，全部由沙子、泥土，并混以各种海生软体动物的壳和碎屑组成（当地老百姓称此堤为“蛤蜊堤”，地质学上称之为“贝壳堤”或“海岸洲堤”），故人们对此遗迹众说纷纭，颇有争议：有人认为这种遗迹是一种特别的葬式，砂子、泥土、蛤蜊壳等是由海边运来；有人认为这是渤海退海的遗迹，但不知道是如何形成的；也有人认为这种“堤”很可能就是古代的海岸。

当时，在天津史编纂室工作的李世瑜先生（天津文史研究馆馆员、《历史教学》编审、天津市社会科学院研究员）根据当时的争论，认为这个“堤”很可能就是古代的海岸，它不仅在张贵庄这一地区有一小段（张贵庄至崔家码头段，约1千米），估计很可能与现在的渤海海岸平行，并可能向南、北两向延伸。为了验证这一推断，李世瑜先生决意亲自进行考察。1956年10月中旬至12月初，世瑜先生在没有资料、经费及先进勘测工具与手段的条件下，独自一人骑着一辆自行车，以张贵庄古墓为起点，开始了试探性的踏勘工作。首先，李世瑜先生越过海河,沿着张贵庄至崔家码头一线的走向,向南一路访查,自新河桥始,便可以见到含有蛤蜊(壳)的沙子泥土的迹象,行至巨葛庄,进入村庄后,见到整个村落的道路、河床、水井、田埂等处均有裸露的"蛤蜊沙子",继续南行,至马厂减河边,一路皆为"蛤蜊沙子世界"。同时,李世瑜先生沿途还发现许多古墓葬和遗址,并搜集到一些文物,后因当时正值冬季,天寒地冻,工作环境十分困难,踏勘工作暂告段落。

李世瑜先生当时年仅34岁,又是第一次做这项工作,没有任何经验和把握,后来虽然查阅了大量的文献,但仍不知道在"蛤蜊沙子"的带状堤上发现的多处古墓、遗址及文物与"蛤蜊堤"之间的相关联系。在毫无办法的情况下,李世瑜先生找到祖父王襄。他向爷爷王襄讲述了踏勘工作的经过,展示了自己沿途捡拾得来的部分红陶、灰陶、砂陶的陶片,以及征集、发掘得到的各种古器物,如豆、盘等。爷爷听了李世瑜先生的叙述,又见到李先生收集到的陶片、古器物等,心情非常激动,连声称赞:"好极了!"经过爷爷认真地辨认、考订,断定这一批陶片、古器物的年限"最晚的是汉,大半是战国",与同年张贵庄发掘的战国古墓约同期。时年81岁的爷爷王襄鼓励李世瑜要"继续干,走下去",并询问李先生已经踏勘过的路线与行程,当爷爷得知他已行至巨葛庄后,爷爷便明确地告诉他:"往南、往北一定有

(蛤蜊堤)。”

爷爷的热情鼓励,增强了李世瑜先生继续研究渤海古海岸变迁课题的信心和动力。1957 年春天,李世瑜先生又继续踏上考察“蛤蜊堤”的征程,并在大港区马厂减河南面的中塘发现了与巨葛庄无异的第二个“蛤蜊沙子世界”和一件保存完好、较大的红陶瓮棺(现存天津博物馆)。他继续前进,越过北大港水库,到了沙井子、树园子,走出了大港区南行,进入黄骅,均有收获。其中沙井子地区较为典型,据当地百姓讲,这一带农民掘地时,不时会发现文物,后来天津历史博物馆考古队也曾在这里征集和发掘得到多件青铜器,如青铜短剑、青铜戈、铲形币、刀币等。

李世瑜先生沿着张贵庄南行,走遍了此地区的各个村庄,结果在 15 个点上发现了明显的“贝壳堤”,他将这 15 个点连接起来,恰好形成一条线,无疑,此即为渤海湾西岸的古海岸遗迹了。但这还不是唯一的一条,后来又听说在上古林、杨岑子、邓岑子等地也有“蛤蜊沙子”。李先生来到上古林,向南经过马棚口到了歧口,这里已无古海岸遗迹,如今是娘娘河的入海口了。李先生又沿歧口往南,走了“七十二堡”的几个“堡”,确实为今日的海岸,脚下的路皆为“蛤蜊沙子”,且与大沽口同在一条线上。为了寻找古海岸线,李先生又从上古林往北去寻,从板桥开始就有“贝壳堤”, 杨岑子、邓岑子和泥沽这一片是第四个“蛤蜊沙子世界”。世瑜先生又在海河以北的军粮城直到芦台的一些地点上也发现了“贝壳堤”，其中军粮城北的白沙岭可算是第五个“蛤蜊沙子世界”。这样，从歧口到芦台连成一线，是离现在海岸最近的一条古代海岸遗址，李世瑜先生依据各个遗址出土文物的状况，参考文献的研究，将这条古代海岸遗址定为唐宋时代的海岸，即天津第一道古代贝壳堤。

后来，经李世瑜先生研究认为，从张贵庄往北直到宁河县境内（田庄坨）；从天津城北（北站附近的育婴堂）到静海区的四小屯，均有古海岸线的遗迹，并于1979—1996年间经李世瑜先生及国内外专家、学者的多次勘测考察，最终确认天津滨海平原上的贝壳堤和牡蛎滩都是7000年来特定环境条件下形成的古海洋遗迹。

爷爷王襄运用自己的历史考古知识，支持、鼓励青年学者大胆探索、勇于发现科学真理的事迹，一时传为佳话。1986年，李世瑜先生在纪念王襄诞辰110周年座谈会上发言，回忆这段打破“天津海滨弃壤无古可考”之说时，更是满怀深情地讲道：“是王（襄）老鼓励我做这个工作的很大的动力，否则我是没有信心的。”

总之，爷爷一生以真诚、博大的胸怀教育、培养自己的学生，他不仅传授给学生们古文字学、金石学、考古学等方面的知识，更以刻苦严谨的治学态度、艰苦朴素的生活作风、处世为人的高风亮节，为弟子们树立了榜样，并得到了他们深深地爱戴。

朋友们对爷爷的日常工作、生活也是非常支持与关心的。20 世纪 50 年代初(1952 年前后)，爷爷突然患轻微的“中风”，口语不清，肢体行动不便，家人见此情景非常着急，便购得再造丸、活络丹、苏合丸等中药为爷爷服用，很快就控制住了他的病情。爷爷的好友、老中医陈微尘先生知悉后赶往家中探视，并用中草药为其调治，经过大约半年多的时间就痊愈了。爷爷晚年，行动迟缓，疾病缠身，饮食锐减，体力不支，身体日渐衰弱，无法参加社会活动。老友也多已高龄，频繁往来渐少，且有数人谢世。尽管如此，爷爷仍经常默默地怀念自己敬爱的老师与挚友，偶有来访者，老人依旧满怀激情地接待，谈笑风生不减当年，老人总是深情地念叨着：“有朋自远方来，不亦乐乎？”

三、祖父与弟子们

20 世纪 60 年代初，我走上了教育战线工作，成为一名光荣的人民教师。一次，我在家中谈到学校的工作情况时，爷爷听后便意味深长地与我聊起了唐朝诗人韩愈的生平与他的名篇《师说》。爷爷说,《师说》中精辟地指出"古之学者必有师。师者,所以传道授业解惑也",是一位教师终生应遵循的座右铭。以此鼓励我参加教育工作的决心。

爷爷的一生,将主要的精力用于学术研究,但在天津沦陷时期因"赋闲"在家,除著书立说、研究学问外,也拿出更多的时间与精力,在崇化国专从事"传道授业解惑"的教师工作。爷爷一生勤奋好学,博学多才,治学严谨,谦虚谨慎,爷爷曾经告诉过我,研究学问要记住"能人背后有能人","不要张扬",爷爷平时对家人的言语甚少,但对待自己学生提出的学术问题,总会侃侃而谈,热情回答。爷爷将"为人师表"看得非常重要,对学生的"诲人不倦"的态度和"严以待己,宽以待人"的品德,受到弟子们的极大尊重。在我的记忆中,与爷爷往来密切弟子主要有以下几位先生:

1. 蔡美彪

蔡美彪(1928—)祖籍浙江杭州,生于天津。蔡先生的父辈与天津教育家严修、天津书法家华世奎有亲戚关系(华世奎的长女是蔡的舅母,华世奎的长媳是严范孙的长女,也是蔡的大舅母)。蔡先生自幼年即从长辈那里听到许多关于严范孙先生创建南开学校和对中国现代教育事业贡献的事迹,时萦景仰。特别是对范孙先生晚年曾在天津创办“崇化学会”国学专科学校(简称“崇化国专”)一事,更念念不忘,并认为此事对弘扬我国传统文化和推动天津教育事业有极大贡献。

“崇化学会”曾聘请著名的学者章钰(式之)先生(章先生曾受学于俞曲园,精于校勘目录之学,所著《通鉴正文校宋记》蜚声海内)担任主讲。在他的主持下,“崇化国专”培养了一批研习传统文化的人才,自20世纪30年代至50年代初,天津一些中学的优秀的文史教师,有不少人是出自“崇化国专”的。“崇化国专”抗战前曾一度停办。1942年,“崇化学会”开办国学讲习班夜校,在文庙(东门里大街)明伦堂授课。招收的学员主要是文史教员和文史爱好者。蔡先生当年是13岁的初中学生,因酷爱文史专业的学习,被破格准许入学听讲。这一段学习经历,蔡先生受益良多,为此后在南开大学历史系学习打下了基础,更决定了蔡先生毕生从事史学工作的人生道路。

1942年,爷爷受聘于“崇化学会”国学讲习班夜校,讲授《左传》,蔡美彪得与爷爷相识。爷爷是蔡美彪先生的启蒙老师之一,蔡先生的旧居与我家(鼓楼东大刘家胡同15号)相距甚近,仅隔一条街,自从与爷爷相识后,他便经常到我家里去向爷爷请教,每次爷爷总是非常高兴、耐心地为其回答,讲解各种问题,并将自己收藏的图书与文物拿给蔡先生观看,悉心培育这位年未及冠的童子。爷爷渊博的知识、刻苦的治学态度以及清苦节俭的生活，为人处事的高风亮节情操，使蔡美彪受到了极大的影响。爷爷还鼓励他：学习要刻苦；知识要广博，不能狭隘。为此爷爷用大篆书写“博学”二字的横幅，赠予蔡先生，并为其起一个号，叫“唤文”，以兹勉励。

1946—1949 年，蔡先生就读于南开大学历史系。课余时间，蔡先生仍经常到我家拜访爷爷。我见到的蔡先生是一位谦虚而又善谈、彬彬有礼的知识青年，他中等身材，白净脸，眼睛明亮。当时，南开大学文学院院长得知蔡美彪是爷爷在“崇化学会”国学讲习班的学生，便烦请蔡先生出面，多次邀请爷爷出任南开大学教授，并给以种种优惠条件，如爷爷授课的内容可以自定，不受南开大学的课程安排和时间的限制；爷爷若因年事已高行动不便，授课时学校考虑可派专人接送，等等。但爷爷得此信息后，婉言谢绝了。爷爷一方面感谢南开的邀请，另一方面对国民党反动统治的腐败深恶痛绝，爷爷写诗曰：“百万金钱具日飧，将无洗却旧寒酸，告君饱饫清新味，黍饭滑匙蕨荐盘，纸价缘何重白麻，瑶篇从此辱泥沙，祖龙劫遇今重遇，涕泪谁悲著作家。”(《纶阁诗稿》·异事》)爷爷在诗中用“物价奇大”“书价不敌纸贵”两件“异事”，以愤世嫉俗之词抨击了反动统治者，表达了自己不愿与黑暗社会同流合污的心迹。

1949—1952 年，蔡美彪先生考入北京大学史学部研究生院学习，1952 年起先后在中国科学院语言研究所、近代史研究所工作。爷爷与蔡先生虽身居津京两地，见面甚少，但师生仍保持着频繁的书信联系。爷爷将自己的论文或著作寄给蔡美彪先生，拜托蔡先生送交《燕京学报》和出版社发表，如爷爷于 1953 年 7 月 13 日寄给蔡先生的信中写道："兹将拙著《古镜写影》三编附去纲要说明一份。此稿交文化局，不知能印行否？《古陶今释》正编、续编二种说明所收古陶，请便中与前途商量……"信中所说《古镜写影》一书，收录了周代至明代出土古镜拓片 761 面，分上、中、下三卷，并按其形制、沿革、图像、文字以及民俗、民风等方面进行了叙述和考证，1950 年定稿。另一部书《古陶今释》，正、续二编共收古陶拓片 1370 幅，并附有释文，正编分上、下二卷，1947 年定稿；续编分上、中、下三卷，1949 年定稿。蔡先生也将自己的学术著作寄给爷爷，如爷爷于 1954 年 4 月 6 日，在接到蔡美彪先生著作的《元代白话碑集录》后，复信给蔡先生说："尊翁先生过寒斋，袖来大著《元代白话碑集录》一卷，初读一通，可知元朝石刻之富，且可通元朝习用之语，是正历来解之者误处，至为钦佩。兄乡居无俚，寂寞寡欢，得读鸿篇，精神为之一壮。近日有何著述，尚祈惠示一二。"此外，经蔡先生的帮助，《燕京学报》还曾先后出版过爷爷的《古陶残器絜语》《滕县汉石画记》等学术著作。当蔡美彪先生得知爷爷担任天津市文史研究馆馆长以及被批准加入中国共产党的消息后，心情十分兴奋，深感自己能有这样一位“在学术上卓有贡献的学者和政治品德上的完人”的老师，极为荣耀。爷爷也将自己工作中遇到的问题与困难，通过信函与蔡美彪先生商谈，爷爷提出：“文史馆系初立，一切规模均属草创。惟文史之学范围甚广，将来有无成就，殊难逆料。尚祈纂述，请暇惠示所应从事。”(1953 年 8 月 28 日致蔡美彪信)“(担任天津市文史研究馆馆长一职) 不知应如何进行，请便示机宜，是所切企。”(1953 年 7 月 13 日致蔡美彪信)由此可见，师生情谊何等深厚。

蔡美彪先生现为中国社会科学院近代史研究所研究员、学术委员会委员。1981 年起曾先后兼任北京大学、南开大学、中央民族学院历史系教授。1985 年起受聘为国务院学位委员会历史学科评议组成员。同时还兼任中国蒙古史学会理事长、中国元史研究会会长、中国地震史研究会顾问、《中国大百科全书·中国历史》编辑委员会委员。历任中国史学会第二、三、四届理事，中国人民政治协商会议北京市委员会第五、六、七届委员。1987 年当选为国际蒙古学家协会执行委员。

1986 年 12 月，天津市文史研究馆等五单位联合主办王襄诞辰 110 周年纪念的展览和座谈会，身兼数职、学术研究与教学任务众多、政务活动频繁的蔡美彪先生，接到邀请后，仍在百忙之中准时赴会，并作了题为“怀念王老，学习王老”的精彩发言，以此感谢老师对自己的深深教诲。

2. 唐石父

唐石父[①]是爷爷王襄和六爷(王钊)的学生,与我的父亲(王长儒)、叔父(王强儒、王翁儒、王巨儒等)诸人的交往甚多,极为熟识,并以"兄弟"相称,我们晚辈则称唐石父先生为"唐十叔"或"十叔"。据父亲长儒先生说,唐家世居城厢东门里石桥胡同,家中祖辈曾开办过赁货铺,经常为邻里操办红白喜事,在城厢内略有名气。唐家的财势也较为显赫,家中存有不少的碑帖、字画、古钱、文物等。唐石父先生自幼受到良好的中国传统文化的熏陶与教育,酷爱中国传统文化的学习与研究,自幼入武氏家塾。早在少年时(约10岁),就开始钟爱我国古代钱币。他居住的瓦房,临窗的一面砖砌着一座大炕,炕上铺有炕褥,按津门旧习俗,炕褥四边须用"压炕钱"(用绳索串起来的铜钱)压住,这既可使炕褥"稳如泰山"不动,又含"招财进宝"、引进"钱龙"连绵不断之寓意。一次,他偶尔发现"压炕钱"的绳索断了,便顺手摸出几枚铜钱来玩,铜钱各式各样,这引起了他研究古钱的极大兴趣。唐

---

① 唐石父(1919—2005),名泽鸿,字石父。天津市人,毕业于北京师范大学。曾任国家文物鉴定委员会委员、中国钱币学会名誉理事及学术委员会委员、天津市文物鉴定委员会委员、天津市社会科学院历史研究所研究员、天津市文史研究馆馆员、天津市钱币学会副会长。

石父先生的父亲和姑父都懂古钱,他经常向父亲和姑父请教,从此便对古钱入了迷,开始收藏与研究古钱。上中学时，城内北门及北马路一带有一些专卖古董的小摊,是他经常光顾的地方,他将家人给自己的零花钱积攒起来,在这些小摊上,购买自己喜爱的一些古钱。日子久了，石父先生与一位名叫贾蝶生的摊主成了忘年交,经贾先生的指点,他对古钱研究入了门道。他还经常参观当时天津河北第一博物院举办的货币展览,以增加自己对古钱收藏的知识。

经过多年辛苦努力，唐石父先生积存了一批古钱,作为研究历史货币的实物资料，他的藏品灿烂光华,有西周通行的贝、布、刀,有春秋战国的尖首刀、齐国安阳刀和魏、赵、韩的布币,有汉代的半两和五铢钱,三国、两晋、南北朝乃至宋、元、明、清各个朝代通行的部分方孔圆钱和一些农民起义军的货币,此外还有制钱出范后没有剪开的半成品——钱枝等。其中,燕国的针首刀,背面带有龙纹的“太平通宝”银币,实属罕见。

20 世纪 30 年代初，唐石父先生拜六爷雪民先生(王钊)为师,学习篆刻技艺,后他又投入爷爷王襄、王森然、陈印佛等老一辈学者的门下,潜心于史学、古文字学、金石学等,跟从专家、学者,通过金石碑版,研究文字源流和书法篆刻艺术,并随画家刘子久先生学习国画。

爷爷对古泉研究的功力也是很深的,但因被“甲骨文的发现者""甲骨学研究专家"的鸿名所掩,故世人知者甚微。民国以来,天津的许多知名学者,如孟定生、孟志青(孟定生之叔父,清同治十二年举人)、王雪民(王襄之弟)、陆辛农、王效曾(教育家,天津官立中学校长)、王君石(天津市立图书馆长)、罗振玉、方若(碑帖与钱币收藏家)、袁克文(袁世凯次子,善书法、填词)等人都曾大力搜集、研究古泉。20 世纪 30 年代,为了更好地推动天津古泉研究,爷爷与王君石先生应古泉爱好者的要求,共同发起组织成立了"古泉研究会",每逢周日开展活动。此项活动坚持数年,对天津的古泉研究起了较大的推动作用。

爷爷对搜集到的古钱或拓片,进行了大量的整理与研究,除依常例对古钱进行辨真伪、断年代的考订外,还从文字学的角度对古钱进行分析研究,并以此对古文字及古代历史加以考订。爷爷一生藏泉 2000 多种,自"贝币"始,各个朝代至民国初年铸造的钱币,均在收藏范围之内,尤其是还特别注重大量收藏各兄弟民族文字的钱币。爷爷对宋代钱币研究尤为精细,经过多年的观察、比较、整理,将流传品种庞杂的宋钱,辑成《宋泉志异录》一卷,在古泉研究的著述中颇有价值。爷爷还将自己所藏古泉,选择整理,手自拓墨,分别装订成册,主要有:《虞斋集泉拓本》一册(虞斋为王襄斋名)、《簠室藏泉》1 册(簠室为王襄斋名)、《天津博物院古器拓本集存》一函 4

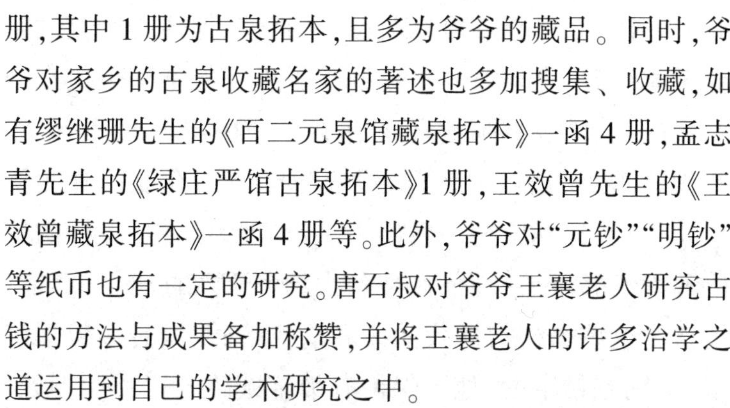

册，其中1册为古泉拓本，且多为爷爷的藏品。同时，爷爷对家乡的古泉收藏名家的著述也多加搜集、收藏，如有缪继珊先生的《百二元泉馆藏泉拓本》一函4册，孟志青先生的《绿庄严馆古泉拓本》1册，王效曾先生的《王效曾藏泉拓本》一函4册等。此外，爷爷对"元钞""明钞"等纸币也有一定的研究。唐石叔对爷爷王襄老人研究古钱的方法与成果备加称赞，并将王襄老人的许多治学之道运用到自己的学术研究之中。

唐石父先生与爷爷相识后，来往极为频繁，经常将自己的书法篆刻习作，请爷爷评说指正。其所制各印章，皆能传老师(王雪民先生)之技，受到爷爷的称许。唐石父先生还将自己研究古钱的心得体会、论文、专著等送予爷爷交流，多年来，他结合文物考古工作和古钱币的新发现，进一步研究古泉及古代货币史，提出了许多新见解，认为古泉研究不是单纯地鉴别古物，而应该通过古泉研究来订正史志。他尤擅长古钱的真伪鉴别工作，特别喜爱近代钱币学家鲍子年的诗句"万选青钱乐不疲"，他是一位真正的古泉专家。

在家庭的熏陶之下，唐石父先生不仅对古钱币有独特的爱好，而且对碑帖书画、书法篆刻、文物考古等都有很深的造诣，称得上是一位"杂家"。"文化大革命"中，十叔(唐石父)的图籍文物、手稿资料被毁灭殆尽；"文化大革命"后他把主要精力放在钱币学与天津地方史志的研究上。例如,早在20世纪五六十年代,他便开始收藏研究天津城砖,在他原先居住的院子里到处堆满了捡来的旧城砖,其中有些城砖还带有文字。1970年夏季,天津市修建地下工程,原北门瓮城遗址翻动,在北门外大街和北马路交叉处,施工区出土了带有"天津卫"字样的城砖和无字砖堆放在路旁,数量大约有千八百块。经考证,他认为这些城砖有明代的砖和清代的砖,城砖多数不带字,个别有带字的,他还保留有带字城砖的拓片。再如,1957年6月,天津市东郊(今东丽区)张贵庄地区发现晚周古墓,并出土有陶器、带钩等随葬物品。唐石父先生闻讯后,约同翁儒九叔骑车行数十里,在天津市宁河县境内的城项子地方(城项子,原位于天津市宁河县境内潮白河侧,因拓宽潮白河河道,今已位于其河中心),捡到古代砖瓦残片约一麻袋余,返津后,找出其中带有文字的残瓦二具,送予爷爷考证。经爷爷仔细观察、论证,认为此二瓦"面微凸出,质亦厚,与平面瓦不同。有字之结构验之,疑属汉。天津左近出汉瓦,亦为创获"。爷爷为此2片残瓦专门写出《题新出残瓦》的题跋,收入《簠室题跋》卷四。1984年春,天津地方史学者李世瑜先生还曾邀请翁儒九叔和唐石父先生,共同参与了天津大港贝壳堤的考察与研究工作。

总之,唐石父先生在中国传统文化研究的领域里,是一位勤奋好学、多才多艺、硕果累累的学者。20世纪

80年代以后，他将自己的精力更加偏向于古钱币的研究，著书立说，发表关于古钱币的论文近300余篇，如《古钱读法》《易混圆钱的鉴别》《中国古钱币》等；更于90年代以后，参与了《王襄著作选集》（上、中、下）的编选与整理，完成了权威性的古钱币著作《中国钱币学辞典》。

3. 李鹤年

李鹤年（1912—2000）是爷爷的学生，与我的父辈们极为熟识，大约我在八九岁时就认识了他，我称李先生为“李五叔”或“五叔”。他经常来我家与爷爷畅谈，在我的印象中，“李五叔”是一位有着高高的个子，修长的身材，一双大眼睛上戴着一副金丝眼镜，总是洋溢着笑容。他经常西服革履，有时外穿大衣，头戴礼帽，脖子上时时围着一条白色的丝绸围巾，手拄“文明棍”，仪表堂堂，说起话来，一口标准的“普通话”，洪亮而有力，性格开朗，彬彬有礼，具有强烈的文人气质，非常潇洒。

李鹤年先生的性格很开朗，兴趣爱好十分广泛，他曾给我讲述过自己的青少年生活：在汇文中学学习的时候，他就积极参加学校的排球、足球活动，是学校代表队的主力队员。他喜爱田径运动，特别是短跑，在南开大学求学期间，就曾在400米赛跑中，有过59.1秒的好成绩。他还会打太极拳、舞太极剑，至晚年还坚持经常散步，锻炼身体。李五叔还是一位京剧爱好者，自幼喜爱学唱京剧，对“余派”“马派”，对“老生”“花脸”等都有些研究，有的唱段也能唱得字正腔圆，20世纪30年代，还曾身着戏装登台表演，得到师长、同学及友人的称赞。

李鹤年先生自幼痴迷书法篆刻，且成为他一生最钟爱的事业。他5岁便开始跟随叔祖海楼公学习书法，11岁在郑家骏先生的督导下学会了“悬肘”书写，18岁始临汉《夏承碑》，并和弟弟李延年每周日同赴津门书法大家孟定生家中，请定老讲评书法作业，受益匪浅，直至1939年孟定老逝世。26岁他在南开大学上学时，结识了书法大师吴玉如先生，从此，鹤年先生与吴玉如老人的师生缘长达40余年之久。他倾心向吴玉老学习书法、经、史、古文、小学以及音韵学等，并深得吴玉老的真传。1931年，李鹤年先生为了参加天津市艺术馆举办的书法展览，特聘请王钊(雪民)为其治印，从而认识了雪民先生，并跟从雪民老人学习篆刻技艺，取得了一定的成绩。后经雪民老人推荐，他又认识了爷爷王襄，从此便向爷爷学习书法(主要是金文、大小篆、甲骨文等书法)、古文字、金石考古、甲骨文等方面的知识。

半个多世纪以来，李鹤年先生遍临百家碑帖，悉心揣摩、钻研，对“真、草、篆、隶、行”五体皆能，尤精“隶、篆”，达到炉火纯青的地步，所临各名家墨迹几欲乱真。鹤年先生书法上的高深造诣，来源于他渊博的历史知识及对书法艺术的刻意追求，他认为，书法作品不是“画”出来的，而是“写”出来的，故写字必先读书。他的大篆，章法考究，用笔柔韧，落墨雄浑，风格独特。他的小篆，精髓虽源于邓石如，但又不囿于邓之窠臼。他用写行草的长锋羊毫笔写篆隶，偏旁部首结构富于变化，相同的字写法各异，其书法格局，给人以舒展空灵之感，脱俗超凡之优美。爷爷曾对我夸奖过李五叔的篆隶书法：“(孟定老故后)鸣皋之隶书，津门唯佳。”李鹤年先生的楷书从欧、虞、褚入门，行草书法也直取晋唐人的神韵，但皆独树一帜，自成一家。多年来，李鹤年先生以书法为乐，创作了上千幅作品，多次在报纸杂志等媒体上发表，并被各大博物馆珍藏，还在日本、芬兰、美国、德国、新加坡、澳大利亚等地展出，得到国内外友人的赞誉。

此外，李鹤年先生还曾多年学习“碑版校订”，精于历代石刻鉴定，且富金石古董等物品及拓片的收藏。1988年5月间，我到家中去拜访李鹤年先生，正逢他初步改订完《孟广慧、王襄、王懿荣与甲骨》的论文，谈及甲骨文的话题，他告诉我，20世纪30年代，他和弟弟李延年向孟定生先生学习书法时，曾恳请定老为其书写了一幅扇面，扇面写好后，上面有一种从没见过的文字，便请教定老，孟定老指出这就是甲骨文，并慎重地将甲骨原物拿出来让其观看，此为李鹤年先生首次见到甲骨与甲骨文的经过。孟定老还为鹤年先生讲解了一些有关甲骨的常识，并谈到王襄老人与自己发现、收购甲骨的经过，指出王襄老人对甲骨的研究是有很深造诣的。从此，李鹤年先生便与甲骨和甲骨文的搜集、研究结下了不解之缘。

李鹤年先生搜集、研究甲骨，不仅是从文字学的角度研究甲骨文的音、形、字、义，而且从中国书法美学的角度去审视甲骨文的间架结构、文字语言布局、书写方法等，晚年，更将“甲骨文是如何发现的”作为自己专门研究的课题。鹤年先生认为自己所以要研究这一课题，绝不是什么“派系之争”，而是要实事求是地展示历史的真实面貌。

甲骨文的发现已一个世纪了，它是我国和世界学术史上的一件大事，如今已成为一个专门的学科——甲骨学，引起了世界上研究东方历史、语言、文字、文化等学科的学者们的极大注意。仅就“甲骨文是如何发现的”这一命题，至今还有许多学者仍在研究，未成定论。特别是20世纪80年代前后，每当人们谈及甲骨文的发现时，无论期刊、杂志，电视剧《甲骨魂》，中小学生的课本，大学生的讲堂，以及科普读物，甲骨学的专著等，都重复讲述一个“药罐引出的一代文化”“药罐引出的一个朝代”的“动听的故事”，甚至认定“王懿荣是甲骨之父”。甲骨文发现的历史果真如此吗？

“王懿荣因病服中药发现甲骨”这一说法，源于1931

年7月5日北平《华北日报·华北画刊》第89期上，一位署名为“汐翁”的所写《龟甲文》中，首先引用此文的学者是董作宾，迨1937年4月董作宾与胡厚宣二人合编《甲骨年表》（商务印书馆印刷发行）时，再次引用之（据李鹤年先生讲，胡厚宣未曾见过《龟甲文》的全文）。《甲骨年表》中，对《龟甲文》里关于甲骨文发现的经过，是这样记述的：

> 清光绪二十五年己亥（1899—1900），是年丹徒刘鹗铁云客游京师。寓福山王懿荣正儒私第。正儒病痁，服药用龟版，购自菜市口达仁堂。铁云见龟版有契刻篆文，以示正儒，相与惊讶。正儒故治金文，知为古物，至药肆询其来历，言河南汤阴安阳，居民搰（音hu：掘也）地得之，辇载衒（音xuan：卖）粥，取价至廉，以其无用，鲜过问者，惟药肆买之。云云。铁云偏历诸肆，择其文字较明者购以归。（据汐翁《龟甲文》写，惟原文误以为光绪戊戌年事，特更正之。）

李鹤年先生多年来曾先后在北京、天津、上海、武汉、南京、济南、西安等地的高等学校图书馆，香港中文大学、台湾研究院历史语言研究所等处寻找《龟甲文》的下落，后又在3家报社登广告，经过多方的周折，终于有一位苏州朋友为李鹤年先生于1997年找到了汐翁的

《龟甲文》(1931 年《华北日报·华北画刊》第 89 期,全文约 400 字),并寄来原文的复印件,原计划“拟另文再详细论述”。但遗憾的是,先生因病于 2000 年逝世,这一打算终成遗愿。

尽管如此,先生根据自己研究的成果,仍指出《龟甲文》中的一些错误与漏洞,李鹤年先生指出董、胡二位先生的《甲骨年表》中,将甲骨发现的时间改订为 1899 年(清光绪二十五年己亥);而汐翁《龟甲文》中的甲骨发现时间为 1898 年(清光绪二十四年戊戌)。这里,我们暂且不论《龟甲文》的内容正确与否,仅就这种将甲骨发现的时间推迟一年的做法,就是毫无根据的。

李鹤年先生指出,王懿荣因病服药“购自菜市口达仁堂”,纯属胡编乱造,随意杜撰的。鹤年先生首先询查 1961 年 7 月 17 日—19 日的《光明日报》(同文又见于全国政协《文史资料选辑》第 11 辑刊载的,第一届全国人大代表、达仁堂药店总经理乐松生先生的文章《北京同仁堂的回顾与展望》),文中讲道:“民国初年,先伯乐达仁拿着五千两银子到上海……开设了达仁堂。……1915 年他又到天津开设达仁堂,并设总管理处于天津。1927 年……(乐松生)即应先伯之召,在天津达仁堂学习经营管理业务。除上海、汉口两处外,又在长春、西安、长沙、福州、香港等地设立分号,并将青岛的分号迁至大连。”这里并没有谈及在北京开设达仁堂药店。

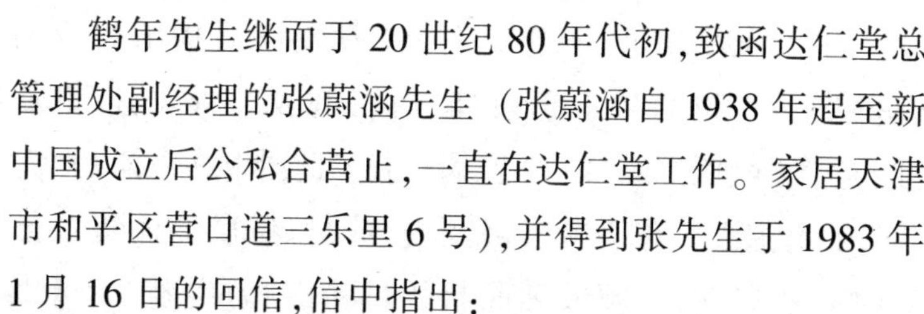

鹤年先生继而于20世纪80年代初,致函达仁堂总管理处副经理的张蔚涵先生(张蔚涵自1938年起至新中国成立后公私合营止,一直在达仁堂工作。家居天津市和平区营口道三乐里6号),并得到张先生于1983年1月16日的回信,信中指出:

> 关于达仁堂开设时间及北京店址分述于下:
>
> 1.达仁堂开业于1913年,先是在上海,1914年又在天津开业并将药厂移迁于津,同时设立总管理处于天津。
>
> 2.北京达仁堂是在1917年开业,初在前门外杨梅竹斜街,后又迁移于前外大栅栏西头路南,以迄于企业公私合营并入同仁堂。
>
> 综上所述,从时间上说,1913年以前根本没有达仁堂这个字号,从店址说达仁堂从未在菜市口设店。

鹤年先生又将同样的问题询问于天津市和平区政协原秘书长,天津乐仁堂前副经理、药厂副厂长,公私合营后第一中药厂副厂长李安东先生,其结论与张蔚涵先生的说法完全相同。

因此可知,北京菜市口在1898年或1899年根本没有达仁堂药店,所以王懿荣因病服药"购自菜市口达仁堂"的说法,纯属谎言,更不能作为研究历史的依据。

鹤年先生精心研究众多的文献资料后指出：汐翁《龟甲文》中说的是王懿荣"服药用龟版",后来,以讹传讹,竟将"龟版"改成为"龙骨"了。此外,中药铺的"龙骨"或"龟版","有字者多被刮去"或"以铲削之而售"。出售时有零有整,研磨成细面状的骨粉曰"刀尖药","可以医治创伤",较大块的也需捣碎后方能入药。由此可知,从中药店是买不到带字的"龙骨"的,当然王懿荣因病服药也就不可能发现甲骨了。

鹤年先生着重研究了王国维的《最近二三十年中国新发明的学问》、罗振常的《洹洛仿古游记》、胡厚宣的《五十年甲骨文发现的总结》、容庚的《甲骨文字之发现及其考释》、陈梦家的《殷墟卜辞综述》、王汉章的《古董录》以及董作宾、胡厚宣合编的《甲骨年表》等专著,指出王懿荣见到的甲骨是商人卖给他的，而不是吃药见到的,因此,王懿荣因病吃药发现甲骨的说法是不可信的。同时指出,王懿荣见到甲骨时刘铁云并不在座,更不是刘铁云发现甲骨上面有文字,以示王(懿荣)氏的。这一事实,王懿荣的儿子王汉章也无异词。后来,胡厚宣在引用自己所编著的《甲骨年表》,谈王懿荣发现甲骨文时,也没有采用刘鹗在座的说法。由此看来,汐翁《龟甲文》中的"铁云遍历诸肆,择其文字较明者购以归"的记载,纯系子虚乌有,胡编乱造了。

此外，李鹤年先生为了研究"甲骨文是如何发现的"这一课题,曾先后查阅了大量的资料,着重地研究了王襄的文章《题所录贞卜文册》与《题易稆园殷契拓册》,并得到师建英先生(居住在天津市河北区大江南里 34 门 403 号)提供的关于"马家店"的照片("马家店"即孟广慧与王襄老人于 1899 年在津首次见到与购买甲骨的地方)。经过多年的研究,依据目前所能够掌握的资料,鹤年先生认为:"孟定生、王襄知道有甲骨比王懿荣早三个季度;孟、王收购甲骨比王懿荣在先,他们没收购或没见到的甲骨才卖给了王懿荣;应当尊重并肯定事实,确切地做出论断:孟定生、王襄是最早知道,鉴定和收购甲骨的人,王懿荣在他们之后。"鹤年先生还曾对我讲过:"发现、搜集、研究甲骨,并有专著成果者,惟王襄一人。"

李鹤年先生一生还大力搜集与研究甲骨,其所藏甲骨来源于孟定生老人旧藏。孟老旧藏甲骨来之不易,当年因家中财力不足,大量购买甲骨一事,只能作罢。适逢孟老的叔父由湖北汇款来津,孟定生老人才有可能购买、收藏甲骨。孟老的二叔父孟继壎(字志青,清同治十二年举人),乡里有名,交游甚广,对子侄(孟定生)尤为赏识,从小即给予严格的家教,使其见闻极广。时官武昌盐法道,适寄路费给孟老,邀孟老赴湖北游。1899 年孟老见到甲骨后,心情十分激动,极欲购买甲骨,无奈靠卖字为生的穷秀才,财力有限,便打消赴湖北游的念头,将叔父寄至的路费,挪用于购买甲骨,已成全其“千载一时”的大愿。孟定生老人生前收存的甲骨分装在两个纸盒子里,据鹤年先生回忆:盒子里的甲骨,“大小片数不等地用《两汉残石编》的样张包裹着,上边都有说明”,“他(孟定生)指着两盒甲骨告诉我们(李鹤年与李延年兄弟二人),这是430片(据考古专家、中国国家博物馆研究员李先登先生说,孟定生一生共收集431片甲骨,其中最大的一片牛胛骨为伪品),都没有拓过,还带着小屯的泥土香,更没有全文发表过。偶尔临写几片,但次数不多”。孟定生老人收藏的甲骨,是已知出土最早之品,因当时挖掘的人不知甲骨的贵重,更不讲究挖掘的方法,凡见甲骨与其他物品或黏土粘连时,便用强力掰开,使甲骨遭到严重破损,故孟老收藏的甲骨碎小之片居多,较大片的甲骨也兼而有之。孟定生老人于1939年逝世后,李鹤年先生为其整理遗物(包括甲骨、古钱、字画、碑帖等物),并委托茹芗阁掌柜杨富邨以现金200元,购买下这些甲骨(430片),并计划拓印出版,以纪念广慧老人。

李鹤年先生得到这批甲骨后十分珍爱。新中国成立前,瑞宝斋古玩店的经理邢宝华曾先后两次介绍英国人、日本人求见李鹤年先生,希望见到先生收藏的甲骨,并且声言愿出原价几十倍,或更高的价格购买先生的这批甲骨。李五叔不忍这批国宝外流,便放弃这种改

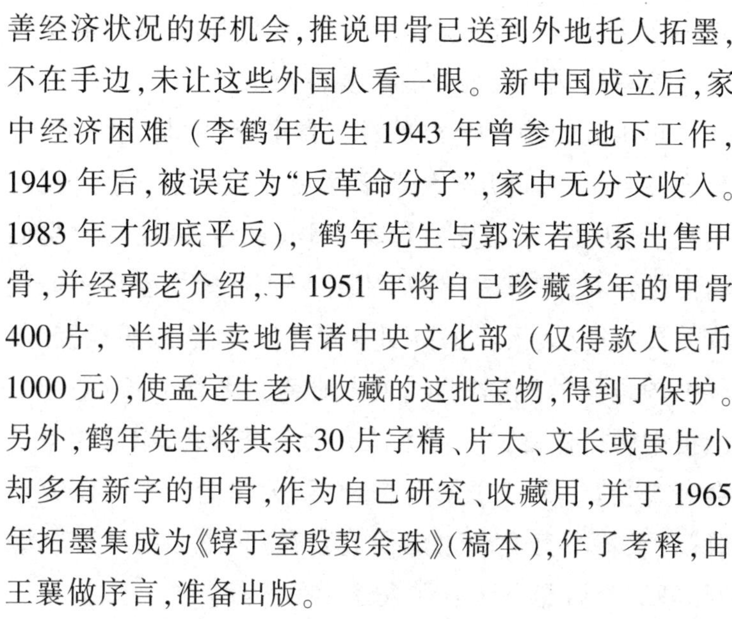

善经济状况的好机会，推说甲骨已送到外地托人拓墨，不在手边，未让这些外国人看一眼。新中国成立后，家中经济困难（李鹤年先生 1943 年曾参加地下工作，1949 年后，被误定为“反革命分子”，家中无分文收入。1983 年才彻底平反），鹤年先生与郭沫若联系出售甲骨，并经郭老介绍，于 1951 年将自己珍藏多年的甲骨 400 片，半捐半卖地售诸中央文化部（仅得款人民币 1000 元），使孟定生老人收藏的这批宝物，得到了保护。另外，鹤年先生将其余 30 片字精、片大、文长或虽片小却多有新字的甲骨，作为自己研究、收藏用，并于 1965 年拓墨集成为《錞于室殷契余珠》（稿本），作了考释，由王襄做序言，准备出版。

“文化大革命”期间，李鹤年先生多年收藏的碑帖、字画、古玩、印章、图书，连同 30 片甲骨原物、拓片、《錞于窐殷契余珠》（稿本）及考释、王襄序言墨本等，全部被查抄。党的十一届三年中全会后，落实政策，退还查抄物资，这些甲骨遂被归还给李鹤年先生，但已丢失 10 片，仅存 20 片，其中有 19 片为牛肩胛骨质地，1 片为龟壳质地；6 片较大，14 片较小，而且甲骨上文字较多，算是甲骨文中的珍品。2000 年鹤年先生过世后，其夫人卞女士及其家人，为了了却先生的遗愿，不愿使甲骨流失，依据《中华人民共和国文物法》的规定，于 2004 年 7 月 4 日在上海，由上海崇源公司在国内拍卖，并以人民币

5280万元成交。至此,李鹤年先生收藏的(原为孟定生先生搜集的)甲骨,最终有了妥善归宿。

鹤年五叔晚年全力投身教育事业,发起组织了“三余读书会”,聘请几位儒学名家免费给青年学生讲授古典文学、历史,介绍先贤作家、书法家等,以提高学生们的文化修养。耄耋之年仍担任中国书法家协会理事兼教育委员会委员、天津书协副主席、南开大学兼职教授、茂林书画进修学院副院长、书画研究会名誉会长、中国书画报中国褚遂良文学艺术研究会名誉会长、绍兴兰亭学会名誉会员、天津书协名誉理事、天津老年书画研究会顾问、天津炎黄文化书画研究会顾问、中国翰园碑林顾问等职,为培养书法后继人才无私奉献。

4. 杨继曾

杨继曾(1928—2009),字鲁安(鲁盦),号师仓、龙公、还秋堂主。回族,天津人,祖籍河北省沧州。内蒙古自治区著名的书画篆刻家、文物鉴赏家和收藏家。其祖父喜好收藏古董,尤爱瓷器,家中收藏古物甚丰。大外祖父孙华潭是天津有名的古玩商、收藏家,曾开办过名为“大吉山庄”的古玩店,经营古钱、瓷器、字画、青铜器等,并与当时在津居住的著名收藏家罗振玉、方地山、方药雨等人过从甚密。继曾先生的父亲也曾经营过古玩店,一直经营到1945年才停业。生活在这种环境中的继曾先生，耳濡目染，从小就受到家庭的熏陶与教育，培养起对古物研究和收藏的极大兴趣。

杨继曾先生是一位富收藏、擅鉴赏、通晓古文、精于书画、学识渊博的文史专家。他一生在收藏方面取得的丰硕成果，与他成长过程中受到的家庭熏陶与良好教育分不开，同时还得益于跟随几位津门的国学大师学习古文字学和书画鉴定知识等。

杨继曾先生曾用了五六年时间跟随爷爷王襄学习书法、古文字学以及文物鉴定等方面的知识。在爷爷的帮助下，识读许慎的《说文解字》，从小篆上溯至金文、甲骨，扎实地奠定了古文字学的功底。爷爷曾对杨继曾说："你要把有文字的东西都收(集)回来，认真研究。"这大大地启发了继曾先生对"有文字的东西"的深刻认识，随着时间的推移，他悟出"有文字的东西"含义非常广泛，决不局限于碑帖、字画之类，而且还有甲骨、青铜器铭文、铜镜、瓦当、石刻，甚至古代钱币等等许多器物都属于"有文字"的范围。思路的拓宽，使继曾先生"认真研究"古器物的决心更大，在中学读书时期，便开始了早期的收藏。同时，继曾先生在20世纪四五十年代，还曾苦练书法技艺，经常将自己的书法作品送给爷爷王襄、吴玉如等书法大师以求指点，受益匪浅。

除了师从我爷爷学习古文字外，杨继曾还有几位启蒙教育恩师值得一提。吴玉如先生(1898—1982年，名家琭，号迂叟)是著名书法大师，自幼酷爱书法，终生不辍，经过几十年的博览勤习钻研，能融合诸家风格，自成一家，具有清丽秀劲，遒健豪放而又空灵飘逸的书风。新中国成立后，吴玉如先生曾任天津文史研究馆馆员、中国书法家协会理事、天津市政协委员。杨继曾曾与吴玉如老人学习书法理论，后者为其讲授《书谱》长达3个月之久，使他受益匪浅。

杨继曾先生还在津门篆刻巨擘王雪民先生的指导下，研习书法篆刻，跟从甲骨学家陈邦怀先生探讨甲骨文和书法，在诸多前辈的教诲下，杨继曾先生的学识水平有了较大提高。

约在1943年杨继曾与爷爷王襄相识，跟随我爷爷攻习甲骨、金石之学，此后他便经常出入于我家，我们这些孩子称继曾先生为“杨叔叔”，在我的印象中“杨叔叔”有一对明亮的、炯炯有神的大眼睛，说话爱笑，略带有一些天津方言，穿着朴素，和我们这些“子侄辈分”的孩子也很谈得来。

杨继曾先生收藏文物的种类是多样的，数量是巨大的。主要收藏包括碑帖、字画、印章、瓦当、铜镜、甲骨、古钱币等，分别简介如下。

杨继曾先生曾学习碑帖鉴定，学而能通，加之多年的收藏鉴赏实践，故他对碑帖的鉴定、辨识能力极强。继曾先生熟悉中国历史，对各个朝代的更迭熟记心中，他

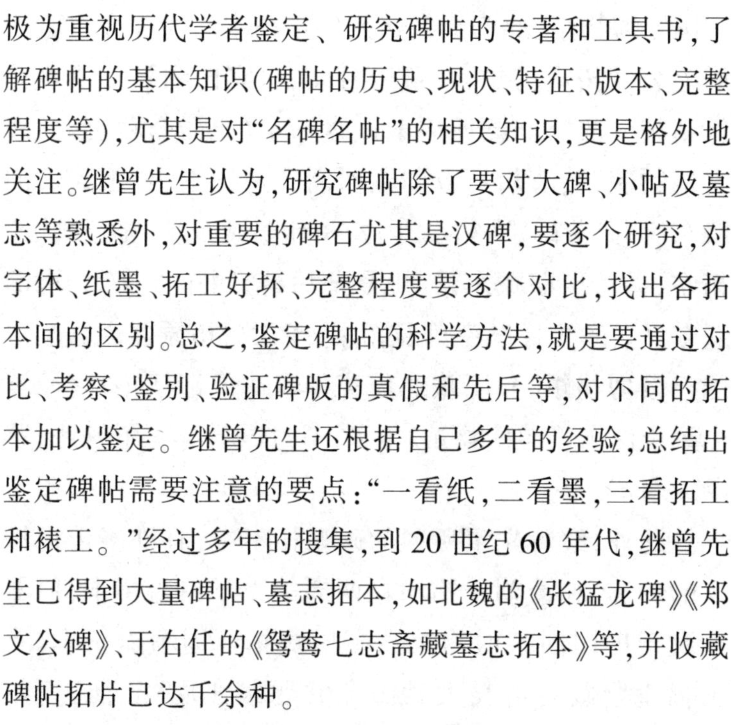

极为重视历代学者鉴定、研究碑帖的专著和工具书,了解碑帖的基本知识(碑帖的历史、现状、特征、版本、完整程度等),尤其是对“名碑名帖”的相关知识,更是格外地关注。继曾先生认为,研究碑帖除了要对大碑、小帖及墓志等熟悉外,对重要的碑石尤其是汉碑,要逐个研究,对字体、纸墨、拓工好坏、完整程度要逐个对比,找出各拓本间的区别。总之,鉴定碑帖的科学方法,就是要通过对比、考察、鉴别、验证碑版的真假和先后等,对不同的拓本加以鉴定。继曾先生还根据自己多年的经验,总结出鉴定碑帖需要注意的要点:“一看纸,二看墨,三看拓工和裱工。”经过多年的搜集,到 20 世纪 60 年代,继曾先生已得到大量碑帖、墓志拓本,如北魏的《张猛龙碑》《郑文公碑》、于右任的《鸳鸯七志斋藏墓志拓本》等,并收藏碑帖拓片已达千余种。

杨继曾先生每当得到重要的碑帖拓本或拓片时,总要拿给爷爷鉴定、题跋或欣赏。记得 20 世纪 50 年代,杨继曾先生得到吴大澂为其母亲贺寿而亲绘的四扇挂屏(蟠桃、花卉等),拿给爷爷鉴定观赏,爷爷观看后心情十分激动,认为平时多见的是吴窓斋(吴大澂号)的书法作品,而这种绘画作品极为少见,故曾向继曾先生暂借观赏,将这四扇挂屏留在家中悬挂多日,告诉我说:“此为世人难得的宝贝。”继曾先生拿给爷爷鉴赏、题记的藏品还有很多,如清潘伯寅藏西周盂鼎拓本(原器今藏于中国国家博物馆,此为清光绪元年精拓本)、清陈介祺藏西周毛公鼎拓本(原器今藏于台北"故宫博物院",清姚公符精拓)、故宫旧藏西周散氏盘拓本(原器今藏台北"故宫博物院")、清胡石查旧藏西周齐镈拓本、合肥龚氏旧藏东汉《武荣碑》明拓本、固始张玮旧藏东汉《张迁碑》明拓本、吴乃琛旧藏东汉《史晨前后碑》明拓本、陈介祺旧藏东汉君车画像题字刻石拓本(银朱精拓原器今藏于法国巴黎博物馆)和旧藏北魏曹望憘造像记精拓本(原器今藏于法国巴黎博物馆)等,爷爷过眼后都写了题跋、鉴题或题记。

此外,继曾先生所藏的碑帖拓本中,有许多传世极少的珍本,如清刘传铭旧藏西周虢季子白盘拓本(原器今藏于中国国家博物馆);金城藏拓西周颂壶拓本(有王福庵题跋);清吴大澂藏器并题跋西周"北征"箭菔(古代用以盛放弓箭的工具)拓本;沈青来、王孝禹旧藏战国(秦)石鼓文明拓本;秦瑯琊台刻石精拓本(原石在山东);陈介祺旧藏诏始皇帝二十六年诏版、秦二世元年诏版精拓本;罗振玉旧藏东汉《袁敞碑》初拓善本(此碑今藏于辽宁省博物馆);东汉《司徒袁安碑》拓本;东汉《祀三公山碑》旧拓本;北魏元始和墓志;北魏女尚书王僧男墓志;北魏元略墓志;北魏司马金龙墓表;隋张贵男墓志; 隋智永真草千字文帖; 唐颜家庙碑碑额之阴;唐怀仁集王羲之书《三藏圣教序碑》;晋乐毅论、颍上本兰亭序黄庭经等拓本,这些藏品上多有方药雨(方若)、陈邦怀、吴玉如等专家学者的题跋、题记,是难得的珍品。

继曾先生的藏品中,有大量的名人字画,他认为,字画收藏要“精而勿滥”,应以收藏明、清和近现代人的作品为主,其原因为当今国内外现存的宋、元以前的字画传世很少,而明、清两代及近现代人的作品存世较多,容易得到和收藏,但因作伪现象严重,赝品较多,故收藏时须认真地鉴定。继曾先生鉴定字画,主张采用“综合治理”的方法,即首先从书画的纸、墨、印章、裱工等方面加以辨别,其次要依据书画家各自的特点、不同时期书法、绘画的技法,名家作品流传的渊源、过程,它的师承和创造变革的具体情况等加以考察。再次鉴定字画时,要反复琢磨,仔细推敲,无固定模式,应善于随机应变。多年来,继曾先生依据此种方法,凭借自己的丰富经验收藏了大量的名人字画,如明孙克弘(雪居)为顾友玉绘山水长卷《洞纪游图》(卷高 25.4 厘米,卷长 343 厘米);明文徵明《虎丘即事诗册》(行书四开,计 26 行,行 10 字),实为文氏 89 岁时所做精品;清乾隆年间宫廷画师董邦达绘《青绿山水图》(幅长 95.5 厘米,宽 50 厘米);民国方药雨绘《人居白云图》(幅长 137 厘米,宽 35 厘米);民国天津画家张兆祥(和庵)《牡丹图》中堂(幅长 106 厘米,宽 53 厘米)与马家桐

(景涵)《五色牡丹图》中堂(幅长107.5厘米,宽57厘米);清末翰林郭则沄、潘龄皋等人的信札;清戴熙、汪昉潇、周尔墉、王素、董婉贞、吴昌硕等人书画;以及现代姜妙香、俞振飞、梅兰芳等人绘制的扇面;清梁诗正、梁同书父子,清初四大书家之一铁宝,清末最后一位状元刘春霖,清代的戴熙、曾国藩、左宗棠、张謇,民国时期的梁启超、罗振玉、丁佛言、谭延闿、王献唐、严修、张寿,现代的陈邦怀、吴玉如、启功、王学仲、钱君匋、李鹤年等人的名联条幅都多有收藏。

继曾先生还大量收藏了自己的老师王襄的作品。爷爷自青年始,受其父辈影响极其酷爱书法艺术,一生治学崇仰陈介祺(簠斋)、吴大澂(愙斋)二家,自入塾研习古文始,便经常在家中前院的"怡怡斋"书房里临摹悬挂着的清末金石学家、古文字学家吴大澂(自称"乐石居士")篆书的"吉金乐石"额,为自己的书法技艺打下坚实的基础。李鹤年先生曾赞叹爷爷书法作品说:"先生书法高古,胎息极厚,大篆直追三代,最喜大盂鼎;小篆可以方驾先秦;私淑吴大澂,实有过无不及。"又说:"先生书法高古,大、小篆均臻妙境,行书、甲骨别具一格。"爷爷用笔刚劲凝重,古意盎然。正因如此,杨继曾先生所藏字画珍品中,有王襄老人的书法作品多幅。在爷爷书赠继曾先生的书法作品中,除临古器物的金文或甲骨文的条幅外,还有老人用金文或甲骨文书写的毛主席语句或诗词,如1959年写篆书毛主席“古为今用”句、1964年写篆书毛主席诗词“虎踞龙盘今胜昔,天翻地覆慨而慷”句等。此外,杨继曾先生在大量收藏古今书画家作品的同时,也还特别注意收藏自己的成功之作,其中有甲骨、陶文、金文、秦篆、隶书、行书等书法作品和绘画作品。

继曾先生是著名的印章收藏家,他珍藏的印章以秦汉印为主,兼藏有周、战国、三国、魏、晋等玺印,以及清代和近现代名家所制印章。按材质分,有铜、银、牙、玉、料、石等;按种类分,有官印、私人名章、生肖印、书画收藏章等,内容十分丰富。继曾先生还收藏有大量的自制印章,以及多位治印名家(如龚望、唐石父、王强儒、华非等)为先生专门刻制的印章。晚年,继曾先生更收集了不少辽、金、西夏、元各个朝代印章,有的还带有少数民族文字的,如八思巴文、西夏文等,很有特色。继曾先生认为,秦印的形制,上承战国古玺,下开汉印格局,更以小篆书体入印,独具风采,是印章发展史上的转折点。此时期的玺印质地多以铜质为主,兼有少量金、银、玉、骨、陶等材料。由于铜质印章铸造精(印文有铸工与刻凿工之分),字形美,是我国古代印章发展的顶峰,故有“印宗秦汉”的说法。六朝以后玺印篆法衰微,制作粗糙;至明清以后,文人(书画、石质)印章的出现,更派生出诸多印章新的流派,使我国的篆刻艺术得到巨大的繁荣与发展。

20世纪40年代,杨继曾先生曾跟随我的叔祖、天津著名篆刻家王雪民先生研习书法篆刻。雪民老人是制印名家,所制印章多富于变化,布局严谨,一笔不苟,致力于章法,于缪篆之法、白文之印,尤能会以精心,又有所创新,晚年首创以铜器铭、贞卜文字体为边款,别具风格。雪民老人的制印技法,备受继曾先生的推崇,雪民老人病逝后,继曾先生为怀念老人,继承发扬老人的篆刻技法,曾大力蒐集雪民老人所制印章、印谱等,并于1984年自费印制了《王雪民印存》,以此对雪民老人深切地怀念。雪民老人之子强儒的篆刻技艺酷似其父,深得继曾先生的喜爱,其所用名章,多出自强儒七叔之手。因此,继曾先生收藏的印章中,王雪民与王强儒父子二人的篆刻作品占有一定的数量。

收藏、研究古代砖瓦也是杨继曾先生的一个重点,他认为古砖瓦不仅是研究古代建筑的实物资料,而且也是研究我国书法演变、雕刻绘画、工艺美术、文物考古等方面重要依据。清代中叶开始,随着大量瓦当的出土,人们逐渐认识到瓦当的文物价值,并对瓦当展开了研究,涌现出毕沅、吴大澂、陈介祺、端方、罗振玉等一批学者,以及一些瓦当研究专著,如毕沅的《秦汉瓦当图志》、端方的《陶斋藏瓦记》、罗振玉的《秦汉瓦当文字》等。因此,继曾先生对古代砖瓦尤其是瓦当的收藏与研究产生了极大的兴趣,从中学时代,便大力搜集瓦当,如战国、秦汉带有文字与各种图案的瓦当)。特别是1945年抗战胜利后,北京庆云堂经理张彦生令其子张明善,专程来津为继曾先生带来一批汉瓦,其中不乏有许多珍品,更令先生欣喜。继曾先生在搜集秦汉瓦当的同时,还留意收藏一些不为人们熟悉的瓦当如南北朝、隋唐时期的瓦当,以及古砖,他认为这些古砖也有“以物证史”的作用,具有不可估量的文物价值。

继曾先生珍藏有许多瓦当、古砖的实物与拓片,并曾得到陈邦怀等专家学者的指点,受益匪浅。继曾先生也曾多次将自己珍藏的瓦当拓片,拿给爷爷王襄鉴定、欣赏,甚至在日常生活中,也以瓦当拓片来表达自己对老师的情谊, 如1963年旧历癸卯年十一月十五日,是爷爷88岁的生日。爷爷每逢过生日尤喜缀写联语,自寿自励,亲友知其所好,多以书画文字相娱。故在这一年继曾先生特以吉祥语汇的瓦当拓片相贺, 爷爷收到这份寿礼时心情十分激动,随即题字:“此瓦当文‘延寿万岁,常与天九长’。九,假作久,亦瓦文所仅见。癸卯冬,杨鲁庵寄赠作生日颂祷之词。是年十一月十五日,纶阁题记。”一张小小的瓦当拓片,可见师生情谊之笃。

自20世纪40年代开始,继曾先生便从天津、北京等地搜集出土或传世的铜镜,至“文化大革命”前已达300余面,主要是两汉、南北朝、唐代的铜镜。汉唐时期的铜镜,由于当时的经济颇为发达,制造工艺精湛,加之文化上的百花齐放繁荣局面，故铜镜制造的十分精美,极具收藏价值。40年代初,继曾先生开始跟随王襄老人学习古代文物鉴定方面的知识，也开始研究古代的铜镜,每当师生获得有关铜镜的信息时,便相互探究铜镜的源流,互赠铜镜的拓片,研究铜镜的制造特点,鉴定铜镜的真伪,交流个人研究铜镜的心得。爷爷王襄更将自己多年研究铜镜的成果,于1950年写成《古镜写影》一书,该书是论述铜镜的专著,以形制刻铭为经,时代为纬,收自春秋至明代铜镜759面,经多年研究而成书,其考证翔实,文字精练,颇有价值,但可惜的是暂未能出版(书稿现存天津图书馆),继曾先生也深为老师的研究成果而高兴。

继曾先生搜集到的这批铜镜在“文化大革命”中均未能幸免于难,之后20余年间,他又重新开始搜集铜镜,已收藏400余面,其中多为战国或少数民族的铜镜,兼有周、西汉、辽、金、西夏、元等朝代的铜镜,有些铜镜带有年号或各种文字,是国内较为珍贵或罕见藏品。

杨继曾先生搜集、研究古钱币是从学生时代开始的,中学时,他受到教师王效曾先生的传授。王效曾研究古钱币有较深的造诣，尤擅长外国古钱币的蒐集与研究,曾将自己多年整理好的古泉拓片多册,赠予王襄老人,再经爷爷王襄的悉心加工,终成《王效曾藏泉拓本》一函4册。后来杨继曾又得到方药雨先生的指点,历经60余年,终于获得到丰硕的成果。

经过多年的实践,继曾先生认为,研究中国钱币最好以明清以前的钱币为主,可以从唐宋钱币入手。这是因为清代钱币易收集但研究意义不大;唐宋钱币发现的较多,假币(相对)少,价格贱,易收藏。同时他还认为,唐以后货币的铸造已趋于规范,易研究"入道",珍品和"大众化"的钱币兼可收藏;宋代货币,已出现铁钱、铁母(较稀少,基本不流通),若从文字、铸造工艺等方面加以研究,是很值得探究的。继曾先生还收藏有大量秦半两(秦始皇统一前半两和统一后半两),汉(西汉、东汉)半两、四铢、五铢,王莽的"六权十布",以及辽、金、西夏、元等时期的钱币,经过多年的研究,他写出《半两探源》《莽货杂谈》《辽钱考略》《辽钱沿革再探》《辽钱拾珍》等多篇论文,在古钱研究方面做出了贡献。

此外,杨继曾先生的丰富收藏中还有陶器、青铜器、六朝和唐人写经、端砚、古墨等,种类繁多,珍品极佳。他认为自己一生的文物收藏、鉴赏研究、书法篆刻等事业中,爷爷王襄对其传授最多,影响最深,故继曾先生对老师的为人治学精神,发现、研究甲骨,终生探索金石之学,取得古文字学造诣深,书法成就巨大,以及艰苦朴素的生活作风等方面，十分感动与敬佩。1951年杨继曾先生于南开大学毕业后，为支援西北建设，去了内蒙古自治区工作，但仍与恩师保持着经常的联系，并经常借返津城之际探视恩师。1956年初爷爷光荣地加入了中国共产党，继曾先生闻讯后，心情十分激动，特聘请胡钧先生为爷爷创作一幅题为《老少年》的画像，画面为王襄老人手捧《毛泽东选集》端坐椅中。并烦请陈邦怀先生为此画作了题记。由此可见继曾先生对恩师崇敬、爱戴之深。

爷爷逝世后，家人尊其遗嘱，将其一生收藏的文物、图书、书稿、碑帖、字画、印章、墨迹等全部捐献给国家，此事对继曾先生影响极大。在恩师的影响下，他决心也为自己多年收藏的文物、图书等找一个合适的归宿，“藏宝于民，不忘爱国”，他将自己多年的藏品无偿地献给国家。1993年3月，他向内蒙古自治区呼和浩特博物馆捐赠各类文物55件(仰韶彩陶、汉唐铜镜、辽金瓷器等)。1999年10月，他向中国印学博物馆(浙江杭州)捐赠古代玺印、金石文物216件。2000年7月以来，他又先后向内蒙古自治区呼和浩特市捐赠各类文物8000余件，图书善本2000余册。为此，呼和浩特市政府做出表彰杨继曾先生的决定，并发给奖金150万元人民币，继曾先生当即表示，要用其中的100—120万元人民币作为内蒙古文化事业奖励基金（其他用于归还债务)。

2002年8月,内蒙古自治区及呼和浩特市政府两级党政领导,高度重视和大力支持杨继曾先生捐赠个人藏品的义举,为了保护好、利用好这些文物,特决定在国家重点文物保护单位——清康熙帝六格格出嫁后所居住的和硕恪靖公主府旧址用作“杨鲁安珍藏馆”。该馆陈列分为:陶瓷馆、铜器馆、印章馆、钱币馆、碑帖馆、古今书画馆、鲁安作品馆等,陈列有2000余件文物精品(不包括图书善本在内)。

杨继曾先生一生为了传承、保护中华民族的文化遗产,视文物为生命,甚至比生命还重要,但令人十分痛惜的是在“文化大革命”期间,继曾先生家中祖传的宋代汝、哥、定、钧、耀等名窑,清代康、雍、乾三朝官窑出产的200余件瓷器,被当成“四旧”砸得粉碎;所藏几十位名家书画精品300余件(共18大箱)、甲骨金文拓片2000余张被焚;搜集的汉碑唐志拓片500多种、《泰山经石峪》大字拓片600余张及《好大王碑》旧拓2套全部被毁,还有多种文物被席卷而去,至今不知所终。为了保护文物,继曾先生在被批斗时,仍设法护卫着自己心爱的藏品。“文化大革命”结束后,虽痛惜往日之所失,更珍重今日之所存,他过着清贫的生活,节衣缩食,负债累累,但仍坚守着搜集文物“只买不卖”的原则,并认为文物是国家、民族的重要财富,搜集文物就是保护、传播和弘扬中华民族文化的实际行动。他的精神境界和情操令人可敬！

5. 张岐

爷爷王襄一生接触过的多位学生中，有一位是1951年自西安考入天津大学水利系的学生，他名叫张岐。张岐的远祖曾在明朝洪武年间，随军自南方到祖国西北屯垦戍边，至今，在西北边陲生活的已有20余代人。据他自己说，他家祖上自11世起，家中即有多位文化名人闻世。因受家庭的熏陶，张岐自幼酷爱金石、书法，来津后，闻王襄老人是甲骨文的发现者，又是金石书法家，极想拜师求教，于是多次登门拜访。爷爷当年已是76岁的老人了，面对这位年轻好学的后生，仍然给予热情的接待，并将所临甲骨、钟鼎文赠之。当张岐先生得“石鼓文”“禹迹图”的拓本后，爷爷欣然命笔为其撰写“题记”，对张岐先生探究中华文化的精神极为称赞：“君肄业于天津大学，修农田水利，将致力于国家建设，以少年英俊而留神于冷僻枯宋之学，果人皆重之，从此沉闷之国故，益见发扬蹈厉，日进光明，为予虽衰老，窃愿追随于后也。”1955年，张岐先生大学毕业后，赴新疆工作，爷爷为张岐先生有缘能走上“丝绸之路”而庆幸，并鼓励他用所学的知识，“研究水在自然环境中与农作物生长的关系”，“设法使水利为农业服务”。此后，在41年的时间里，张岐先生牢记恩师的教导，在全国15省（自治区）、3市范围内，以治水改土为业，兼习文史、地理，取得了34项科研成果，时至今日仍对老师深深地怀念。

学者人生

一、读书与藏书

爷爷王襄与书打了一辈子的交道，他告诉我，大约在他五六岁时，就由其父亲（王恩瀚）、叔伯（王恩淮、王恩涉）教识字，背诵《百家姓》《三字经》等启蒙读物，并开始练习书法。初始，他对读书、写字毫无兴趣，每每只是“敷衍了事”，无奈，有母亲吕氏大人的严加管束，每日须“汇报成绩”，日复一日，坚持了一二年。爷爷7岁(1882)入书塾读书，至11岁时，因其叔父王恩涉（号筠生）是清末举人、津门著名书法家，被天津画家樊荫慈（号小舫）聘为“樊氏家塾”教师，为此，爷爷王襄老人便跟随其叔父王恩涉到城东南斜街的“樊氏家塾”读书，开始接触到中国的传统文化，并对中国的传统文化产生了极大的兴趣。据爷爷回忆，自己进入“樊氏家塾”读书后，最早接触的“课本”除“四书五经”外，就是《古文观止》和《昭明文选》（简称《文选》）中的部分篇章。爷爷说，《古文观止》是一部自清代以来最为流行的古代散文选本，其内容有先秦、两汉、魏晋、南北朝、唐、宋、元、明、清各时期具有代表性的散文作品，其中包括《左传》34篇、《国语》11篇、《公羊传》3篇、《礼记》6篇、《战国策》14篇，韩愈文17

篇、柳宗元文8篇、欧阳修11篇、苏轼文11篇、苏辙文3篇、王安石文3篇……总计222篇。本书入选之文皆为语言精练、短小精悍、便于传诵的佳作。编选者还作了一些夹批或尾批,对初学者理解文章有一定帮助;体例则是一改前人按文体分类的习惯,而是采用“以时代为经,以作家为纬”的分类方法,值得肯定。但是此书的编选者,主要是着眼于科举时学子做“策论”的参考需要,故选入了一些八股气息较浓郁的文章。但作为一种古代散文的入门书,仍然有其存在的价值。

爷爷在学习中国传统文化古文、古诗词的同时,又开始大量涉猎近代西方科技文化著作。当时他阅读过报刊与书籍,真可谓包罗万象,既有自然科学的,也有社会科学的。前者如《科学世界》《物理易解》《声学揭要》《光学揭要》《热学揭要》《天文须知》《光学须知》《声学须知》《矿学须知》《水学须知》《重学须知》《力学须知》《气学须知》《热学须知》《电学须知》《算学须知》《理学须知》《代数须知》《代数备旨》《代数通艺录》《比例汇通》《笔算数学》《化学》《化学鉴原四种》《化学辨质》《博物学教科书》《地质学教科书》《植物学教科书》《动物学》《动物进化论》,等等;后者如《形学备旨》《字学举隅》《国学文编》《古文辞类纂》《文心雕龙》《屈原赋》《寿佛经》《裴君碑》《苏孝慈碑》《齐报德象碑》《张贵男碑》《物种由来》《群己权界论》《新大陆游记》《物兢篇》《女奴篇》《侠恋记》《饮冰室文集》《英文字典》《英字指南》《英文类要》《英文举例》《英文科学入门》《英文史记》《英文算学》《英文文典问答》《华英进阶》《华英地理问题》,等等。甚至连林琴南[1]翻译的那些半文半白的外国文学作品，如法国小仲马的《巴黎茶花女遗事》、美国斯托夫人的《黑奴吁天录》、英国柯南·道尔的《歇洛克奇案开场》等,他都认真地阅读过,并把自己的体会、心得、见解等,间或在书中做些“眉批”“夹注批”等。此外,他还自学了英语,一生里多次经常复习《英文法程》。可见爷爷“多读书,勤读书”,是他学习科学文化知识的重要途径之一。

爷爷读书有他自己的习惯,平时他很少言谈,沉默寡语,读书时,不管周围环境是否安静、杂乱,他都能做到“闹中取静”,专心读书。有时他端坐在那里,两眼凝视前方,若有所思地“打愣”;爷爷饭后有坐在椅中“打盹”的习惯,有时,他突然从“打盹”中醒来,奔到方桌前,随便找些小纸(烟盒纸、日历纸等),用毛笔在上面记录些文字。我多次见到此景,曾亲口问过爷爷“您为什么坐在那两眼发直、打愣?”“您打盹了怎么又想起了写字?”爷爷笑着告诉我,“两眼发直”“打盹了”“又想起了写字”,是对看书时想到的一些问题,经过“想有了结果”,“怕忘

① 林琴南(1852—1924),即林纾,原名群玉,字琴南,号畏庐,别署冷红生,晚称蠡叟、补柳翁等。我国近代著名文学家、翻译家。

掉"所以赶紧用毛笔记下来。可见爷爷读书的同时,还积极思考、研究一些问题,一旦有了心得,就记录下来。记得20世纪50年代初,爷爷撰写《古镜写影》一书时,冬季夜晚爷爷已上床躺下睡觉了,突然想到了一些需要补充、编写的内容,好多次从暖暖的热被窝里爬了出来,跑到桌前,把想到的问题记录下来。读书、写作与思考相结合,是爷爷的一个很好的学习、读书方法,值得我认真地学习与借鉴。

爷爷读书特别注重工具书的使用,案头上经常摆放着许慎《说文解字》、段玉裁《说文解字注》、商务印书馆《辞源》《中国人名大辞典》以及1949年年初出版的《新文化辞典》《学文化辞典》《新词典》等工具书,书架上也大量摆放着《史记》《汉书》《后汉书》《三国志》以及《资治通鉴》等常用的书籍。爷爷使用时得心应手、运用自如。爷爷告诉我这些工具书就是教他自己读书的"先生""拐棍儿",并让我随时向它们(工具书)请教,要做到"犹疑必问""问必要明""心领神会""融会贯通"。爷爷也多次教会我学会使用各种、各类的工具书,使我至今仍获得极大的益处。

爷爷晚年时,因体力不支,精神不振,经常昏睡,但每天稍有"精气神儿"时,便翻看一些自家爱读的书,他晚年经常爱翻看的几种书大约有:刘勰的《文心雕龙》、司马迁的《史记》(影印"涵芬楼"藏书,小本线装)、王充的《论衡》、文物出版社(1958年)刻印的大字本《毛主席诗词十九首》、蘅塘退士编《唐诗三百首》,以及一些报纸杂志等。

爷爷爱书,他读了一辈子的书,也收藏了一辈子的书。爷爷藏书的大多部分是其祖辈们为科举应试所使用的书籍,种类繁多,数目庞杂。平时,家中很少有人去翻动、查找,加之收藏条件较差,虫蛀霉烂破损严重。不过,即使在这样一堆的"破烂儿"中,我也曾捡出过几部很有用的"线装书":

一部是《十三经注疏》,所谓的"十三经"是指我国的13部儒家经典著作而言,汉代开始,把《诗》《书》《易》《礼》《春秋》称为"五经"。唐代把《周礼》《礼记》《仪礼》《公羊传》《穀梁传》《左传》与《诗》《书》《易》称为"九经"。唐文宗刻石经,将《孝经》《论语》《尔雅》列入经部。宋代又将《孟子》列入,从此有"十三经"之称。此13部儒家经典著作内容博大精深,在悠久的中华文明进程中,对我国传统文化产生了巨大影响,且长期根植于人们的思想意识和社会生活观念中。因此,"十三经"是我国传统文化的基本资料库。"十三经"言简意赅,历代经学家对它做出不少有价值的注疏, 注疏和经文受到同等重视,不可偏废。因此,清代集中优秀人才,历时多年,完成一部《十三经注疏》,这部名著200多年盛行不衰。凡研读经学者,不经历《十三经注疏》,难窥门径。《十三经注疏》问世,迄今又过了200多年,在此期间,经学研究不断有新进展,有文字训诂的,有义理阐发的,也有考古发现的新资料。这为我们后学者拓宽了视野,另辟新的思想方法和科学方法,使我们有条件在充分利用前人的基础上,更进一步研究中华传统文化。

一部是《四部丛刊》,所谓“四部”,即按照我国传统的图书文献分类法,将所有图书文献分成为:“经”“史”“子”“集”四大门类;“丛刊”即为“丛书”之说。因此《四部丛刊》是一部集中各方面必读的、必备的小型书库,它的规模比《四库全书》小(清乾隆三十七年开馆编修,历经10年始成,共收书3503种,79337卷,分经、史、子、集四部,故名四库。保存与整理了古代文献,涉及内容极为广泛。全书共缮写七部,分藏于文渊、文源、文津、文宗、文汇、文溯、文澜七阁,文宗、文汇毁于战火,文渊毁于英法联军,文澜所藏亦多散失,后经补抄得全。1934年商务印书馆选印232种名《四库全书珍本初集》),门类齐全,便于私人收藏与研究,是一部小型的《四库全书》。这部书由上海商务印书馆馆长张元济主编,先出版了初编(约有古书320部,计8548卷)、后又出版续编(1934年刊行,约有古书81部,500余卷)、三编(1935年刊行,约有古书73部,500余卷),实有古书502部,分装成3100册,是我国20世纪出版的规模最大的丛书。

《四部丛刊》有“七善”:一是印的都是“四部”中常见

常用的典籍。二是保存古书原本,不加剪裁。三是用善本作底本。四是集善本聚在一起。五是用石印法影印,缩小开本,册虽小而字体却不算太小,既便于皮藏又保存中国古书字大悦目的优点。六是版型纸色划一,便于插架。七是价廉,分期出,分期交款,有预约。

一部是《四部备要》,此书是在新中国成立前,因中华书局与商务印书馆在激烈的业务竞争中产生的,1924—1931年共出版5集,收书336种,11305卷,线装分订2500册。全书用从杭州丁氏处购得的“聚珍仿宋版”铅字印制,按旧线装书格式排印,异常精美。所收各书,以常见、常用带注为主,阅读古典文献的人,如果不讲究版本,《四部备要》就比《四部丛刊》得用。例如《四部备要》的经部有3套书注解,即“十三经古注”1套、“唐宋注疏”1套和“清代注疏”1套,读经的基本资料就全了。史部除配套的纪传体正史和编年史等外,表谱考证也有不少,这是《四部丛刊》所忽略的。集部采用了许多清代名注。《四部备要》也很注意词曲的搜集,所收词曲比《四部丛刊》多,且有系统。两部书从整体系统上看,《四部备要》确实比《四部丛刊》强。但具体从某一种书看,就得具体分析。例如《孟子》赵岐注,《四部备要》的排印本自然不如《四部丛刊》的影宋本。今天看来,《四部丛刊》是我国近现代一部最大的影印古典文献丛书,而《四部备要》则是一部排印较为齐全的常用古典文献书籍的丛书。它们各有特色,可以互为补充,但不能彼此取代。如果认为有了《四部丛刊》就可以不用《四部备要》,或者反之,那都是片面的。总体说来,《四部丛刊》的实用性不如《四部备要》。但至今这两部书,仍是研究中国传统文化重要的文献。

一部是《四书章句集注》亦称之为《四书集注》,为南宋朱熹编注,包括《大学章句》1卷,《中庸章句》1卷,《论语集注》10卷,《孟子集注》7卷,"四书"之名由此而来。注释中有颇多理学家的观点,明清统治者提倡理学,此书定为必读注本,是科举考试重要书目之一。遗憾的是,此书(线装)已残破不全,不能"配套",遗散较多。

此外,爷爷的藏书中还有他所推崇的清末金石家、古文字学家吴大澂的《说文古籀补》(14卷)、《愙斋集古录》(26卷)等。有广为收集、精于鉴别、善于墨拓技术的清代金石学家陈介祺(簠斋)的《簠斋吉金录》(邓实、褚德彝辑印),该书收录有陈氏所藏商、周、秦、汉铜器、钱范、造像等380余器,墨拓极精,也是我学习识别古代文物的第一部启蒙读物。有宋代金石学著作,宋代著名学者赵明诚、李清照校订整理的《金石录》(30卷),可惜的是已残存不全。还有中国近代金石学家罗振玉的甲骨学的专著:《殷商贞卜文字考》(1910年)、《殷墟书契前编》(1912年)、《殷墟书契菁华》(1914年)、《殷墟书契后编》(1916年)、《殷墟书契续编》(1933年),金石学专著:《贞松堂集古遗文》《补遗》及《续编》《三代吉金文存》(20卷)等。爷爷特别珍藏了自己敬爱的老师王仁安先生的著作《王仁安文集》(3卷),拜读后,还在书的眉叶上书写了自己所受感悟的话语。在爷爷的藏书中,还有其祖辈用过的大量医书《本草纲目》《黄帝内经》等,也有《十竹斋书画谱》《芥子园画谱》《点石斋画谱》等画谱,还有为数不多的地方志书如《天津政俗沿革记》《志余随笔》《天津志略》(民国)以及有关书法篆刻的《三希堂法帖》《续三希堂法帖》等书籍。

民国以后,随着天津城市的经济、文化、教育的发展,家中的藏书从内容与形式都有了明显的变化,机器印刷、装订的"洋书"增多了,介绍西方的哲学、政治、经济、科学、文化、教育等多方面的知识内容增多了,祖父、父辈们进入新式学堂接受了现代教育后,每人依据自己的爱好,有选择地购置了许多不同专业的书籍,极大地丰富了家中藏书的内容与范围。藏书中既有我国的孔孟之道经典,也有亚里士多德、柏拉图、康德、达尔文、弗洛伊德等诸家之学说;既有卢梭的《社会契约论》、托马斯·曼的《乌托邦》,也有马克思的《共产党宣言》《资本论》、恩格斯的《自然辩证法》,还有列宁的《国家与革命》等作品。除了占有一定数量的哲学、政治、经济、文化、教育的社会科学书籍外,家中最大量的藏书还是随新文化运动而产生的繁多种类的文学艺术作品、翻译作品、杂志、期刊等,如莎士比亚、莫泊桑、歌德、席勒、雪莱、拜伦、左拉、托尔斯泰、普希金等人的作品,鲁迅的《呐喊》《彷徨》《野草》等,巴金的《家》《春》《秋》等,以及胡适、徐志摩、陈独秀、林语堂、沈从文、陈西莹、周作人、冰心、丁玲、茅盾、曹禺、瞿秋白、丰子恺等人的作品,另外还收藏有商务印书馆主办的《小说月报》,文学研究会编辑、商务印书馆出版的《文学研究会丛书》(其中共出版 125 种,翻译 71 种:小说 30 种、戏剧 20 种、文艺理论 10 种、诗歌 3 种、散文 1 种、寓言及童话 7 种;创作 54 种:小说 27 种、文艺理论及文学史 2 种、诗歌 8 种、戏剧 10 种、散文及传记等 7 种),光华书局发行的部分《萌芽月刊》等多种期刊、丛书与杂志。除此而外,家中的藏书还有部分进口“洋装”的(主要是英文和少量的日文) 原版图书, 如《世界美术全集》(日文)、《英汉大词典》《英汉成语词典》《格列佛游记》(英文)、《鲁宾逊漂流记》(英文)、《简·爱》(英文) 等小说。家中的藏书里还有我家叔叔、姑姑们求学时使用过的、部分学科的课本。总之,家中的藏书,可构成一座小小的“图书馆”,其内容可谓是“五彩缤纷,琳琅满目”,极大地丰富了我童年的学习生活。课余的时间,我几乎整日在书堆中翻腾、查找自己喜爱的读物,对我的知识的积累,打下了极好的基础。

新中国成立后,爷爷的藏书又增加了许多新的种类,马列主义、毛泽东的著作增多了，爷爷为了学术研究的需要，又大量添置了一些有关考古学、甲骨学、古文字学方面的书籍，如：爷爷曾购得黄文弼《塔里木盆地考古记》、陈梦家《殷墟卜辞综述》、胡厚宣《五十年甲骨文发现的总结》《新中国的考古收获》《中国古文物》等，爷爷还特别订阅了《文物》(原称《文物参考资料》)、《考古》《考古学报》等专业刊物，以获得学术研究的信息，值得说明的是爷爷所订阅的此类刊物，均由创刊号始，“自始至终，从不间断”，非常完整。

家中的藏书数量、种类虽不少，但家人使用起来仍嫌不够用，爷爷便经常告诫大家，“穷秀才光靠买书念书，买不起，也买不全”。爷爷一生特别喜爱一套“百衲本”《二十四史》，曾多次跑到书局、古董铺去寻找，或与商家洽谈，终因“囊中羞涩”，无力购买。后来虽订购一套世界书局影印出版的《二十四史》，终因日本侵华战乱，仅出版了《史记》《汉书》《后汉书》《三国志》等几册便终止了。直至爷爷故世，他未能见到一部完整的《二十四史》，成为终生的遗憾。为了了却爷爷的遗愿，我下定决心在我参加工作后，节衣缩食，终于购得了一部中华书局印制的《二十四史》及一部上海古籍出版社、上海书店出版的《二十五史》。

爷爷为了弥补自家藏书不足的缺憾(内容、种类、数量等方面)，想出了一些具体的补救方法即：“一借、二抄、三背”。爷爷的学术研究需用大量的专著与资料，而自家的藏书又远不能满足需要，他就想尽一切方法向图书馆、亲朋好友、老师弟子等处借阅。例如爷爷的胞弟王钊（雪民）老人在天津图书馆工作，爷爷所需要的种种书籍，就多烦交雪民老人代为查找、借阅。爷爷还多烦请亲友、弟子向南开大学、南开中学等图书馆，以及向王仁安、孟定生、罗振玉、陆文郁、陈铁卿、王斗瞻、李鹤年、杨鲁安等私人学者借阅书籍。有些图书极为难得宝贵，是爷爷研究工作不可或缺的资料，爷爷借阅后，“就用一只秃笔（毛笔），全部照录”。例如1900年秋季，爷爷在孟定生老人的书斋“錞于室”里，见到孟定老临摹甲骨的作品，借来学习观看，并照录成《贞卜文临本》一册，开始学习、临摹甲骨文。1930年，爷爷抄录了罗振玉《梦郼草堂吉金图》及其《续编》、于省吾《尊古斋吉金图》等，并合订成册；同年得知董作宾先生有大作《殷历谱》，几经周折借阅后，便全部照录。1943年读孙海波《甲骨文录》及梅原末治（日人）《安阳遗宝》等书，尽力摘录主要内容。如此等等，爷爷一生辑录了《簠室杂钞》（共4册）、《簠室丛录》（共4卷）、《丛录备忘》（11册）、《簠室课余杂钞》《簠室小知录》《课余日知》《题所录殷契》等多种。爷爷的记忆力极强，年轻时学过的许多古文篇目（古文、诗词等），到了晚年仍然记忆犹新。例如爷爷可以流利地背诵《史记》《汉书》《资治通鉴》《唐诗三百首》中许多名篇名句。

他称这种记忆方法是“仓库记忆法”，是“既省钱、还省事、又实用”的“图书馆”。爷爷还有一种异常的读书习惯：无论平时他读书、阅报、吃饭、睡觉等，只要是头脑中想到的各种问题，都要立马随手用烟盒纸、包装纸、日历纸等记录下来，形成一张张的“卡片”。闲时，爷爷再将这些“卡片”按其内容分类，将分类后的卡片，装订成册，以备使用。遗憾的是，爷爷制作的许多卡片(卡片册)，在迁居搬家的时候被当作“垃圾”处理了。

爷爷王襄老人一生读书可谓是“有胆识、有眼光、有毅力”(林语堂语)，他在博览群书的基础上，“抉择而入于自己所爱的较专一的一门或几门”(鲁迅语)，终生研读。读书是老人生命的一部分，他笃信“修身、齐家、治国、平天下”的道理，一生严于律己，勤奋学习。晚年，他从旧社会的一位洁身自好的学者，成为一名为人民服务的共产党员，乃是他政治上、思想上必然的归宿，也是其读书伴人生的必然结果。

二、著书立说

爷爷王襄自 20 岁始研究金石文字之学，继而又致力于甲骨学的探索，前后凡 70 年，未尝间断，“著书”“立说”终其一生。

在爷爷一生的著作中,占有数量多、分量重、价值高的专著,当属甲骨文著作。甲骨文是我国商朝后期王室贵族使用的占卜文字,因其刻在龟甲或牛肩胛骨(兽骨)上,故名。甲骨文是我国目前所知最早的文字,甲骨文书被认为是我国最早的中华民族档案之一。它记载了我国先民的政治、经济、文化、社会生活的片段,具有重要的史料价值,是进行科学研究不可或缺的依据。20世纪初,最早发掘、出土甲骨的地方在河南安阳的“殷墟”,从人类文明视角考察,甲骨文的出土,与两河流域的楔形文字、埃及的纸草文书及希腊的线形文字的发现,具有同等重要的意义。从学术研究方面来看,甲骨文与敦煌遗书、汉简和故宫明清档案一起,被世人誉为近代中国四大学术发现。在爷爷许多著作中都明确记地载了甲骨的发现、鉴定、收购的经过,以及此后人们对甲骨的研究等情况。在甲骨文的发现、鉴别、收藏和研究等方面,祖父走在了前面。爷爷的甲骨学专著有《簠室殷契类纂》《簠室殷契征文》;文字学专著有《古文流变臆说》《秦前文字韵林》等,这些著作至今在甲骨学、文字学研究领域仍占有重要的地位。

王襄著作——《簠室古甬》

爷爷一生在甲骨学、文字学方面造诣深厚，同时，对金石、考古、诗词等多种学科，不同门类也都有过认真的探索与专深的研究，并取得重要的成果，但因被甲骨研究专家鸿名所掩，鲜为人知。例如，爷爷于1900年将自己所藏的众多古俑中，选出人、兽、室、井、灶等64件物品，分类摄影，编辑成《簠室古甬》一书，在日本出版。该书印刷精良，古朴清新，爷爷亲自装帧设计、题写书签，前有序言，图中附有14页说明。有学者指出，在我国著录古代"明器"为图录者，《簠室古甬》为最早。祖父收藏古俑甚丰，为此名书斋为"百俑楼"，并治印记之。《簠室古甬》图版的摄影底片为玻璃制品，极易破碎，为此爷爷悉心保存多年，最终送交天津市历史博物馆收藏。又如，1911年春，四爷爷(祖父之弟王赞)因事赴北京，由京都古董商贩手中为祖父购得六朝唐人写经，爷爷认真研究后，认定“此为六朝人写经中无尚神品，知其笔法神韵，始可与言六朝书。取此经学之，不致流于庸俗一派”。祖父为了广为搜集六朝唐人写经，甚至曾用自己珍藏的甲骨与方尔谦(1873—1936，字地山，清末民初著名学者，书法家)搜集的六朝唐人写经进行交换。经过多年的努力，爷爷搜集的六朝唐人写经约有一小羊皮箱，后经整理“装订成册，以为楷模”，并写出《集六朝唐人写经残页》(1911 年，未刊行)、《六朝唐人写经》(1911 年，未刊行)等专著。

爷爷认为学者“著书”，就是为了“立说”，也就是说，作者写出的书，终究是为了反映出作者的思想、态度、倾向、历史、经历、观点等，如同一个人的影像，永不离人身，即“书为人之影”。新中国成立前，爷爷长期闭门家居不与外界接触，一心一意埋头刻苦著述，但他并不是过着消极闲散的隐士生活，而是一位忠于科学事业的学者，数十年如一日，勤奋研究，努力著书立说。特别是在日伪统治天津时期，为了表达自己抗日之心，他更将自己的著作“束之高阁”，从未公开发表。抗战期间，祖父不与敌伪有丝毫的交往，1942 年，日本人以重金许诺并“邀请”祖父参加在东京举办的“大东亚书道展览”，遭到爷爷断然地拒绝，表现出一位有良知的学者，为学术献身的精神及政治上的坚贞自守。爷爷对学者是非常敬重的，对学者们的著作视为珍宝，他认为自己从学者们身上可以学到许多“有用的东西”，学者们的“学问”更可以“滋补”自己的源泉。事实上，祖父的许多著作，正是受到众多学者作品的启发，汲取了他们营养后而完成的。但爷爷在评价一位学者的“人品”与“学问”时，则更注重学者的“人品”，有些学者虽被冠为“大学问家”“泰斗”“先师”，但终因其趋炎附势，甚至卖国求荣，祖父对他们却嗤之以鼻、不屑一顾。

爷爷20岁(1895年)即开始从事金石文字学的研究，他认真研究许慎的《说文解字》，发现许氏《说文》中的古文、籀文，并非是中国古文字的全部衍变源流，故要想探究中国古文字的演变，则应当从更多出土古器物的款识上来追索。他认为，“知读书须先识字，乃从事于《说文解字》”，研究古文字“当求诸彝器款识”，“唯此彝器款识，藏于地下，显于人间，未为妄人点窜”，为了便于研究工作，祖父“始写篆、刻印立其基”，深信“治金石学业”，“金可证经，石可订史，学固博奥，未易穷也”。他下定决心，“要把有文字的东西都收回来，认真研究”。1916年春天，祖父得罗振玉寄赠的《流沙坠简》一书(罗振玉、王国维撰，1914年出版，共3册)，便开始认真研究汉晋简牍，得知英人斯坦因(英籍匈牙利人)在我国西部边陲(敦煌、武威等地)的汉唐历代戍边的“障堡”(烽火台等建筑)之中盗掘了大量的简牍、帛书、纸片等文物，“由汉而东汉,以至李唐,历代均有之,载有纪元年号。其简多以木制成,竹制者甚少,乃当时之文告,又有医方,相马经,急就篇诸简。其字为隶,为今隶,已奇古可喜,而章草一书,尤为书翰历史大增佐证”,祖父深感“私幸汉晋墨宝,不我先后及身见之,文字福缘殊翊不浅,且于此可考书翰之沿革也”。祖父对《流沙坠简》经过认真的研究后,认定“是书考释伪误间出”,为此用了10天时间,写出了《流沙坠简勘误记》(未刊行 ,1916年),“附于书后,取便读者”。

民国初年,祖父于研究甲骨余闲,亦大量收集、研究古泉,并与诸多学者进行广泛的交流。一生藏泉2000多种,自真贝至民初之福建通宝,各朝各代,均有搜集;带有少数民族文字的钱币,也有藏品。爷爷研究古泉,除以常规考订古泉的真伪,推断其年代外,更进而从文字学的角度对古泉进行研究。他对宋代货币的研究尤为精深,因宋代流传于世的货币品种异常庞杂,但他却以异常之微的观察力,辨析出宋泉之间的毫芒差别,在大量常见的宋泉中,寻找出极为异常的货币,整理、编辑成专著《宋钱志异录》(未刊行,1939年)一书,在古泉研究中占有重要的地位。

抗战胜利后,美蒋相互勾结发动内战,中国人民重陷深渊, 当时天津老百姓的生活十分艰难, 物价飞涨,“斗米万金”,加之兵匪的骚扰,官吏的暴敛,人民挣扎在死亡的边缘。祖父在靠典卖家中杂物易米的日子中勉强度日，但仍勤奋研究，他先后完成了有关古代石造像的研究，撰写出《题墓门画像石》（未刊行，1943年）、《造像拓本》（未刊行，1946年）、《滕县汉石刻画记》（该文曾发表于1950年《燕京学报》第38期，并有油印本）。

完成了有关古代陶器的研究，撰写出《古陶今释》（共2卷）（未刊行，1947年）、《古陶残器絮语》一文（发表于1948年《燕京学报》第35期）、《古陶今释续编》（共3卷）（未刊行，1949年）等概述陶文的重要文字。爷爷认为："陶器为人生事之需，自王公至民庶，奉生敬死，凡百供用，罔不利赖。"通过多年对陶器的研究，他认定"至今观览其文，可定其时代，而千年之文教，万民之习俗，由此可以推知，亦考史之旁证"。祖父通过对陶文的收集、整理与研究，进一步开拓与发展了自己的文字学研究工作。

新中国成立后，爷爷的思想和生活发生了很大的变化。巨大的社会变革，安定的家庭生活，使其兴奋不已，"廉颇未老""老骥伏枥"的雄心，激励着老人更加勤奋地"著书""立说"，这一时期的重要著作（不含甲骨、文字学方面）主要有《古镜写影》（未刊行，1950年），这是一部专门论述我国古代铜镜的专著，收录有经多年搜集、整理、研究的自周代至明代出土的铜镜759面，考证古镜形制翔实，叙述文字精练，并论证得出我国周代已有"镜"的结论，是祖父的力作。

《殷代贞史待征录》(未刊行,1953年),这是一篇酝酿近30年而完成的初稿,早在1920年爷爷在编写《簠室殷契类纂》时,就已着手累积资料了。初稿完成后,他很不满意,觉得其内容不够饱满,缺乏生机,故一直藏诸箧中,未敢示人。他本想抽出时间,加力搜集更多资料,将其充实,奈何从事《古镜写影》《古陶今释》的编辑、整理、校正等工作,无暇顾及,加之年事已高,体力不支,终成憾事。《殷代贞史待征录》采用卜辞断代之说,例举殷之贞人87位,并将每一位贞人及其相关的活动予以排比,是研究殷史的重要资料。

《王襄著作选集》(上、中、下)

《汉及后汉文物举例·附新文物举例》(亦名为《两汉文物举例》)(未刊行,1960年),是研究新中国成立前后出土传世的两汉及新莽时期的文物综录。祖父在本书的序中指出,两汉400余年,中经新莽之变,传世文物甚少,幸好有“嗜古家”的收集,以及新中国成立后随大规模经济建设而进行的文物发掘,所获两汉及新莽文物较多,“凡铜、玉、陶、瓦、竹、木、漆器之属,烂然皆备,人民亦得研究其工艺且体会其生活”。按两汉、新莽各编一卷,另附图录2卷,编辑成册,“非述古,且励今”也。

爷爷还将自己一生的阅历,人生的追求,治学的态度,学术的见解等,记录在自己的“日记”“笔记”“摘抄”“题跋”“文稿”“诗稿”之中。例如,至其病逝之前,祖父辑成《簠室题跋》共5卷418篇,《纶阁文稿》共4册89篇,《纶阁诗稿》共2册312首。此外,他的著述还有:《晋斋宝藏彝器款识》(共5册)、《簠室识小录》(共2册)、《簠室杂钞》(共2册)、《簠室丛录》(共4卷)、《虞斋临古今文字》(共4册)、《簠室集古籀联语》(共2册)、《丛录备忘》(共11册)、《读书管窥集》等多部作品。

总之,爷爷一生的著作等身,论述精辟,治学严谨,一丝不苟,追求真理,矢志不渝,他对金石、甲骨之学的贡献是巨大的,他忠于祖国,热爱科学,献身事业,淡薄自甘,勇于探索,实事求是,勇往直前的精神,永为后人所敬仰与效仿。

三、热心教育事业

位于东门里大街北侧的天津文庙(又名孔庙、学宫、卫学),清末民初在天津又称府学、县学。据天津《卫志》

记：明正统元年(1436年)天津卫指挥使朱胜，将自家的住居一所，奉献出来改成“学宫”，当时称为“卫学”。明万历十四年(1586年)重修，此后不断修建扩大，至清雍正九年(1731年)天津设府、县后，将卫学改为府学，另扩建同样建筑形式的一所县学。府学与县学统称为文学，占地面积约为12107平方米，建筑面积约为3243平方米。1927年津门宿儒、天津教育家严范孙等人在此创办“崇化学会”，聘请学者讲授中国传统文化知识，成为20世纪20—40年代我国北方弘扬传统民族文化和推动天津教育发展的重要国学机构，为天津培养出许多知名的文史学者。

1935年“崇化学会”迁至文庙府学明伦堂授课。1937年因日军入侵，学会暂停办学。天津沦陷时期，日伪政权在各学校大力推行“奴化教育”，课堂上讲“兴亚课本”，学日文、说日语、大街小巷膏药旗满天飞，“强化治安”“大东亚共荣”的标语随处可见，日伪政权强迫市民“勤劳奉仕”“自肃自励”，当亡国奴还得卖命。天津人民和学生面对日军的血腥统治，有强烈的民族观念和爱国心理，在国家和民族存亡之际，他们努力寻求民族之根，追求祖国的传统文化。因此，1942年6月1日崇化学会特开设晚班，希望以国学为根基的“崇化精神”教育青少年，使青少年脱离当亡国奴的轨道，得到一种民族回归的感情。

1939年秋,爷爷辞去了长芦盐务稽核所的工作,长期赋闲,闭门家居,尽力避开来自日伪政权的骚扰和诱惑,过着清贫、节俭的生活。面对日军的侵略暴行,爷爷深感“满目悲荆棘,余生我幸存”的亡国奴生活,极其悲惨。日军推行“奴化教育”令爷爷无比愤慨,他极力推崇崇化学会的“崇乡党之化,以厉贤才”的宗旨。希望通过普及民众道德文化教育造就出一批爱国、救国的人才。爷爷认为传统的伦理、文化、道德是国民自律、自强的良药。为此,1942年爷爷出于爱国育人之心,受聘于“崇化学会”国学讲习班夜校讲师的工作,在“明伦堂”讲授《尚书》《左传》等课程。因“崇化学会”是一民间组织,经费不足,受聘的教职员仅能得到一些微薄的“车费”(即教职员的薪水)。据档案载,1945年7—12月,每半月内,爷爷的“车费”为2100元(联银券)。爷爷告诉我,“崇化学会”的“车费”虽少,却可略微补贴家中的生活开销;更可以借教书之便“以文会友”,还可以向徒弟们传授学问。当时,每天晚饭后,爷爷(年已67岁)便拿着蓝布包皮裹好的书籍,拄着一只乌藤拐杖,步行至文庙去讲课,文庙至我家(大刘家胡同)的这段路程约有半面城,爷爷考虑到自己的年龄大了,行路的速度较慢,每天去讲课,总要提前时间走出家门。爷爷为了讲好课,白天一定要认真地备课,熟读《左传》,仔细研究《左传》中的人物与事件,查找资料,整理好笔记。授课时,逐字逐句地讲解《左传》，从文字训诂到经学、史学，对学员谆谆教导，循循善诱，深受学员的敬爱。

“崇化学会”国学讲习班夜校的教员多为一些德高望重的老年学者所担任，他们的年龄大，身体弱，行路迟缓，更有些学者家居离文庙较远，遇到恶劣的天气，行动愈加困难，爷爷见此状况，考虑到因天气不好，任课教师可能不能到校上课，或迟到上课，因而影响了学员们的学习；他又想到自己家居离文庙较近，故每逢遇到风雨恶劣的天气，他就主动提出为有困难的教员代课（完全出于自愿、义务）。爷爷为了能在风雨天代好课，平时备课，还额外地阅读了大量与自己讲授《左传》关系不甚密切的课程，如《论语》《说文解字》《文心雕龙》等，为代课工作做好了充分的准备。爷爷在“崇化夜校”的授课与代课，一直持续至 1947 年（年已 72 岁）。他的这种待人友善，助人为乐的品质，得到家人、同事及学生们的赞叹。

新中国成立初，每当爷爷带我外出路过文庙时，他总要为我讲一些“崇化学会”的往事。他告诉我：崇化的同人严修、华世奎、林墨青、王仁安等都是志同道合之士，学术上有较深的造诣，对政治都很淡漠，他们讲学不取酬金，崇化同人都具有圣贤般的品格。爷爷经常对我讲起在“崇化学会”讲授《诗经》的郑菊如（郑炳勋）先生，当年已是 77 岁高龄的老人，却仍然热爱教育事业，主动捐地15亩,兴办南开学校;1942年郑老任市立第二图书馆馆长时,为不满10岁的穷苦儿童每日免费授课2小时。爷爷的老友俞品三(俞祖鑫)先生,讲授《说文解字》,生动活泼,深入浅出,通俗易懂,注意形象教学。20世纪20年代俞先生在河北第一博物院工作期间,曾为爷爷出版了《簠室殷契类纂》和《簠室殷契征文》两部甲骨文专著。天津地方史专家王斗瞻(王文光)先生,为人正直、真诚,授课认真,当年他看到日军的种种暴行后,经常在讲课中借题发挥,引经据典地揭露或抨击日伪时政。著名书法家龚望(龚作家)先生更是爷爷家中的常客,经常与祖父切磋书法技艺。总之,爷爷对"崇化学会"中的每一位同人的人品都非常敬重,对每一位同人的学识成就都极为钦佩。爷爷还经常兴奋地说,自己一生能在执教于"崇化学会"的简短时间里,结识、培养出像蔡美彪、唐石父等这样的优秀学生,感到无比的欣慰。

"崇化学会"十分重视藏书的建设,早期"崇化学会"的藏书多由社会上的名流、学者,如严范孙、卢慎之[①]

---

① 卢慎之(1876—1967),又名弼,湖北省沔阳县仙桃镇人。1905年留学日本,毕业于早稻田大学政治经济科。民国初年被荐为国务院秘书长。不久调任改院评事、庭长。卢精通目录版本学,协助其兄木斋收藏书籍,编校出版物。1925年编写《三国志集解》,凡200万言,刊行于1949年。此后,相继写成《三国志引书目》1卷,《三国职官录》1卷,《三国志地理今释》5卷。1967年12月30日病逝于天津。

(卢木斋[①]之弟,史学家和藏书家)、蔡承勋[②](曾任江西督军,藏书万卷)等人的捐赠。这些图书数量不大,种类单一,仅使"崇化学会"的藏书粗具规模。1947 年秋,爷爷的好友金致淇先生(金利生,浙江绍兴人,寓津多年。精音乐, 善藏书。1949 年后受聘为浙江省文史研究馆馆员)得知"崇化学会"藏书不够完备,有感于"力学之士得书匪易",便找到祖父,道出"愿倾所有(藏书)悉以捐赠"的心愿。祖父对"崇化学会"的建设与发展极其关切,经爷爷介绍,金致淇先生将约计 2000 种图书捐赠给"崇化学会",极大地丰富了"崇化学会"的藏书。

祖父晚年还经常忆及"崇化学会"的同人和往事,每当谈到"崇化学会"时,对崇化的感情溢于言表。

---

① 卢木斋(1856—1948),又名卢靖,字勉之,湖北沔阳(今仙桃市)人,是我国著名教育家、藏书家、刻书家,他将自己兴办实业的全部财产用于发展教育事业,先后捐资兴办了卢氏蒙养院、木斋小学、木斋中学、南开大学图书馆等多个教育场所。

② 蔡成勋(1871—1946),字虎臣,天津人。1900 年毕业于天津武备学堂。历任浙江第四十一混成协协统、第一师师长、南方征讨军第七军军长、察哈尔都督。1920 年任陆军总长。1922 年任江西督军。1924 年 12 月下野回天津作寓居,从事房地产、实业投资和慈善事业。1931 年任天津市慈善事业委员会委员和救济水灾委员会干事。

四、祖父与书法艺术

爷爷是一位甲骨学者、文字学专家，也还是一位著名的书法家。他出生在一个书香门第的家庭，自幼受到家庭的良好影响，酷爱书法艺术。其伯父王恩湛是清光绪丁丑科进士，官至翰林院检讨；父亲王恩瀚、叔父王恩泺均为举人，他们的书法甚好，尤其是叔父王恩泺更为是津门知名书法家，与天津著名学者严修、书法家华世奎、孟定生等人的交谊甚深，是津门“十老会”成员。爷爷7岁开始入私塾读书，在其叔父、启蒙老师王恩泺的指导下开始练习书法，曾祖母吕氏对他的读书学习要求甚严，几乎每天课后，曾祖母都要对他盘问学习的情况，还经常要查看他的书法练习，并规定每日必须写“大仿”。在家人的督促与指导下，爷爷的书法练习进步极大，故早年所书颇有其叔父王恩泺的意法。随着爷爷对金石学、古文字学的学习与研究，他渐渐地对清末著名金石学家、文字学家吴大澂产生了极大的兴趣，他认真研读吴大澂有关文字学、金石学的专著，尤其推崇吴氏的《说文古籀补》和《愙斋集古录》，并在书房中悬挂起吴大澂篆书的“吉金乐石”匾额，成了他最早学临篆书的摹本，此后，爷爷专心仿效吴大澂的篆书。正如书法家李鹤年先生指出的：“先生书法高古，胎息极厚，大篆直追三代，最喜大盂鼎；小篆可以方驾先秦。私淑吴大澂，实有过无不及。”此外，爷爷对楷书、行书也极下功夫，他曾告诉我，年轻时自己一人生活工作在异地他乡，为了写好楷书与行书，闲暇时分就以习字消磨时光，临王羲之、欧阳询、虞世南、褚遂良、颜真卿等名家书写的碑拓，反复练习书写楷书与行书，并研读了大量的著名碑刻拓片，如《兰亭序》《张迁碑》《麻姑仙坛记》《多宝塔感应碑》等。至晚年，爷爷教我写大字时，还特意为我从旧书铺买回一

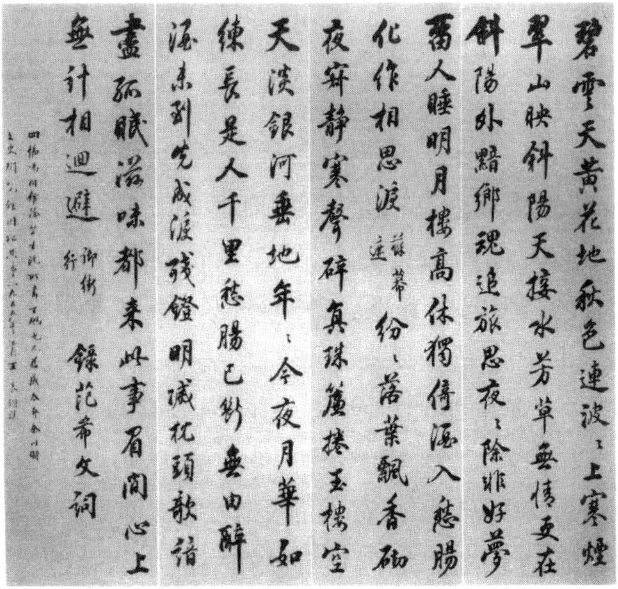

王襄书行书联

本有关“欧体”间架结构的拓本，为我讲解“欧体”的规律与写法。爷爷的楷书与行书别具一格：爷爷书写的大楷，字呈长方形，结构比例匀称，笔画横竖得当，用笔丰富、细腻，全篇浑然一体。祖父的书稿、诗稿、题跋、杂钞等均用毛笔小楷抄写而成，工整秀丽的小字，生动劲峭，犹如雕刻一般，极为精彩。

自1900年始，祖父与孟老二人已开始按照“龟甲片”上的文字，依据个人对甲骨文的理解，开始练习临摹、书写甲骨文了，从而在我国书法艺术的王国里，又增添了一颗璀璨的明珠——甲骨文书法。

爷爷的甲骨文(契文)书法艺术，依据其个人对甲骨文的理解，经过多年的实践，其书法形神兼备，既有书之韵味，又具甲骨文之深邃，他书写的甲骨文字，每字笔划粗细几乎一致，极似刀刻，坚实有力，每字结构完美、合理，他用甲骨文字组合书写的楹联、古诗词等书法艺术品，深刻地体现了殷商文字的原始性、神秘性、奇妙性，有强大的生命活力。爷爷的甲骨书法作品，在他一生的书法实践活动中，占有重要的地位，其作品具有较高

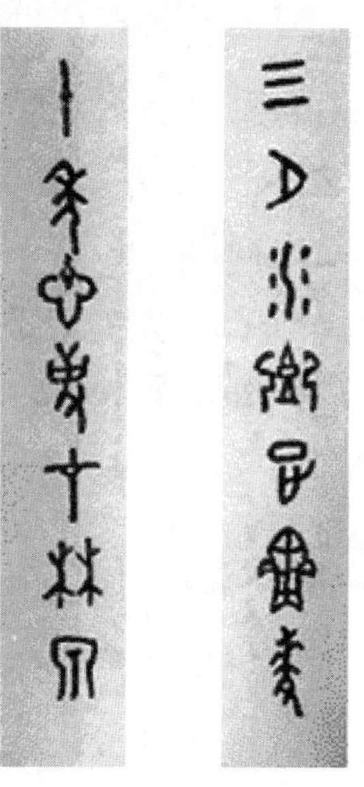

王襄书七言甲骨文对联

的艺术价值，深得甲骨学界、书法界专家、学者的称赞。

王襄书金文册页

爷爷一生研究甲骨、文字、金石、考古之学，他结合自己研究的专业，同时还研究了我国书法艺术的历史，对各种书法艺术的源流、派别、特征、碑帖、代表作品等均有涉猎，并结合自己的书法艺术实践提出见解，或总结出规律。他曾指出："秦篆以琅玡台石刻为嘉，以其为秦时之原刻也，体方而长，宜为楷模。……晚清，吴清卿(吴大澂)所书《说文》部首，及杨沂孙之篆书，颇存古法，初学者若加玩索，可识古人篆书之途径。篆字书法，应如锥画沙，自能得古人之妙。""汉隶以乙瑛碑封龙山韩任铭尚完好，初学隶者细玩焉，则可获汉人作隶之法。""楷书至唐乃集大成，凡唐人之楷书，无不登峰造极，故初学者宜从唐碑入手。颜柳尤著者，诚悬笔力强。鲁公书法正，与六书无违，宜为千录书也。至宋代书家，皆以行草名世，亦自知其楷法难胜唐人，乃致力行草，亦自掩其短耳。""作书宜求布白,结体工整在于相称,则所写之字,无不工矣。初学书者,切勿草率,草率则不工,失其规矩。凡初学者宜知提顿之法,盖书一长划,则笔锋必偏,若顿而提之,则中锋到底。"

爷爷通过自己的书法艺术实践,还总结出一些书法艺术的专集,例如爷爷早年所见"传世之百寿字,丑怪俗陋,不能言状",其"寿"字东拼西凑,毫无依据,令人得不到美感;又因昔日吴大澂曾集金石文中的174个"寿"字,书"百寿"以祝张之洞的60大寿,传为佳话,爷爷深受启发,自1926年始,依据自己多年研究古代青铜器铭文时积累的素材,筛选出彝器铭文中136个"寿"字,于1928年归纳总结出《簠室百寿字样》一卷,每字注明出处,使读者即可知每个字的来源,又可按图索骥,作进一步的研究。又如,1936年爷爷又用古籀文字(金文或契文等),编辑成《簠室集古籀文联语》(共2卷),收联语554幅,其中四言4幅、五言160幅、六言2幅、七言333幅、八言47幅、九言3幅、十言3幅、十一言1幅、十二言1幅。这本书是为亲朋故友所写联语录存后编辑的专集,或写景,或言志,或抒怀,或自励等,成为日后书写楹联的范本。此外,他还集金文、契文书写了许多诗、词语句的楹联或文字的底稿,以备不时之需。

爷爷的书法艺术门类甚多,最常见的是楹联(多为五言、七言)、条幅、册页、匾额(如大悲禅院、竹生亭等)、墓志铭(如王守恂等人)、扇面等。在不同的历史时期,他书写的内容也是不同的,有很大的变化。早年,他在扇面、册页上多摹写古器物的铭文、象形文字等,书写的楹联多为一些祝福、祝贺、期盼、思念、怀旧、自励等的诗句,如1923年爷爷在福建平潭为其弟弟王瓒、王钊二人书联为:“到此安平亦乐土,闲将文字写乡思”,道出自己的思乡之情。1929年爷爷供职于乍浦盐务稽核所,后又畅游杭州,心神愉快,特借用苏东坡句自书楹联“故乡无此湖山好,终岁宜人花木新”。1933年爷爷为其弟王钊书寿联为“寿君正逢上元节,生日再庆五十年”。1934年老人书自励联:“上寿百岁若驹光允宜自奋,寒士一生有食藉何事旁求”。

王襄为天津大悲院题写的“古刹大悲禅院”匾额

1945年8月15日，日本侵略者无条件投降后，爷爷心情非常愉快，写道："知日本降服，八年国难，一朝告靖，中心慰忭，非区区身世已也 。"为吐沦陷8年之积恨，他题词中写道："兽之猛者莫如虎，乃以文称不以猛著也。然则人之恃兵以逞，夺权攘利，将不虎若也。噫！可以鉴矣。"在题词中他特别将"虎"字以象形字写出，以表达胸臆。同年，爷爷70寿辰时，写联语自寿，并篆书"百寿"字自祝，在题记中写道："曩逢国难，几不知所终。今则大难已定，目睹太平，俯仰欣慰，不虚此生矣。"日本投降后，国民党占据天津，政治腐败，发动内战，横征暴敛，压榨依旧，物价飞涨，民不聊生。爷爷特书楷书联"陋室富破书乱帖，热肠搜冷石寒金"，借此以抒"我心有恨空填海，束手无言且咏诗"，"老逢乱世，盐米苦人……感怀题句，藉解郁何"的心境。并题词写道："近年贫病欺人，汰除壹是，默记所系，尚有四事：书、帖、金、石，昔日酷好，今犹未忘情，撰联自怡。"

王襄书七言楷书对联

1949年1月15日天津人民获得了解放，爷爷认为万方更始，坚信"共产主义就是真"

"共产党一定会成功"，期望自己衰老之年能有所作为，更期望子侄们听党的话，跟党走，做新中国的建设者。1951年他特书写一幅长联勉励子侄，其联语为："克家做人功夫基于自爱，博学多识进修惟在有恒"，并语重心长地题词道："人惟自爱，乃能立品敦行以至成人，近则为一己图事业，远为群众谋福利，胥由自爱立其初基。古今无幸成之学问，即在进修，尤在有恒。果尽力予斯，人之所能吾亦能焉，不患学问之博奥矣。"1953年6月爷爷受聘天津市文史研究馆馆长，从此与全馆同人"承市府之延揽，假艺苑以遨游。四时胜日，小集联欢"，并衷心"愿诸君抽绎夙学，发挥新智，送老著书，扶杖而观建设之成也"。当天津市文史研究馆成立2周年之际，特书联"无以岁华将至老，所期作述有千秋"，以表祝贺。此后，爷爷经常参加文史馆的各种会议与活动，出席天津市人民代表大会、天津市政治协商会议以及各种群众集会，爷爷的政治热情十分高昂。1955年爷爷欣逢80大寿，他自书寿联："老见异书学一进，今逢上寿计八旬"，联语题记为："近年读马列著作，遇矛盾之理皆能立解，且合实际，知共产之学造福社会。不图老耄得此异书，胜读礼运诸篇。因制联自寿，以志心悦。"这年秋季，时任中共天津市文史研究馆党组负责人的张羽时秘书长，连续两次来家里找爷爷谈话，随后给爷爷送来了入党申请书。当时，爷爷心情十分激动，特意找了一支新的小楷毛笔，起了草稿，工整地填写好入党申请书。1956年2月6日，81岁的老爷爷光荣地加入了中国共产党，文史馆的张羽时秘书长与国海亭秘书为爷爷带来了这一喜讯，家人们为了庆祝爷爷光荣入党，像过生日一样，特意为爷爷吃了一顿“打卤面”，以示庆祝。

此后，爷爷书写的联语无论是以契文、篆书、楷书等体，内容多于时代的脉搏相吻合，如1957年他为《天津晚报》题词是：“政清俗简，民勤年丰”；1959年赠杨鲁安联语有：“古为今用”，以及“虎踞龙盘今胜昔，天翻地覆慨而慷”；1964年书写陈毅元帅诗句：“我住江之头，君住江之尾，彼此情无限，共饮一江水”，赠予天津市文史研究馆；书写毛泽东同志的《采桑子·重阳》《如梦令·元旦》赠予北京荣宝斋。1965年爷爷已是一位90岁高龄的老人，但他仍挥毫书写出“梅花欢喜满天雪”的诗句。此外，爷爷还曾多次书写过马克思、恩格斯、列宁、李大钊、鲁迅、闻一多、爱因斯坦等人的语句，赠予有关单位及友人。

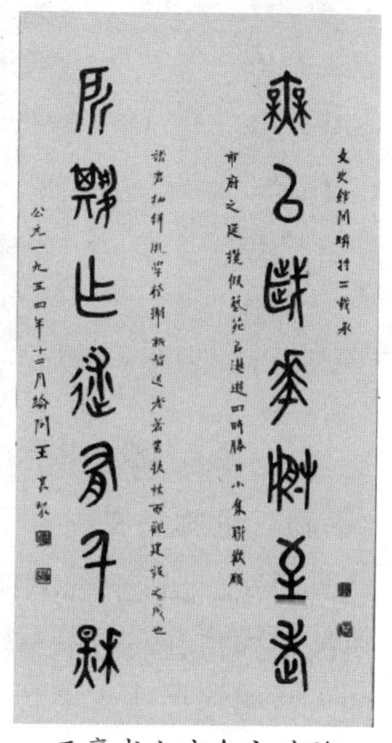
王襄书七言金文对联

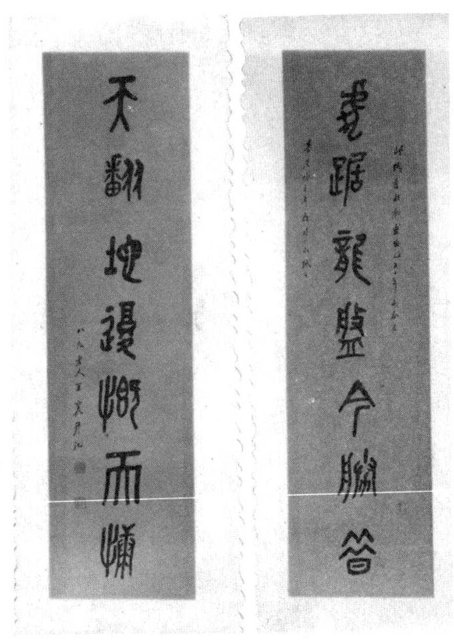
王襄的书法作品

爷爷自幼热爱书法艺术，并以书法艺术为伴度过人生，他为我们留下了许多珍贵的书法艺术作品，至今被人们所珍藏。我在青少年时期曾练习过书法，在习字之余，有机会听到爷爷一些关于学习书法论述，至今想起来，仍觉得很有意义，爷爷认为，学习书法首先要“手勤”，也就是要经常下功夫练习写字，按照碑帖摹本认真习字，把每一种字体的“神”(精髓)写出来，而不是单纯地模仿，应自成一体。其次，应该“眼勤”，学习书法的人应想尽办法多去接触甲骨、碑帖及一切带有文字的文物或拓本、拓片等，还要广见闻，多欣赏书法名家的成功作品。再次，学习书法的人应该做到“心勤”，是一位“有心人”，应千方百计地去寻找、搜集众多的参考资料，如有关书法、文字学等方面的工具书、碑帖原拓或影印件、名人名家的书法作品、关于书法的论述，等等。最后，爷爷说，书法家不是“写字匠”，单单是字写得好，还谈不上是好的书法作品，书法作品是自成一家，自有风度的艺术品，从一幅书法作品中可以看出作者的学识、修养、性格以及人生品位等。因此，学习书法最主要的还应该“脑勤”，每位“书家”要多用自己的头脑想一想，如何通过习字，陶冶性灵、增加学问、确立风格、展现人品。

过年时，中国人有写春联、春条、春帖的习俗，并用“书春”的方式，祝福新春的吉祥、快乐。爷爷对“书春”尤为热衷，每年过年时，爷爷总要让家人共用同一张册页（或红纸），书写出自己心中的祝福。正月初一上午，家人们忙着外出去拜年，爷爷却在家中一方面等待着来访的客人，一方面忙碌着“元旦书春”的事。

何谓“元旦书春”？大体上说来，就是在新春的第一天，全家人，不论男女老幼，都可以将自己衷心祝愿的一句话，用简洁的文字，亲手书写在同一册页（纸）上。这一称颂吉祥的方法，在我家源于何时，不得而知，据父亲长儒与九叔翁儒回忆，约于抗战胜利后，爷爷便用此法抒发心情，每年春节都有题字，我至今仍旧保留的一份“元旦书春”是 1947 年的“丁亥年阖家题字”，这是一张长 26 厘米，宽 13 厘米的红纸，爷爷在上面自右向左，用毛笔书写 “丁亥年阖家题字　元旦吉利　家人安吉子孙蕃昌　纶阁祝”，其后依次为父亲题“平安”，为母亲题“万事如意”，为敬儒九姑题“阖家欢乐”，为强儒七叔题“一顺百顺”，为翁儒九叔与我各写“福”字一个，等等。

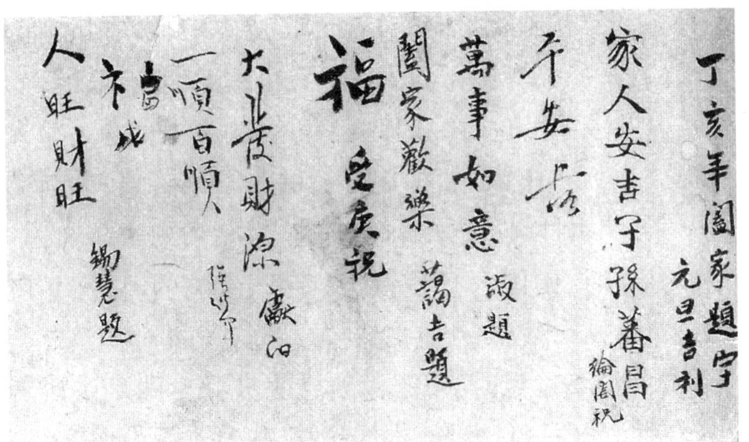

1947 年(丁亥)王襄家中的“元旦书春”

新中国成立后，人民的生活逐年得到根本的改善，社会主义各项事业得到迅猛的发展，爷爷心情十分愉快，除每年旧历春节，爷爷仍沿用“元旦书春”的方法抒发自己的情感外，公历新年元旦，爷爷也用此方法歌颂社会主义祖国的兴旺发达，直至逝世。例如：

1953 年春节爷爷题记：“元旦书春，革故取新”并记“癸巳元日，天气晴和，七八老人快意书之”。

1956 年春节爷爷题记：“元旦作字，群众日利，丙申元日，天气晴和，社会主义已达高潮，望工农联盟益固，群众日进安康，成为大同，老人亦欲尽力于万一者也，簠室老人王襄私祝”。

1964 年 1 月 1 日，题记曰：“元旦书春，凡事遂心，一九六四年元旦，纶阁八九记此”。同年春节又题记曰：

“初春试笔,百事如意,甲辰之日,纶阁题”。这年春节爷爷心情十分愉快,心中萌动了“初春试笔,百事如意”的美好愿望,并写诗一首祝问文史馆诸同志,诗曰:“计来此日皆为客,忽忽清贫过自然。差善诸君皆健者,无穷快乐颂常年。”此诗为爷爷生前所写的最后一首诗篇,衷心地希望自己的朋友、同志健康长寿、生活美好。

1965 年 1 月 1 日,90 岁的祖父最后一次书写:“元旦书春,万事从心,一九六五年元旦,纶阁说”(“说”疑为“记”字之误)。

总之,一张小小的册页(红纸),在新春(或一年)的第一天, 记录下爷爷和家人们愉快的心情及衷心的祝福,使我感到无比的亲切与鼓舞,这实在是难能可贵的,“元旦书春”一事,经常引起我的美好回忆,值得永久地珍藏在心中。

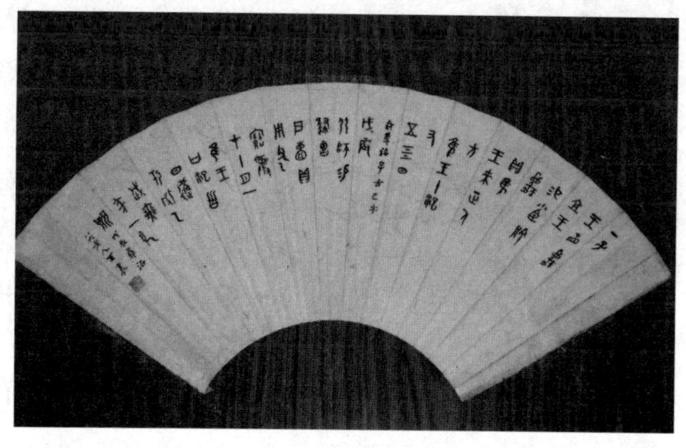

王襄写的扇面

王襄的书法作品

王襄书毛主席诗词

爷爷是一位书法家，许多人都非常喜爱他的书法作品，其中，楹联更是被人们视为极其宝贵的藏品。爷爷一生书写使用的纸张，大都是在天津“文美斋”或“同文仁记”南纸局成批购买的。书写楹联用的“宣纸”，是地道的安徽宣城等地的产品，纸质洁白、细致、柔软，经久不变，不易蛀蚀，便于长期保存。爷爷还购买、存储有大量的六吉棉连宣纸，因该纸极薄，常用以拓铜器、玉器、钱币、甲骨等专用。爷爷经常使用的稿纸、信纸除部分购于成品外，还根据实际需要，亲自烦请书局印制一部分,例如20 世纪20 年代初期,爷爷获得一枚唐代虎符,十分珍爱,除名书斋为“符斋”外,自己动手影临了虎符图像,制成锌版,先后两次印制成自家使用的笺纸(白纸、石绿色图案,竖隐条形式);20 世纪 30 代,爷爷又以白纸、竖隐条的形式印制成带有红色“蔼吉书屋用笺”字样的笺纸;此外还印有大量的红色竖条状的稿纸和信纸。爷爷除书写、墨拓用纸外,他还大量使用棉连、川连、日本美浓纸、书皮纸、元书纸等,用以装订、粘贴、修补稿件或书籍使用。爷爷一生的书稿、笔记、日记、拓片等装订工作,也都是亲自动手整理与装订的,为我们后人生活、治学树立了良好榜样。

在爷爷一生的学习、著述、生活中,毛笔是最重要的工具之一,可谓是形影不离,几乎每日都要使用毛笔,因此爷爷对毛笔特别钟爱,有着一份特殊的情感。他收藏有许多不同种类、型号的毛笔,并深知“工欲善其事,必先利其器”的道理,平日里他读书、阅报、记事时,总是找出一只经久使用的“秃笔”做记录,即便如此,用后也要将笔帽戴在“秃笔”上,安放在笔筒中收藏好。凡是抄录稿件、篆写条幅、回复信函等,爷爷必然找出适用的毛笔使用,用毕一定使用清水冲洗掉毛笔上的墨汁,晾干后妥善收藏。爷爷使用的毛笔多为当时的名牌产品,如“老胡开文”“戴月轩”等品牌。20 世纪初,叔祖父王赞(字向葵)还特请制笔商人为其兄长王襄制作了一批刻有“向葵学书”字样的毛笔，爷爷极为珍爱。

此外，爷爷为了方便练习与书写毛笔字，还购置了一些黄铜制成的圆环状、长方环状镇纸，或铜质虎、豹模型状镇纸。1934年还曾定制了几件红木镇纸，镇纸上刻有自题的铭文为：“惟兹尺木，中绳墨，镇不平，长我文房，利用永贞。”制作的黄铜镇纸上所刻自题铭文是：“廉隅自守，正直平方，居恒持重，镇静而刚。与吾默契也，用则行，舍则藏。良哉镇纸，浑朴而坚，助我挥洒，结翰墨缘。日用友善，何必汉之镜与秦之权。”爷爷还曾添置过一些竹制的雕花隔腕、黄铜的墨盒、红木或景泰蓝的笔筒、蓝青花瓷的笔洗与印泥盒等文具，为自己的书斋“簠室”，更增添诸多的书香气息。

五、祖父的印章

爷爷与其弟王赞、王钊三人，青年读书时深受家庭和长辈的影响，拜师习读经史，彼此切磋学问，相互提携，共同进步。他们还利用课余闲时，治金石考古之学，大力搜集文物、碑帖、书籍等共同研究。爷爷回忆这段生活时说：“积有微资，即购图谱书籍，或趋荒肆访古，所得者若泉货、玺印、碑志墨本”，“力所能致，皆一志搜求”。

“此彝器款识，藏之地下，显于人间，未为妄人点窜”，故“治金石学业。金可证经，石可订史，学固博奥，未易穷也”，为了研究工作的需要，爷爷三兄弟积极动手练习篆书和治印。爷爷说：“吾兄弟所制各印，纯师周秦古钤汉印等，虽不敢自诩神似，然实窥见古人之堂奥。”

王襄的印章

爷爷兄弟三人有一间书房，名曰“怡怡斋”，书斋中悬有清末金石学家、古文字学家吴大澂篆书的“吉金乐石”额，是爷爷早年学临篆书的“摹本”。待他们长大后，便将搜集得到的图书、古董文物等，摆放在这间小小的书斋里，并以所收藏的古物为书斋命名，还以自己所藏古器物名称治成印章，如他们收藏有古俑，命书斋名为“百俑楼”并治印章；他们收藏有唐代虎符，命书斋名为“符斋”并治印章；得到龟甲片(甲骨)后，更书斋名为“古龟轩”并治印章；得到王懿荣(王廉生)所藏中白作旅簠后，更书斋名为“簠室”并治印章。此外，凡得到六朝及唐人写经、古代铜佛像、古代货币、古代造像画石等古器物后，均更改书斋名分别为：“宝古经舍”“六十佛龛”“两布斋”“乐石室”等并治印章。为了表明自家收藏古物之多，更将书斋更名为“宝古亭”“萃古园”等并治印章。

此后，随着爷爷三兄弟搜集的古代文物日益增多，他们书房的斋名多次变换，带有斋名的印章治有多方，但为了说明搜集的文物是“某斋所藏某器”或“某斋所得某器”的需求，他们特治印“簠室古俑”“簠室藏镜”“簠室藏贞卜文”“符斋藏泉”“宝古亭瓦”等。爷爷三兄弟对搜集到的古器物分别作了认真的鉴定，并制印章证明之，如“纶阁兄弟审定”“簠室审定”“秦权斋审定”“纶阁赏古”等。

爷爷是书法家，也是一位古文字学家，因此他一生的书法作品、论文专著、收藏的碑帖、书籍、刊物、各种文物拓片等，均有钤章，如“簠室秦前文字”“纶阁释文”“纶阁述古”“史仓旧文”“治仓籀斯三家之遗文”“有殷文献足征”等。爷爷一生还用有大量的名章如“王襄私印”“王襄”“王纶阁”等。爷爷也存有名号的印章，如“簠室学人”“大卜世家”“北方学者”“古之闾里书师”“刘巷里人”“南里老民”等。此外也还有一些闲章，如“重游泮水”“访得殷契”“国庆十五年我寿九十”等印章。

爷爷王襄老人一生所用印章约为190方，多出自其胞弟王钊(王雪民)及侄儿王强儒(王雪民之子)之手。爷爷过世后，其生前所用印章已全部捐献给天津市艺术博物馆(今天津博物馆)收藏。

六、祖父收藏逸事

爷爷一生钟爱收藏，他自青年始，为了大力访求“宝物”（文物、字画等），经常出入于古玩店铺，每逢遇到极欲收藏的物品，便绞尽脑汁想办法购得之。一次，爷爷为了购得二枚汉代的木俑，竟将自己与弟弟王赞购买毡帽的钱全都用光了。

爷爷自幼研读许慎的《说文解字》，20余岁时他即提出《说文解字》中的古文、籀文，仅为战国时期所流行的部分文字，极不全面，若要探讨古文字的演变源流，则必须大力研究出土的古器物。他指出：“此彝器（古器物）款识，藏之地下，显于人间，未为妄人点窜。”搜集、购买文物，须用大量的资金，爷爷一生用于收藏的资金，早年是依靠家人的有限资助，待参加工作独立生活后，主要是靠每年颁发的“养老金”（国民党政府参照西方国家发放“养老金”的方法，随工资逐月发放），或从日常的生活中节衣缩食挤出来。爷爷一生的文物收藏，虽很富有，但精品不多，其重要原因之一，就是因为一个“穷”字，许多珍品虽见到摸到，却无力购买收藏。如1899年爷爷与孟定生先生在天津购买甲骨时，因都是“穷秀才”，家中财力有限，最终也仅能购得些“小块”的甲骨。还有一次(大约1950年秋季)，爷爷在城厢鼓楼附近的一家古董铺中见到一批唐人写经，约有七八卷，商贩要价是15块大洋，爷爷回家与奶奶商量，极欲购得，但终因家中无“大洋”，未能购成，爷爷为此事终生念念不忘。

爷爷收藏古物首先是为了学术研究的需要，在他收藏的众多古物中，有些竟是赝品或次品。我曾询问过爷爷，他笑着告诉我说，这些“假货”是他当年“练手”“练眼”时，当作“珍品”花钱买来的。家中有好几木箱的瓷器，全是仿宋、明、清各朝代名瓷的赝品，其中的杯、盘、碗、碟、瓶等，制作得极为精良，足可以假乱真。爷爷收藏的碑帖拓片、拓本，甚至收藏的一些古物中(铜镜、汉印、货币、玉器等)也有一些赝品和次品。爷爷对待这些假冒伪劣的东西也认真地收藏，还经常将其与“真品”相比对，找出其真伪关键之所在。他曾告诉我，在文物收藏中“没有不上当的行家”。爷爷收藏与鉴赏文物的经验，就是在假冒伪劣的文物堆中寻找“去伪存真”的本领，不断实践总结，形成一套独具风格的鉴定文物的思路与方法。

爷爷的收藏物品中有一些鲜为人知的小事，现记载如下：

1.“雌雄”箫的故事

我在上初中一二年级时，经常与同学一起练习吹奏横笛和箫，很快便掌握了要领，也能吹奏一些简单的曲调，如“苏武牧羊”“小放牛”、昆曲中的“点将唇”等。一次我在家中练习吹箫，爷爷听罢，随即为我拿出两副“雌雄”箫，并为我讲述了它们的来历。

“雌雄”箫顾名思义，是两只一对的洞箫，其形状相似，音调各异，待二人合奏时，便可发出和谐的声音，是我国南方丝竹乐中，特有的乐器；也多为热恋中的情侣所喜爱，合奏时即可传递彼此的心声，又可以作为“信物”，彼此珍藏。爷爷收藏的这一对“雌雄”箫是我的大姑妈王贞儒与大姑父李季达二人的物品。

1925年4月大姑父李季达(化名李吉荣)奉中共中央之命，与王若飞同志一道从莫斯科经海参崴(今符拉迪沃斯托克)回国。6月1日由上海抵天津，任中共天津地方执行委员会书记（后于1927年6月任中共临时顺直省委宣传部长、工人部长兼天津市委书记)，在天津工作期间结识了五四运动时期就与邓颖超、郭隆贞等一同参加斗争、后又组织天津“女星社”、大革命时期先后担任天津团地委和天津地委妇女领导工作的大姑妈王贞儒(王卓吾)，两人于1927年元旦结婚。

我家大姑王贞儒与邓颖超同是1916年夏一起由预

科升入直隶省立第一女子师范学校第十学级本科的，此后在一起共同生活学习了4年。五四运动期间，她们一起联合中西女中、严氏女中、贞淑女中等校的学生代表及其他一些职业妇女、家庭妇女等，于1919年5月25日在东门里仓敖街江苏会馆共同发起组织“天津女界爱国同志会”，大会推选邓颖超为评议委员；王贞儒被推选为执行委员；她们同为“觉悟社”的成员，彼此交往频繁，情同姐妹，形影不离，邓颖超经常来我家游玩，有时在我家住宿。邓颖超的母亲杨振德女士，为人正直，和蔼可亲，做过家庭教师教家馆，懂得些中医，是天津长芦育婴堂的一位医生，有时也来我家串门，还曾多次为我的叔伯们看过病。邓颖超与大姑妈王贞儒在革命斗争中结下了深厚的友谊。

1927年8月16日，由于叛徒的出卖，李季达与王贞儒双双被捕入狱，在狱中虽受尽酷刑，仍坚贞不屈。后经中共地下党组织发动50余家巨商出面具保，亲友也多方营救，但终无效果。后大姑妈王贞儒等数人因“罪证不足”获得释放；而大姑父李季达却于1927年11月18日下午1时在南市上权仙刑场惨遭军阀褚玉璞的杀害。此后，每当爷爷谈及年仅27岁的李季达，为了中国人民的解放事业而惨死在刽子手枪下英勇牺牲的事迹时，总是扼腕叹息。他曾多次为我讲起大姑父被捕牺牲时的情景，绘声绘色地告诉我，他(李季达)被反动军警“五花大绑地背手捆在胶皮轱辘大马车上”,“后背插上一个死犯的签儿”,站在大马车上的李季达仍然大声高呼“打倒军阀”“共产党万岁”等口号,爷爷说“李季达是好样的”。

1927年年底,大姑妈王贞儒出狱后,得知大姑父已为革命牺牲了,无限悲痛。不久,她从一位大姑父在狱中结识的友人手中,得到大姑父在狱中写给四川巫山县家人的一封信和一本当年他在法国留学时买到的字典(据大姑父在狱中的战友讲,李季达在狱中仍坚持学习法文),于是她将这些遗物和大姑父生前曾与她同使用过的一对“雌雄”箫一并存放在家中,以作永久的纪念。

大姑父李季达在给家人的信中写道:“这也许是我给家中最后的信,希望哥哥们听从我过去的劝告,不要买田,不要剥削人,要靠劳动养活自己。”他也想到监禁在同一监牢中、结婚不久的妻子王贞儒,虽近在咫尺,却不能彼此相互照顾,深知自己将为革命献身,定会得到妻子的理解和支持。后来,大姑父的家信与字典由大姑妈自行保存,这对“雌雄”箫由爷爷代为保管。爷爷每当见到这对“雌雄”箫时,便会讲出许多有关“李季达的故事”。我在青少年时期,学习吹奏横笛和箫的同时,能够聆听到爷爷讲述有关“雌雄”箫的故事,真是难能可贵。

2. 避邪的玉器

爷爷晚年在自己的腰带上经常佩戴有一些玉器,有玉佩、玉玦、玉带钩，也有玉质动物器物，如鱼、蝉、鹅等；玉质人形物；还有形状较小的石斧。爷爷手中还经常把玩一些玉琮、玉扳指等。这些玉器全部是出土的，有些还是新旧石器、商周时期的器物，爷爷十分珍爱。不过，爷爷一生收藏的玉器不多，一是因为玉制的文物具有较高的学术价值，"极品"的价格大都十分昂贵，数量又少，爷爷这位穷秀才购买不起。二是因为爷爷一生将主要精力集中于甲骨学与文字学的研究工作，无暇顾及更多领域的探究。所以爷爷只能依据个人的财力和精力，尽力收藏一些自己十分钟爱的玉器。

爷爷为什么将玉器总是要佩戴在自己的身上？就此问题我曾询问过爷爷，他告诉我说，玉是温润而有光泽的美丽石头，古人甚爱之，将其制成各种玉器，随主人入葬，有为主人祈求祝福、保佑平安之意。埋入地下多年，今又重见天日，戴在自己身上，也足可以平安度日"避邪"矣！爷爷说，自古以来，玉被比喻或象征着"洁白与美好"的人或事物，是古之君子追求做"圣贤"的一种思想境界。将玉器佩戴在自己的身上、握在手中，可以随时提示自己在日常生活中，接人待物都应仿效古之圣贤，做洁白无瑕的美玉。此也是玉器可"避邪(歪风邪气)"的另一说法。

3. 多彩的鼻烟壶

在爷爷的收藏品中，还有二三十枚鼻烟壶，放在一个小盒子里。他告诉我，嗅服鼻烟是西方绅士的一种嗜好，大约在17世纪初的欧洲特别盛行，后传入中国，在王公大臣、文人墨客以及商人贵胄中广为流传。鼻烟是一种烟草制品，其原料主要为烟叶和香料，经加工、研磨成粉状即可。爷爷还亲自配置过鼻烟，他将购得的四川老烟叶去梗去茎，然后用锅烘烤，磨成粉状，发酵后加入适量的香料，存放在玻璃瓶中备用。平时，爷爷很少嗅服，偶尔嗅闻一点。一次，我因好奇淘气，偷偷地闻了一点鼻烟，顿时将我呛得喘不过气来，干咳了半天。

爷爷告诉我：鼻烟壶是中国人的发明创造，虽仅仅流行了200余年，但已成为我国文物中的一类，值得收藏。早年，西洋人将鼻烟存放在普通的小盒子中，嗅服鼻烟时开启盒盖极不方便，存放鼻烟极易跑味。鼻烟传入中国后，聪明的中国人将鼻烟用敛口瓶收藏。大约在清道光年间，宫廷内开始制造鼻烟壶，其形制、材质多种多样，并在壶盖里添加了一小勺，以便舀取鼻烟粉。所制鼻烟壶有玻璃、珐琅、玉、玛瑙、象牙、瓷、漆等多种，其造型有扁瓶、圆瓶、方瓶、鱼形、葫芦形等多样。鼻烟壶的盖、勺也以镀金、象牙等配置。宫廷制造的鼻烟壶除少量供皇室使用外，大部分都成为赏赐品或收藏玩赏之物了。

清咸丰、同治以后，民间作坊制作的鼻烟壶大量出现，多为玻璃、瓷制烟壶，广为流传。清末，更有新创的“内画壶”出现，极为精致。“内画壶”的图案主要有山水、花鸟、人物、仕女、戏剧、民俗等，内容极为丰富，尤其是绘画工艺匠人，在玻璃或水晶烟壶内壁反向作画的技能，更增加了鼻烟壶的收藏价值，爷爷对“内画壶”的技法极为赞赏。民国初年，爷爷曾搜集了一些鼻烟壶，终因财力不足，收获甚微。爷爷的鼻烟壶多为“内画壶”，以山水、花鸟为主，间或有几枚仕女图案。有时，他以观赏鼻烟壶或嗅服鼻烟来调剂生活。

爷爷逝世后，家人遵照其遗嘱，将鼻烟壶与其他文物一并捐献给国家了。

4.“灵云”尺八

爷爷的收藏物品，其种类可谓是包罗万象、数目众多，物品中如甲骨就有4000余片；铜镜、泉币、碑帖、字画等各有上百余件；古俑、古瓷、古玉、古陶等各有几十件；金石文物等多则十几件，少则几件或一两件。爷爷对每一件收藏物都经过认真的研究，并能述说出其主要的特点，例如1949年年初，爷爷从鼓楼东的一家古董店里（坐落在鼓楼东“东广泰”百货店旁）购得一件乐器：竹制，管状，其形状似洞箫，长约45厘米，直径约5厘米，有六孔（五孔在前，一孔在后），可竖吹，正面跟部刻有

“灵云”二字。爷爷先后查阅了许多图书资料、图片,并写信直接向当时校址在天津的中央音乐学院的老师们请教,后得知此乐器名曰“尺八”。尺八是流行于我国的一种吹孔气鸣乐器,音响及演奏方法与洞箫相似,但管身较洞箫短而粗,声音洪亮,大于洞箫,相传在我国唐朝时出现,因其管长约为“一尺八寸”而得名。有古尺八(即唐代尺八)、宋尺八、南尺八(即现代福建南曲中所用尺八)以及日本尺八多种之分。爷爷所得的“灵云”尺八,就是一件日本尺八,制作时间大约为清代中叶。日本尺八原系我国唐代尺八,于8世纪传入日本,可分为多种,如:雅乐尺八,用于演奏雅乐,在平安时代(794—1185)已消失。一节切尺八(又名一节切),因只用一个竹节而得名,曾在武士、僧侣中流传。普化尺八(简称尺八),由一节切演变而成,用靠近根部的竹管制作,现今仍在流行。爷爷将有关尺八的资料做了详细的记录,并从中央音乐学院的老师们处得知, 尺八仍为中国民族音乐中所需要的乐器,又因家中无人会吹奏“灵云”尺八。后来,爷爷便决定将“灵云”尺八赠送给中央音乐学院,供其教学与科研使用。

5. 埃及造像拓屏

20世纪50年代初期我上中学后,开始学习世界历史,对世界古代史与中世纪史尤感兴趣。有一次在课堂上老师讲授了古埃及的历史，埃及法老的金字塔、木乃伊极大地吸引了我，但书本中内容太简单，不能满足我的好奇心，我便跑到新华书店去查阅、购买相关图书，但我的希望还是落空了。祖父得知后，随即让我从存放字画的大柜中取出4扇已装裱好的挂屏打开观看，每扇挂屏长约3尺余长，1尺余宽，画面均为古埃及造像石的拓片，这是我首次见到爷爷所藏的埃及造像拓屏（现存天津博物馆），当时心情十分兴奋，极想知道与这几扇挂屏的相关故事。

爷爷告诉我，大约在20世纪二三十年代，他从古董商贩手中购得此4扇埃及造像拓屏，当时心中十分激动，深感在中国能获得异国的古代造像石的拓本，实属难得，当即书写“题跋”以记“获宝物”的愉悦心情。爷爷说，古代埃及是一个文明的国家，金字塔是古埃及奴隶制帝王（法老）的陵墓，流行于埃及古王国至中王国时期，因其形体呈四角尖锥形，与中文的“金”字相似，所以我国习惯称之为金字塔。金字塔多用石料砌成，当时人们认为，人死后，只要妥善地保存遗体，灵魂才能有所寄托，所以将遗体制成木乃伊，存放在金字塔内，才能永久地保存遗体与灵魂。最大的金字塔是开罗附近的古王国第四王朝法老胡夫的金字塔（亦称大金字塔），约建于公元前27世纪，原高146米，塔基每边长232米，用大约230余万块、每块平均2.5吨的石材砌成。塔内有甬道、石阶、墓室等,由奴隶们用了30余年的时间建成。胡夫金字塔旁有法老哈夫拉(约公元前26世纪)的金字塔和他所建的斯芬克斯的雕像(即狮身人面像)。金字塔内还有许多随葬物品,陵墓的墙壁上雕刻、绘画有精美的图案或文字 (金字塔文)。但遗憾的是由于埃及国力的败落,金字塔中的各种遗物如木乃伊、陶器、石器、青铜器、家具、雕像、装饰品、纺织物、雕刻、绘画艺术品、墓碑、壁画、浮雕等等,多遭外来入侵者的劫掠,受到严重的破坏,许多文物至今仍散失流落他乡。

爷爷十分喜爱这4扇埃及造像拓屏,每当他观赏这4扇埃及造像拓屏时都有着无限的感慨,例如1931年,爷爷正在湖北省盐务稽核所新堤分所工作期间,日本发动了九一八事变,强占我国东北三省,不久又侵占我国热河省,面对外敌压境,山河破碎的时局,爷爷心中无比愤慨,他便借《再题埃及王像拓本》(简称《再题》)以抒己愤,题跋中写道:“埃及王墓为英人扬者,多获得古尸及送死器物,辇至伦敦博物馆陈之。某代某王,复参稽史乘,详著于录,明昭世人。哀哉国亡,死者之墓亦不得保,至堪痛矣。癸酉三月三日闻热河之警,慨而书此。”

1937年7月7日,日军发动卢沟桥事变,抗日战争全面爆发,一介书生的爷爷便以“咏诗抒愤”表明心志,诗曰:“放眼河山剧可悲,人间非复太平时。私心有恨空填海,束手无言且咏诗。善处知交皆莫逆,菲才回应未咸宜。年来世变何由靖,坐对寒灯仔细思。”爷爷再次在这4扇埃及造像上题诗曰:“日对此神近在咫,未修顶礼荐苹芷。平生风马怪迂谈,垂老何心醉淫祀?片石传自五千年,笔法道健事奇诡。初民一例媚神权,古趣为之谭可喜。壁间取作画图看,神如有知答以问。”

1944年9月,在日军铁蹄蹂躏下的中国人民在水深火热之中已生活长达7年之久,爷爷感时忧患,无时或已,又一次借题埃及造像拓屏以抒胸中的积愤。他在《题埃及造像拓屏》中写道:“甲申(1944年)晚秋,张此墨画,重览旧题(即1937年题诗),匆匆又七年矣。哀今风物凋零,时事乖变,颠沛苟生,莫知终极。昔之旷逸情怀,不觉怅然顿失。”其后,题诗2首,诗前小序记曰:“甲申九月,题埃及画像,感时虑患,百忧交乖。逾时读之,词伤激楚。念顽钝无能,空嗟何补?因制短篇自嘲。”诗曰:“今我生近七十年,托命儒冠安以全。何因枨触心悒郁,发为激语悲鸣咽?顾瞻河山纵多故,百年安有长烽烟。蚩尤横扫日中丽,衣冠重见汉家研。撼树当车匹夫量,辍耕揽辔不世贤。平生读书窥一管,杞人不揆漫忧天。力搜殷契埋藏史,心折唐贤风雅篇。有味寒宵进煨芋,饮干石铫百沸泉。眼前橙菊正滋郁,列几又荐瀛海仙。一梦迷离有乐土,武陵召我归未便。”《再题》:“四幅埃及画像,既题诗其二,此幅空处不可无诗,补之,率写廿八字:尼罗河畔五千载,更历中邦四十秋,独立无言微自惜,共君冷眼看神州。”

日本侵华战争改变了爷爷的生活，他心情郁闷地写道：“昔之旷逸情怀，不觉怅然顿失。”此后爷爷便将此4幅埃及画像拓屏一直珍藏多年，且不时地将拓屏悬挂在故居（东门内大刘胡同15号）堂屋的后墙上以“补壁”，致使拓屏纸质变黄，显得格外的苍老、陈旧。

1961年春季，我为爷爷整理所藏字画，再次见到了这4幅埃及画像拓屏，爷爷看到拓屏上自己书写的题跋与诗句，无限感慨，激动不已。他对我讲，古埃及王国因被外族入侵灭亡，致使古墓被盗、文物外流殆尽；我们中国也因皇帝（或当权者）昏庸无能，政府贪官的腐化堕落，致使国力衰败，尤其是近百年来，外国列强入侵，加之文化间谍、特务与中国的汉奸、卖国贼相互勾结，他们打着传教、考察、探险等名义，也盗取了大量的珍贵文物，如殷墟甲骨、居延汉简、敦煌晋与唐人写经，以及青铜器、石刻、雕塑、碑拓、古甬、古籍，等等。可喜的是，新中国的成立，彻底地结束了列强侵略中国的历史，在中国共产党的领导下，人民成为国家的主人，国家的种种文物、图书典籍，必将得到有效地保护。爷爷十分庆幸能为自己珍藏的殷墟甲骨片找到一个安全、可靠的归宿。爷爷还嘱咐，待他“百年”后，仍希望将自己一生的珍藏，全部献给国家。1965年爷爷病逝后，我们遵照其遗愿，将其一生珍藏的各种文物、图书、手稿、字画、印章等全部捐献给国家，了却了爷爷的心愿。

6. 无人识别的碑文

在爷爷的收藏中，有一幅无人识别的碑文拓片，这是20世纪50年代中期，有一次我和叔父翁儒先生帮助祖父整理碑帖拓片时发现的。经询问爷爷，他给我们讲述了一段有趣的故事。

1925年11月—1929年9月期间，爷爷在四川省一些地方做盐务稽核所工作，同时继续研究古文字，并热心于考古、文物的搜集工作。他在四川搜集到的众多文物中有一方残碑，碑的顶部四周成半圆形，似乎有一圈文字环绕；中间部分有不规则的文字排列；底部残缺。碑上的“文字”笔画虽清晰可见，但却无法辨识字义，通篇不知所云。据爷爷考证，此碑于清末在四川盐亭出土，因碑上的文字无人辨识，故当地人称之为“蛮碑”。

清末民初，四川军阀连年混战，此碑随战乱丢失了数十年后，于1929年左右在一所学校里再度发现，此时，该碑遭遇兵灾多年，碑身已折断，仅存有碑的上半部，下半漫灭。爷爷说，中国是一个多民族的国家，新中国成立前，有的民族有自己的语言与文字，能说也能写；有的民族只有民族的语言而没有自己的文字，只能说而不能写；还有的民族仅存有民族的文字，而没有民族的语言，既不认识民族的文字，也不会说民族的语言，此种情况，在世界的历史中也可找见，如古代的埃及、巴比伦只留存有文字，而无人认识，更没有人能讲古代的埃及、巴比伦的语言了。“蛮碑”的出土，证明了我国四川自古就是一个多民族聚居的地方，“蛮碑”上的无法辨识的文字，很可能就是一种古代少数民族的文字，如今此种文字已经死亡，无人识别了。“蛮碑”当属我国西南地区某一少数民族的文物，是研究我国少数民族的文化、历史的重要实物，爷爷为此特意访问了一些川中的老人，据老人们讲，古代四川地区各民族杂处，为了区分、判断一个民族的居住、活动范围，“蛮碑”很可能是界石之类的东西，是属于只有文字传世，而没有人能辨识的一类的少数民族文物。

爷爷得到此残碑后十分高兴，亲自制作了四五份拓片，以备研究、考证之用，衷心的希望能有专家、学者辨识其文字，破译此残碑的内容，并写诗赞之：

我客蜀中获石墨，更为艺苑增新知。
龙蛇满纸势飞动，点画入目惊魂奇。
象形会意两难识，庐梵千载遗型垂。
蜀北汉初蛮獠荒，此碑无乃其刻辞？

翁儒九叔为了让更多研究少数民族文字、历史、文物、考古的学者专家能了解此残碑的概况，共同辨识与解读其文字与内容，曾将该残碑的拓片公布于1957年的《文物参考资料》第10期上，但遗憾的事，至今该残碑的文字与内容，未能破解。

7. 毛片儿、火花及其他

我上小学三四年级的时候，经常与同学一起在学校门口的卖零食与玩具的小摊上，买些毛片儿玩。放暑假时，经常有几位同学到我家中玩“拍毛片儿”，因此，毛片儿在我的心目中占有重要的地位。

爷爷知道我很喜爱毛片儿，曾为我特意找出许多毛片儿，并告诉我说这些毛片儿是从奶奶吸过的香烟盒中找到的。20世纪初期，天津已有20余家烟厂，如华商经办的北洋、临记、五兴烟草公司，日商经办的岩谷、东亚烟草公司，希腊商人经办的协和、正昌、普罗斯烟草公司，世界烟草托拉斯英美烟公司开办的大英烟公司，等等。这些华洋烟商为了争夺市场，使用了多种竞争手段，在香烟盒里包装有小画片就是一种重要的方法。这方寸小画片，一面是图画，另一面是厂家的宣传广告，人们称此种小画片为“烟画”“纸烟画片”“香烟牌子”“洋片儿”“毛片儿”等。正面图画的内容可谓是包罗万象：有中国文学故事、仕女人物、花鸟鱼虫、名胜古迹、戏剧、脸谱等，制作精美，印刷精致，极受消费者的喜爱，也是厂商争夺市场的重要宣传品。爷爷虽不吸烟，但对毛片儿的收集却极下功夫，奶奶每吸一包香烟，他都要将烟盒中的毛片儿找出来，认真分类。因每一种香烟的毛片儿，都独自构成一个系统，要想凑齐同一类的毛片，则必须抽同一品牌的香烟。爷爷为了得到一套较为齐全《封神榜》《三国演义》及名胜古迹等毛片儿，竟让奶奶在两年多的时间内，连续吸食天津正昌烟草公司出产的“红帽”“双妹”“山东”等牌号的香烟。另外，爷爷搜集的毛片儿中还有老“品海”牌中的《水浒传》一百单八将人物；“哈德门”牌中的江南风物；“红锡包”牌中的《红楼梦》人物等，可惜的是这几套毛片儿，都很难凑齐全。

我少年时，爷爷曾为我用毛片儿讲过一些故事，例如《封神榜》中的哪吒、托塔天王李靖、姜太公等人的故事；《三国演义》中的“桃园三结义”“草船借箭”“空城计”等以及《水浒传》中的“智取生辰纲”“逼上梁山”“三打祝家庄”等故事。这些人物与故事极大地吸引了我，为我以后学习历史、阅读古典文学作品，打下了良好的基础。

另外，爷爷也少量收藏同样具有宣传作用的包装装潢广告——火花。火花就是贴在火柴盒上的一种火柴品牌的标签，大约于19世纪80年代初在我国出现，初期，火花的画面构图与色调较为简单，且常以文字为标，如“双喜”“福昌”等，多以动物、景物、器物为图案，如“雄鸡”“军鼓”“金鼎”“飞轮”等，或以反映百姓生活、民俗文化为内容，如“麒麟送子”“福禄寿”“连(莲)年有余(鱼)”

等图文,颇受民众欢迎。爷爷收藏的火花,早期的极少,他曾告诉我说,早年曾认为火花图案构图简单,品种单一,无收藏的价值。20世纪50年代后,天津的火花题材多为反映新中国经济建设成就的内容,印制也较为精致,爷爷对庆祝新中国成立10周年的“北京十大建筑”、苏联发射的“第一颗人造卫星”、“莱卡”小狗等火花制品作了一些收藏。

爷爷有一个习惯,平时每见到家中一些自己认为值得保留或值得纪念的物品和文字,便默默地保存起来,因此爷爷的收藏品中(除图书、文物、碑帖、字画等外),各种物品应有尽有,小件的有信封、信纸、邮票、来往的信件、日历、台历、名片、请帖、戏单、节目单、火花、烟画(毛片儿)、广告、报纸、杂志、剪报,甚至烟盒纸、糖纸、药方、产品介绍等;大件的有祖辈在清末做官时使用的袍套靴帽、顶戴花翎、补子朝珠、花盆、花籽、鸟笼、蛐蛐罐、风筝、缠绕风筝线的绞车、习武练功用的木质大刀、宝剑,等等。爷爷对每件物品,几乎都可以说出它们的来历与保存价值。爷爷诸多的收藏使我大开了眼界,学到了许多意想不到的知识,更使我从小养成了爱好收藏的习惯。

七、祖父的接人待物

爷爷王襄一生长期闭门谢客,居家著述,好像是一位与世隔绝、过着消极闲居生活的隐士,其实不然,他数十年如一日,勤奋著作,淡泊自甘,过着清贫的生活,却把全部精力献给了学术研究工作,他热爱科学,热爱生活,为人正直,待人友善,助人为乐,办事公道,爱憎分明,极为家人、亲友及弟子们的敬爱。我谨录几则轶事为例。

1. 工友式的校长

民国初年,随着清代科举制度的废止,一批新式的公、私立学校雨后春笋般地相继成立,与大刘家胡相联系的二道街地区的居民,无论贫富都极为重视子女的教育问题,为满足百姓子女求学的要求,坐落于大刘家胡同中部的私立淑修小学便应运而生。

私立淑修小学校, 成立于 1918 年由部分乡绅集资并组成校董事会,聘请曾任天津普育女学的讲习张寿先生[①]任校长。在我的印象里,私立淑修小学是一处独门独

① 张寿(1877—1947),字君寿,号铁生,天津人。对旧学颇有造诣,能诗,富于收藏,书法尤精妙,对津门书法界极具影响。

院的大型宅院，穿过大门楼，走进大院，迎面是一道木质的二道门和木板条栅栏，穿过二道门，院内四周约有10间平房。学生大部是附近的居民子弟，教职员人数不多，教学多为复式教学，学生学习成绩一般，至1949年前夕，学生日渐稀少，近乎倒闭。

1943年，张寿先生因病再不能继续担任淑修小学校长的职务，经乡亲们推荐，校董事会决定，聘任王襄老人出任淑修小学校的代理校长，主持校务。因学校的经费极为缺乏，只能聘请一位工友，负责学校的各种勤杂工作。当时，由于老城厢内没有给排水设施，因此淑修小学校也没有上下水道的设备，饮用水有工人用水车送水，污水则用“泔水梢”(木制水桶)收集后，由工友负责运送到校外，倒在地沟里。爷爷担任代理校长后，除到校主持工作外，每到下午放学后，还经常主动帮助工友(一位长者)，两人共同抬着“泔水梢”，将污水倒在外面的地沟去。另外，冬季来临，学校教室要升炉火，清晨爷爷还经常到校帮助工友清理炉灰、搬运劈柴、煤球，生炉子点火等。学校的师生见到此情此景，极为感动，称赞爷爷王襄老人为“工友式的校长”。有一次过春节时，爷爷还特意为学校的大门书写了一副春联，与学校师生共度佳节；祖父曾多次为教师辅导备课、为校方筹措经费、联系教室维修等，为私立淑修小学校做了大量的工作。

2. 司机小马叔叔

1953年6月27日，爷爷受聘于天津市文史研究馆（简称文史馆），并任职馆长，喜讯传来，全家人异常兴奋，深感党和人民政府对祖父的爱戴与器重，以及对我们全家的无微不至关怀。爷爷更认为自己身为耄耋之年（时年78岁）一老翁，尤能为国家效力，实为人生一大幸事，同时也意识到，今后任职期间的责任重大，自己应竭尽全力，服务于国家。

爷爷参加工作后，社会活动频繁了，加之爷爷的年龄较大，为了便于工作，机关领导考虑决定为其配备一辆专用交通车，并从市政府车队调请一位姓马的司机。马司机第一次来家时，爷爷介绍说这是小马叔叔。小马叔叔是一位天津人，操有一口纯正的天津话，20多岁，身材不高但很健壮，据说是一位转业军人，思维清晰，工作麻利，说话具有幽默感，又平易近人，我很快就喜爱上了小马叔叔。因工作需要，此后4年多的时间里小马叔叔经常出入我家，跟随爷爷去参加天津市人民代表大会、天津市政治协商会议、文史馆及其他的各种工作会议等等，直至1957年7月爷爷不慎腿部骨折，加之年事已高，不便行动，小马叔叔与爷爷和我家的友谊才告一段落。

小马叔叔初次开着汽车来我家时，考虑到爷爷年老体弱，便将汽车开进胡同停在我家门口，尽量让爷爷少走路。当时汽车较为罕见，故街坊四邻立刻围拢观看，并议论纷纷。因大刘家胡同较为窄小，仅可单行一辆汽车，当爷爷登车后，小马叔叔又须将汽车缓缓倒行，驶出胡同，极不方便。爷爷历来反对“张扬之举”，见此情景，便向小马叔叔提出，汽车再来我家，一定要停放在大刘家胡同以外，自己步行去登车，这样既可避免邻里围观，又便于行车，此后，爷爷外出一定要步行出胡同，然后再登车；外出乘车返家时，必将车子停在东门里大街上，下车后徒步回家。

20世纪中叶，天津市政道路建设发展缓慢，老城厢道路和胡同的地面仍是泥土地，爷爷故居的院落地面也较之胡同路面略为低矮(如“三级跳坑”)，每逢雨雪天气街道、胡同的路面一片泥泞，难于行走；雨季到来，爷爷故居的院落必存有积水，出入院落定要蹚水。每逢此时，小马叔叔开车来接爷爷外出，一定要背着爷爷蹚水走出院门或胡同，走到东门里大街去乘车。后来，爷爷觉得在雨雪天里让马师傅背负着自己蹚水登车“极为不妥”“心里过意不去”，便决定，凡是雨雪天气外出，必让家人照料，自行至胡同口，等着马师傅开车到来，返家时也定让家人去迎接。

爷爷认为公家分配给他使用的汽车，只是“为办公事用的”，“是公家的车”，只有当他外出开会或去文史馆办公时，才搭乘汽车，家里无论何人都不允许搭乘“公车”。记得1955年秋末的一天下午2点多钟，奶奶要去东马路新华戏院看京戏，正好当日下午小马叔叔也开车来接爷爷去文史馆开会，小马叔叔考虑到当时的天气阴冷，寒风阵阵，唯恐奶奶外出遇风寒生病，就向爷爷建议让奶奶顺路搭“公车”前往戏院。爷爷听罢淡淡一笑，以奶奶乘汽车“不惯”为由，婉言谢绝了小马叔叔的建议。

爷爷担任公职后，虽已年迈体弱，但仍尽力参与公务活动，有时需整日或连续多日开会(如参加市人民代表大会、政协会议等)，甚至晚间也需工作，爷爷仍坚持参加活动。此时，司机马师傅的工作便繁忙起来，每日早、中、晚都要开车接送爷爷外出开会，为爷爷保管文件、照料爷爷的起居饮食等，爷爷及家人见到小马叔叔如此情景，心中无限感激。爷爷经常告诫家人：“不要亏待了人家(指司机马师傅)。”爷爷平时就在家中预备好烟、好茶，准备随时招待小马叔叔。

小马叔叔与爷爷及其家人的交往与友谊是短暂的，却是深刻的、永久的，至今使我难以忘怀。爷爷对待小马叔叔那种和蔼可亲、平易近人的态度，以及爷爷为人正直、真诚朴实的人格，洁身自好、公私分明的生活作风，是我一生为人处世的风范。

3. 干奶奶——李妈

1909年(清宣统元年)农历腊月十三日,爷爷的长子出生了,这是“翰林院王家”的一件大喜事,全家老小一方面庆贺“小少爷”的诞生,一方面为迎接“庚戌”年春节的到来做着各种准备工作。祖父深感自己34岁喜得幼子,格外高兴,从此“书香门第”之家将后继有人了。祖父深信“欲高门第宜读书”,殷切希望子孙们以先人为榜样,勤奋学习。为此,祖父特为长子取名曰“长儒”,寄希望于儿子不断地增长知识,一生一世作“读书人”,以继承家业;同时为“长儒”取字“茂宗”,希望王氏家族永久、茂盛、美好地生活下去。

长儒出生后,因祖母杨时身体虚弱,奶水不足,无法喂养,全家人都很着急,最终,邻居井家的一位儿媳妇出面介绍,特请其一位远房亲戚的嫂子李氏来做奶妈。

李氏,静海县唐官屯人,年龄约19岁,比祖母杨时老人小六七岁,身材不高,体魄健康,生有一男一女,其第二个儿子刚刚出生便不幸夭折。她来到我家时见到食水不周、生长不佳的长儒非常心疼,随之便答应留在王家做长儒的奶妈。从此,大刘家胡同15号内有了一位李妈,长儒有了一位干妈。

李妈精明能干、年轻力壮,除了做长儒先生的奶妈外,渐渐地担当起全家的保姆工作。随着王家生活的败落，财力不支，原来任用的家人、厨师、保姆便相继辞退，但李妈始终被任用。后来长儒的弟弟、妹妹相继问世，李妈又成了弟妹们的保姆。民国以后，王襄老人就职于长芦盐务稽核所的工作，在长达25年的时间里，奔波于闽、粤、蜀、浙、鄂诸省，家中的诸事均由祖母杨时老人料理，奶奶深感力不从心，便依靠李妈帮助，此后李妈就成了我家的“大管家”了。家中的日常生活、起居安排、节日庆典、婚丧嫁娶、生日满月、迎亲送友等，李妈都参与其中。李妈在长儒及其弟妹的心目中便成了真正的“妈妈”了。李妈居住的南屋是我家的“仓库”，它既是我家的厨房、饭堂，也是祖父的文物、图书、衣物的储物间，这里的箱柜都不上锁，平时均由李妈保管，一切财物从不遗失。

1939年天津市正逢日伪统治，七八月份天津地区更遭台风的袭击，出现了二次大暴雨，8月19日大水冲入市区，8月20日各处防水堤坝决口，市区除北马路、意租界以及子牙河南岸等高地外，天津市78%被淹，受灾人数达65万左右，各地逃到天津的难民约有5万人，全市被淹1个半月之久，天津地区受灾最为严重。祖父面对“大水”殃及宅院的恶劣情势，又恐日伪文人墨客以“水灾”为借口强行索取、购买甲骨、墨宝的骚扰，全家人惊恐万分，决定暂时移居英租界的永兴里“避难”(1930年清末太监小德张购地建房成巷，取其“永存堂”号并兴旺之意而命名），家中仅留有少数人护院。经爷爷、奶奶和家人们的共同研究，一致决定将护院的重任交给了李妈。祖父为了确保存放在大柜中的甲骨不被水淹，特意将装有甲骨的纸盒放在大柜的顶层，四周用衣物垫牢，并嘱托李妈要经常查看。

李妈待避难的人员迁出宅院后，便与其他的护院人员搬来"八仙桌"、条几、椅子、凳子等围绕着大衣柜及其他存放文物、图书的柜子搭建起来，以预防"大水"到来时可及时方便地转移、查看。李妈与其他护院人员分工合作，每天分班值日，就这样坚持了约两个月。待水灾过后，家人返回旧宅，察看大柜中的衣物和甲骨安然无恙，爷爷才放下心来。

30 年代以后，长儒及其弟妹们相继各自成家独立，每个家庭又诞生了一批新生儿。李妈这位父辈的"干妈"，自然就成了我们孙子辈分的"干奶奶"了。平时，干奶奶在照顾爷爷和奶奶日常生活的同时，对我们这些干孙子、干孙女主要是照顾日常的饮食起居，按季节为我们烹制可口的饭菜，尽量做到荤素搭配，干稀搭配，夏季为我们熬好绿豆汤、酸梅汤，买来西瓜，冬季为我们准备好热乎乎的早点，清晨叫醒我们起床去上学，晚间催促我们早早上床休息。每逢刮风下雨、大雪纷飞的时节，干奶奶更是主动地接送我们去学校……总之，干奶奶就是我们的亲人。

我的父亲王长儒、母亲朱学淑以及各位叔叔、婶母、姑姑等，对干奶奶也十分尊重，平日称呼她为“妈妈”，年节假日还送给“妈妈”一些小礼物，并介绍她的儿子到长芦盐厂工作，安排她的孙子到天津市来上学，如同一家人。

1965年干奶奶已经七十五六岁了，体力不支，疾病渐多，她到我家生活已经半个多世纪了，此间，她回老家探亲仅四五次，实在是不容易。家人们打算为她晚年的生活做些安排，希望她能在津安稳地度过一生。但干奶奶执意不肯，坚持要“落叶归根”“魂归故里”。当年秋天，干奶奶终于返回了唐官屯。

“文化大革命”期间，干奶奶非常惦记、想念自己抚养过多年的儿孙，便又从静海县三次来津探望，并给我带来了她亲自收获的玉米、豆荚、蔬菜等。大约于1969年春季因心脏病而逝世。

八、祖父的养生之道

爷爷是一位长寿的老人，享年90岁。爷爷的长寿秘诀，得益于他一生有一套适合于自己的生活方式和养生之道。爷爷是一位学者，他一生把“治学求知”摆在首位，深知从事学术研究，需要有强壮的体魄与智慧的头脑，因此爷爷一生，极其注意身体的健康。

爷爷长期生活在外地，养成了一种保养与锻炼身体的方法。一年四季每日清晨起床后，他总要用冷水（或温水）擦洗上身，即使是数九寒天屋中的煤炉还未点燃，也是如此，这种习惯他一直保持到1957年7月，因腿部受伤后，生活不能自理，才被迫终止。

爷爷自退休后，便主动担负起为家人每日购买饭菜的任务。买菜要到南门外的菜市去，一来，菜市的品种齐全，鲜鱼水菜、鸡鸭鱼肉，样样俱全，价格便宜；二来，菜市距我家约一里多地，来回约二三里地，爷爷便把步行买菜当作一种运动，缓行散步，锻炼身体。爷爷购物很少划价，看好了需要购买的物品，付钱后便一走了之。爷爷的饮食生活习惯极为简单，粗茶淡饭，以面食为主，唯独对水产品（鱼、虾、蟹等）特别钟爱，水产品无论大小、优劣，也无论产自（江河湖海）何处，都可作为美食。有一年腊月的天气异常寒冷，滴水成冰，家人想在寒冬里吃一顿“烙饼韭菜炒蟹黄”的午饭，便让爷爷去鱼市采购。爷爷到鱼市后，发现仅有少数几家商贩出售剥好的蟹黄，而且蟹黄的块儿小，表面颜色晦暗，不够理想。又走了几家摊位，见到一处摊贩出售的蟹黄，表面块儿大，颜色鲜艳，十分好看。爷爷便付钱购买斤半蟹黄，兴冲冲地拎回家，放在厨房的菜板上，准备使用，到中午时分，因厨房室温较高，放在菜板上的蟹黄已化解成为一堆黄色的污水，到处流淌，并散发出阵阵难闻的鱼腥气味。家人们见到此情此景，先是埋怨爷爷上当受骗，没有认真辨别"蟹黄"的质量，进而查看大块儿的"蟹黄"，原来是用一些胡萝卜伪装后，掺和些"蟹黄污水"冰冻而成。当时家人十分气愤，定要找商贩去评理。爷爷先自责自己的粗心大意，导致上当受骗；进而又劝告家人接受教训，自认晦气，并分析此事缘由是因商贩的生活困难所造成。商贩此举固然不可取，为了生计，使用此等手段，家人也应宽容对待，只好下次购物时应慎之又慎。爷爷的一席话，平息了家人的愤懑。

后来，爷爷因年事过高(80岁左右)，在家人的劝阻下，才终止外出购物。即便如此，爷爷仍在家中坚持定时在屋子中、院子里散步的习惯。他的平日生活极其简朴平淡，几近于清苦，一生从不吸烟，不过量饮酒，更不戴金银首饰；穿着是我母亲为其缝制的衣服，冬季里一身蓝布棉裤、棉袄，外出时加一件蓝布棉袍，头戴一顶"风帽"，脚蹬一双家做的青棉鞋(或买的毡靴、草鞋)；春秋季，着一身漂白的单裤褂；夏季三伏天，上身仅穿一件"兜肚"系在胸前，一年四季布鞋不离脚。爷爷的牙刷几乎用到秃毛；用过的毛巾和手帕，隔着"布"几乎可得看见人。家中生活困难时期，爷爷清晨刷牙用最便宜的"牙粉"或"再制盐"(细盐)。他喜欢京戏、杂耍，但却很少走进戏院，只是听一听“三灯”的收音机过一过“戏瘾”。他经常用祖母吸烟后的烟盒纸做草稿或便笺。爷爷平时极少吃零食，一日三餐，粗茶淡饭，偶尔用些水果、萝卜、金橘、青果(橄榄)等，外出很少乘车，坚持步行。

简朴的生活，使爷爷养成勤劳、规律的生活。每日清晨6时左右，他便起床，洗漱完毕，饮用一杯凉白开水，水中略加少许再制盐(精盐)，据爷爷说这样有助于肠胃消化，可预防便秘。然后到院子中散步，早饭后的上午时间是他最为宝贵的时间，他坐在“八仙桌”前，开始自己的学术研究工作；午饭后略加休息，下午多用来读书、阅报、休息，晚间9时左右必定睡觉。

爷爷平日里是一位沉默寡言的老人，家中的一切生活琐事很少过问，但遇到亲朋好友、学生知己，议论起文字、甲骨、文物、考古诸事，也能侃侃而谈。爷爷很少对人发脾气，也不高声谈话，待人和蔼可亲，彬彬有礼。他以平和的心态处理生活中发生的一切事物，每逢遇到一些不愉快的事，他总是用“大事化小，小事化了”的方法，化解生活中的一些矛盾，以宽容大度的态度去理解别人，例如“反右斗争”时期，亲友、子侄中，有些人被错划为“右派分子”，爷爷闻讯后心情极不愉快，但他却劝慰亲友、子侄一定要听党的话、相信党的政策，鼓励他们要有生活的勇气，相信自己不是“右派”，并告诫他们：“是金子就埋不掉”，“是钢就不怕火烧”。在爷爷的帮助教育下，这些被错划的子侄亲友树立起坚强的生活信念，经过多年的磨炼，终于得到了彻底的平反。

爷爷的饮食习惯也极规律，他爱食米饭、水产品(鱼虾蟹等)、豆制品，晚年喜食肉。一日三餐为主，平时很少加餐与零食，每餐定时定量，无论饭菜爱吃与否，从不挑剔。他坚持"早饭吃饱，午饭吃好，晚饭吃少"的原则，每日的早点，爷爷喜吃豆浆、油条；冬季，他还爱吃自家用猪油熬制成的"黄油"，抹在烤得焦黄的馒头片上，再洒上一些精盐沫，自称是"面包夹黄油"；或是用自家熬制的水果果酱，抹在烤好的馒头片上，制成"面包夹果酱"。爷爷特别喜爱喝稀饭，因此，稀饭稀粥成了家中每日午饭与晚饭的必备品。爷爷喜欢与家人共同进餐，每逢吃饭时，全家人围坐在同一张桌子旁，每人几乎都有较为固定的座位(我经常坐在爷爷的对面，奶奶坐在我的身旁边)，但进餐时，一定要做到"食不语"，他不愿意看到饭桌上家人间的相互谈话，更不愿意听见家人的进餐及碗筷的碰撞声，他让我们从小要养成良好的、有礼貌的进餐习惯。

爷爷有坐着睡觉(打盹)的习惯，每天饭后(午饭、晚饭)或劳累后，他总要坐在椅子或桌柜子上，背靠椅子背或大衣柜，打盹休息，时间不长，便会恢复体力，然后继续工作。不过，他的这一习惯到了晚年，竟变成了"昏睡"，一天到晚睡不够。爷爷一生很少患发烧、感冒等疾病，这一方面得益于他的体质较好，平时又极其注意自己的饮食与休息；另一方面也因为他采用适合自身条件的一些方法（如冷、温水浴，散步等）进行身体锻炼。同时，爷爷还经常依据季节的变化和自己身体的状况，适时地服用一些常见的中草药进行保健。例如爷爷的肠胃经常不适，他便经常地服用附子理中丸、香砂养胃丸等；夏季，为了预防腹泻、中暑，爷爷让家人服用一些藿香正气水、十滴水等；银翘解毒丸、橘红化痰丸等，更是冬季治疗家人感冒常备的良药。爷爷读过一些中医药书，略懂些医术，1952 年前后的一天，他突然患轻微的“中风”，自己便让家人购得再造丸、活络丹、苏合丸等服用，很快就控制住了病情的发展，随后他又烦请好友、老中医陈微尘先生用中草药调治，很快就痊愈了。

爷爷晚年因腿部受伤后，生活规律被打乱了，许多生活习性被迫一一放弃；体弱多病，失眠呆痴，最终被病魔夺去了生命。

据爷爷回忆，我的曾祖父老十爷王恩瀚先生，就是一位道地的中医大夫，医术也较为高明，一生曾多次为亲友看病，更是全家男女老少的保健大夫。曾祖父曾打算让爷爷也学习中医，并为爷爷学习中医购置与保存了大量的医书与处方，但爷爷的志趣却是研究中国的传统文化中的金石、考古、文字、书法、篆刻等学科。尽管如此，爷爷对医学仍抱有极大的兴趣，并下功夫钻研过中医。

记得我上小学五六年级的时候，一次因风寒而患咳嗽、支气管炎，在东门里一位中医儿科大夫(人称“小孩王”)那里就诊，并为我开出一剂汤药，母亲为我煎好药后，哄我喝汤药，怕我嫌药味苦涩，便放入了大量的白糖，可是我仅喝了一小口，就全部从嘴中吐了出来。爷爷见此情景，微笑着将我领进他的居室，拿出一个小纸盒，里面有爷爷搜集的许多药单(即旧时中药铺售出的每一味中草药，都随药品赠送一张“方寸”大小的说明书，上面印有该中草药图像、药性、特点等，类似宣传广告)。爷爷拿出“小孩王”的中药处方看了看，随后便从纸盒中找出药方中的每一味中草药的药单，并耐心地告诉我“小孩王”开出的中药处方中每种中草药的作用，以及如何对症下药才能治病的原理。经过爷爷多方面“摆事实、讲道理”的劝说，最终，我也只好艰难地喝下这碗汤药，因为这些“药单”可以让我拿去当作毛片儿玩了。

家中有人患病就医，每次服用中药汤剂时，爷爷都尽力将中草药中的药单搜集齐全，存放在纸盒之中，不时拿出来观看，遇到不熟悉、不了解的中药，他就拿出李时珍的《本草纲目》等医药用书对照研究。爷爷对每一位中、西医医生开出的病历、处方都认真保存，对服用的各种中、西药成药中的说明书也仔细收藏。记得1949年年初，有一次，爷爷从鼓楼东的一家中药铺里抓回了3服汤药，他看到了其中的两味中草药的药单上所印的药性与《本草纲目》的记载不符，便又翻阅了其他医书，确认自己的见解是正确的，便特意去中药铺告知店主，得到了店主与伙计们的称赞。

爷爷对我国的中医、中草药、民间验方与偏方，以及藏、蒙等兄弟民族的医学、药品等都是非常信赖的。我记得爷爷还曾特意给《人民日报》寄去一封信，建议我国卫生部门在对中央领导同志的保健工作中，尽量使用中医中药，既省钱、方便，又安全有效。爷爷对中草药中的高丽参、藏红花、鹿茸、麝香、牛黄、川贝、没药、乳香、枸杞、橘红、薄荷、冰片、珍珠等多位药品的药性，均有极高的评价。爷爷认为，中医、中药是老祖宗留给我们的一份宝贵的遗产，自神农尝百草，历经华佗、张仲景、李时珍等名医、大师们的总结与发展，中医药学已成为人类文化中的一颗耀眼的明星，为炎黄子孙乃至人类的繁衍与健康成长，做出了巨大的贡献。他反对否定传统中医的思潮，也不赞成全盘肯定中医的说法，他特别欣赏毛主席的“古为今用，洋为中用”“走中西医相结合的道路”等观点。爷爷认为西医、西药是西方文明的产物，是科学的，对人类有巨大贡献，我们中国人要好好地学习西方医学，用先进的西医的理论、方法、技术、手段，来重新认识、解释、说明、改造中医中药学。爷爷极为推崇西医学中的《人体解剖学》和当时仅有的 X 射线放射学科，他认为只有用这些先进的方法和技术为病人治病，才能有“百发百中”“妙手回春”“医到病除”的效果。1954 年爷爷听到天津隆顺榕中药店积极响应人民政府“中药科学化”的号召，首先将古方沉香舒郁丹制成片剂、女金丹制成液剂的消息，非常兴奋，认为这是我国中医中药界的一件大事。此后 1955 年天津隆顺榕中药店又提炼研制成中药制剂(合剂、古方、单味药、成药)有四大类，70 余种，其剂型为粉剂、片剂、酊剂、水剂、浸膏、流浸膏及外用药膏等，爷爷特意跑到鼓楼东大街的一家中药铺去买回了藿香正气水等中药制剂，回家使用，他认为这些中药制剂“价格低廉，服用便利，疗效迅速”，定会得到医师和人民群众的欢迎。

爷爷对西医也有浓厚的兴趣，他总觉得自己对西医常识了解得“实在是太少了”，很希望在儿孙、子侄中有人能研究西医西药。他觉得西医“非常科学”，对治疗每一种疾病都可以说出些“道道儿来”，让病人对自己的疾病有一个较为全面的了解，增强战胜疾病的信心。我在上小学三四年级时，突然染有肺疾，终日干咳，夜不能寐，饮食锐减，身体消瘦，四肢乏力，精神疲惫，几乎再不能坚持上课。爷爷与家人见我此等情形，内心十分焦急，千方百计地为我寻医问药。起初，有中医儿科大夫“小孩王”给我开些中成药，继而到东门里的中药店找坐堂的医师看病，说是得了“肺痨”，不易治好。家人都十分焦虑，母亲甚至跑到大悲院、娘娘宫为我去拜佛许愿，均不见效。爷爷恐怕这“有病乱投医”延误了为我治病的最好时机，便当即决定“找西医去看”，于是父亲带领我到了座落在河东的市立医院，请西医大夫为我治病。医师们为我进行了胸部透视、拍了胸部X光大片、化验了血液和痰，开出了针剂、药片、钙片、鱼肝油、维生素等药，并嘱咐我要卧床静养，多呼吸新鲜空气，避免剧烈运动，注意饮食加强营养等。爷爷得知我的病情后，为了确诊，还特意聘请当时天津西医界著名的内科医师沈鸿翔(我国著名声乐专家沈湘教授之父。一位身材不高、胖胖的，穿着白大褂，笑容可掬的医生)、化验专家尚伯华再次为我诊治，并遵医嘱，按时打针服药，还特意将大刘家胡同老宅前院北屋的书房打扫干净，让母亲陪伴我休养、治病。经过1年的时间，在家人的照顾下，我的肺疾得到了痊愈。爷爷对西医用X光透视、照相、化验、打针、吃药等医疗手段与方法极为推崇，他曾说西医治病的手段与方法是“看得见、摸得着的”、是“立马见效的”。20世纪60年代我参加工作后，因工作劳累患上“淋巴结核”(中医称之为“瘰疬”)症，爷爷极力主张“中西医结合”治疗，我听了爷爷的话，即按西医的方法，打链霉素，服雷米封，又遵中医之嘱服用瘰疬丸、毛爪草(汤药)，还使用了中医针灸治疗，经过中西医结合的治疗,我很快康复,根除了“瘰疬”。爷爷认为,西医确诊迅速、准确、疗效快,中医安全、简便、有调理作用,中西医结合则是“标本兼治”的一种好方法,即可治病有效,又可省时、省事,还可以省力、省钱,“有诸多好处”,应大力提倡之。

爷爷平时很注意时自己与家人的保健,家中经常备有一些时令小药,以备不时之需。记得爷爷使用的一张书桌,有一个专门存放各种药品的抽屉,里面分类地摆放着多种药品,如治疗肠胃病的苏达片、颠茄片、酵母片、香砂养胃丸、附子理中丸,有预防中暑的人丹、清凉油、薄荷锭、藿香正气水、十滴水,有儿童服用的导赤丸、健脾丸、消食丸、小儿金丹、鹧鸪菜、小儿至宝锭、宝塔糖,有治疗感冒的银翘、连翘、桑菊、牛黄解毒丸、阿司匹林、六神丸、橘红化痰丸、养阴清肺丸,还有补肾的六味地黄丸,治疗过敏的防风通圣丸、扑尔敏,治疗心脑血管病的安神丸、心脑静、柏子养心丸、牛黄清心丸、活络丹、苏合丸、再造丸、罗布麻等多种药品。此外,抽屉里还存有酒精、碘酒、红药水、紫药水、高锰酸钾以及多种品牌的眼药水、眼药膏、纱布、橡皮膏、体温表等,各种各类的药品及医疗用具非常齐全,恰似一个家庭的“小药房”,使用起来非常方便。

爷爷对中医、西医都有过一些了解与研究,他从自己人生的经历中,深刻体会到中医、西医都是人类文明的宝贵财富，为人类的生活与保健做出了巨大的贡献。他用科学的观点，分析总结出中医与西医各自的特点，看到“中西医相结合”的医学实践具有强大的生命力，并身体力行支持“中西医相结合”这一新鲜事物，渴望“中西医相结合”在祖国的土地上结出硕果。

第五章

祖父对我的关爱

一、祖父教我读书

我的童年是在爷爷的故居里度过的，住在深宅大院内，同龄的兄弟姐妹极少，家人管教极严，平时很少迈出大门，街坊四邻的孩子也不认识，只有在学校里与同学们有些联系与交流。我的空闲时间就只好利用父母、姑姑、叔叔及亲友送给我的玩具和家中的藏书、报纸、杂志打发时间；有时也在一旁看看爷爷写字，或帮爷爷磨墨拓"拓片"；每逢节假日还可以看强儒七叔画画、刻图章(篆刻)，与中儒十三叔一块儿玩玩金鱼、热带鱼，收集各种邮票；有时我也在父辈们举办的"家庭舞会"中听听舞曲、音乐；我还可以安坐在屋中聆听爷爷与其弟子、友人、子侄家人的谈话(但不准随便开口讲话)；此外，有时我头上还戴着"鬼脸"(儿童玩的面具)，拿着木质的玩具扎枪、大刀，唱大戏(京戏)；春天和爷爷一起种花草，秋日里在院子中捉"蛐蛐""油葫芦"；春秋天，在院子里还可以用绳子牵着风筝跑跑(放风筝)；冬天一下大雪，更是我玩雪、扫雪、堆雪人的好时机。冬日的屋里升着暖暖的炉火，我和爷爷在窗前方桌上摆弄着"冬虫"，听着过冬的蛐蛐、蝈蝈的叫声，别有一番风味，我的童年生活也很充实。随着年龄的增长，我的渴求知识的欲望愈强，我有一段时间，几乎是每天除了上学学习、复习功课写作业、睡觉休息之外，其他时间我全部用来读课外读物，其内容主要涉及有历史、文学、天文、地理、科技、生物、军事、音乐、美术、传记……总之，凡是当时我能找到的一切书籍，无论是否能看得懂，全部拿来阅读，我以为这就是读书了。而有一次爷爷对我讲，多读书固然好，但“念滥了就没用了”，读书、做事不能是“囫囵吞枣”“半瓶醋，瞎逛荡”。他还告诉我“要会读书，要把书中的‘髓’（要点、精髓）读出来”，“好高骛远”的结果只会是“一事无成两鬓白”。直到爷爷晚年，见到我阅读《古文观止》时，仍以极大的兴致为我讲解书中的许多篇章。

20 世纪 50 年代末，我因身体患病医治期间，萌发了学习古文的强烈兴趣，便向爷爷讨教、询问阅读古文的篇目与方法。当时爷爷已是 85 岁的老人了，见到我有学习古文的兴致，便耐心地为我挑选书目，并陆续、零碎地为我讲授了一些他一生读书学习的经验与方法，后经我体会与总结得到以下一些启示。

爷爷说，读书无窍门，“只要你想念书，就可以念”；“念书本无多少诀窍，全凭自己慢慢体会，书念多了，诀窍就出来了。”爷爷一生治学就是坚持走“多读书，勤读书”的这条道路的。我曾草草地翻阅过爷爷的一些日记、笔记、札记，如《簠室杂抄》《簠室从录》《簠室题跋》《丛录备忘》《簠室笔记》《簠室自述》《簠室课余杂钞》《簠室小知录》和《课余日知》等，从中我了解了爷爷一生读书治学的主要过程：爷爷自 18 岁至 22 岁，师从王守恂、李桐庵二位老师学习有关科举文字、古文及读书方法，认真地研读许慎的《说文解字》，开始从事中国金石文字学的研究。此间，针对《说文解字》中的“古文、籀文多从七国时诡异之体及籀篇之遗，至真仓籀遗文，当求诸彝器款式”说法，提出过自己的独到见解。爷爷明确指出，《说文解字》中的古文、籀文，仅为战国时期所流行的部分文字，极不全面，若要探讨古文字的演变源流，则必须大力研究出土的古器物，从此爷爷为自己今后致力于古文字研究活动制定了一条明确的道路。

年轻时，我读了一些书，获得了一些知识，以为自己是个“万事通”了，在家中与长辈、弟妹谈话中，表现出“无所不知，无所不晓”的夸夸其谈，经常打断别人的话语去“抢话”，很不礼貌，令人讨厌。爷爷见到后，曾多次告诫我：“不要做话佬、话篓子”，“凡事要虚心”，“多听听别人的话”，要牢记“能人背后有能人”的道理。爷爷耐心地告诉我，读书学习是一个长期的循序渐进的过程，一口吃个胖子，办不到。爷爷还多次为我讲《书·大禹谟》中“满招损，谦受益，时乃天道”的道理；《晋书·张宾载记》中“谦虚谨慎”的故事，让我要学做“夹着尾巴做人”的“谦谦君子”。经常嘱咐我“要少说（废）话，多做（实）事”，

“踏实做事，认真做人”，并为我的书斋命名为“求寔书屋”“求实书斋”“求寔书斋”的名称，还特意为我书写了书斋的匾额，可见老人的良苦用心。

爷爷的教导使我渐渐明白了，多读书固然是一件好事，可以增加学识，明白事理，但凡书必读而不思考、无目的地泛读，这种流水似的读书方法，充其量只能说是“过目”，根本谈不上是读书，也不可能获得大量的知识，只是得到一些“自我表现”“夸夸其谈”的资料。此后，我按照爷爷的教导，在较为广泛的阅读基础上，力求逐步做到有目的、有方向、有计划、有选择、有比较地去读书。经过一段实践过程，我的读书生活渐渐走入正轨，时至今日，我仍按照爷爷指引的读书方法，喜爱读书、坚持读书。

记得20世纪五六十年代我学习古文时，心中总想能够系统地读一些古文名著，尽力做到“即可省时又可省力，还可读得许多古文名篇”的效果。爷爷告诉我：“名篇要背诵，至少也要了解全篇的要点、大意。”他认为具有某一派别特点的作家，如建安文学、古文运动、桐城派、改良派等，或某一文体风格特点的作家的作品，如骈文与散文、诗、词、曲、杂剧、小说等，应有重点的阅读；某一位作家，如屈原、李白、杜甫、苏轼、陆游、黄遵宪、康有为等，在不同时期所写的作品，应尽力搜求全面阅读；同一时期，如秦汉、两晋、唐宋、元明清等，不同作家的作品应比较着阅读。他还说,学习古文、诗词"不要有框框",也不需别人的"指点","只需按照自己的喜欢","想学什么就学什么,想读谁(某位作家),就读谁","也可以翻翻文学史,找些作家或作品读一读,了解个大概,就可以了"。随后,爷爷说:"大概了解后,就可以按照自己的兴趣去研究某一'家'了。"按照爷爷的指点与方法,我曾翻阅了大量的古籍,从中较系统地读了些作品,很有收获,我特别钟爱唐宋八大家(韩愈、柳宗元、欧阳修、苏洵、苏轼、苏辙、王安石、曾巩)的作品,他们的散文说理畅达,抒情委婉;诗风与其散文近似,其词婉丽、动人,承袭南唐遗风。我也喜爱桐城派方苞、姚鼐、刘大櫆的作品,因为桐城派的学者主张师法先秦两汉及唐宋八大家的散文,反对八股文,有一套较为完整的古文理论,提出"义、法"的主张(义是指文章的中心思想、基本观点;法是指表达中心思想或基本观点的形式技巧,包括结构采理,运用材料以及语言等),要求作文"明于体要",语言"雅洁",强调"义理"与"辞章"的统一,概括了历代古文家在章法、用语上的不少成就,特别强调文章的一整套具体的形式技巧。许多名篇,如方苞的《狱中杂记》、姚鼐的《登泰山记》等,至今使我牢记,受益颇丰。

爷爷说:"《文选》(即《昭明文选》)是一部好书,值得读一读。"他对其中的一些篇目内容极其熟悉,有些章句甚至可以背诵,他告诉我,《文选》是南朝梁武帝的长子萧统(510—531)所编。萧统是一位文学家,他信佛教,爱好文学,招纳当朝文人学士,讨论古今书籍,编辑成《文选》。萧统被立为太子但尚未及即位,31岁时即病逝,死后谥“昭明”,所以《文选》也称《昭明文选》。在唐朝《文选》与“五经”并驾齐驱,盛极一时;至北宋年间,民间曾流行着“《文选》烂,秀才半”的口头语;延至元、明、清各朝代,有关《文选》的研究亦未尝中辍。可见《文选》在我国文学史上占有重要的地位。

《昭明文选》是我国现存最早的一部古代诗文总集,全书30卷,共选录先秦至梁代的诗文辞赋700余篇。选择的标准,依萧统自己说是内容形式并重,但受当时形式主义文风的影响,实际上偏重文采。入选的多是历代具有代表性的名家名作,有些作品原书已经散亡,赖《文选》得以保存。它是研究梁以前我国古典文学的重要参考资料。爷爷经常对我讲,《古文观止》和《昭明文选》是他自己的启蒙读物,受益终生,并嘱咐我要好好研读。

爷爷见我喜爱方苞、姚鼐等桐城派作家的著作,便为我特意找出一部线装的清代姚鼐编著的《古文辞类纂》,这是爷爷曾经读过的书籍,上面记有许多注释与批语,是他的学习笔记。《古文辞类纂》是一部中国古文总集,所选文章以唐宋八大家作品为主,其前后亦选有各朝代知名作家的文章。全书文体分类达13种,收作品700多篇,共74卷。其卷首的《序目》简要叙述了各类文体的源流及特点。成书于乾隆四十四年(1779),嘉庆时康绍庸刊刻初稿本,附有姚氏评语及圈点。我拿来后阅读,因没有详细的说明与注释,理解十分困难,爷爷就又为我找来一部1923年上海广益书局刊行了徐斯异等人编撰的《评点笺注古文辞类纂》,对我大有帮助。后来,爷爷又为我推荐、介绍了清末王先谦、黎庶昌先后编辑的《续古文辞类纂》,我选读了部分篇章。姚鼐的《古文辞类纂》是爷爷指导我系统学习古文的唯一一部书籍。

此外,爷爷还为我讲解过一些简单的目录学方面的知识。我参加工作后,仍希望利用业余时间继续学习古文,但因工作忙,时间少,无法系统学习,我只好又向爷爷求教,但当时爷爷年事已高,精力锐减,爷爷为我特意找出一册商务印书馆印制的"万有文库"中的《书目问答》(上、下册),同时告诉我,念古文要下"死"功夫,入径要有门,入门的第一道门槛是学习古文要有"兴趣",没有"兴趣"什么也学不成;第二道门槛是学习古文要有方法,要选好篇目,认真阅读,做好札记(笔记),整理成章(将心得体会撰写文章)。爷爷特意告诉我,张之洞的《书目问答》就是一部篇目数量较少、内容丰富的读书目录。此后,我有机会阅读《胡适文存》时,偶见胡适先生也称《书目问答》是"一个最低限度的国学书目",胡适先生认为,人们在读书生活中,往往会遇到图书的选择与鉴别,解决这一问题的门径是读点"书单子",术语称之推荐书目、导读书目、举要书目，它是针对一定的读者对象，对某一专门问题的文献经过精心选择而编成的书目。它不仅引导读者读哪些书，指明读书先后次序，还进一步指导怎样读。清代学者王鸣盛在《十七史商榷》卷七中说："凡读书最切要者，目录之学；目录明，方可读书，不明，终是乱读。"爷爷向我推荐《书目问答》，其用心也就在这里吧，可见两位学者的学识是"心有灵犀一点通"。

后来，爷爷还告诉我，从我国古代至今，一直有推荐好书、指导阅读的优良传统，如敦煌遗书中就有一个《杂钞》卷子，其中收有一份唐代末年流行于民间的25种常用书籍的书目单，是现今保存最早的、指导阅读的书目；元代程端礼于1315年编成《读书分年日程》，开列了自8岁起的必读书目；清末，龙启瑞编的《经籍举要》；张之洞编的《书目问答》，都是重要的推荐读书书目。由此，我更加明了了学习《目录学》的作用与意义，学习的目录学知识，对我后来继续学习古文、历史以及工作后研究档案学、图书馆学、文献学、情报学等学科的知识，也大有受益。

二、祖父给我讲文房四宝

我上小学二三年级的时候，老师每天课后留写的作业几乎都要有“描红模子”“写大字”。开始，练习“描红”或“写大字”我还有些兴趣，因为爷爷已教我怎样使用毛笔、用砚台磨墨，以及书写时的姿势、运笔的方法等环节，但时间一长，我感到“描红”“写大字”很腻烦，枯燥无味，尤其是讨厌每次写字要先磨墨的环节。一次我从同学那里得知，他写大字时使用了一种称之为“墨汁”的用品，心中非常高兴，就“磨”母亲为我买了一小瓶墨汁藏在书包里，待写大字时我也用墨汁了。此事被爷爷发现后，当时他并没有说什么，后来，有一次爷爷在为别人书写楹联时，我在一旁观看，爷爷端坐在方凳上，专心致志地磨墨，我问爷爷为何不用“墨汁”书写楹联，爷爷便认真严肃地告诉我，“墨汁”是一种化学制品，与我国民间生产的“墨”的成分有很大的区别；我国的“墨”则是由松烟、香料等原料制成的，是中国书画艺术所特殊使用的黑色颜料，对纸张没有腐蚀、损坏的作用，配合宣纸的使用更可以产生无穷、多变的独特艺术效果，可长期保存。后来，爷爷又曾多次为我讲授了一些有关“墨”的知识，使我了解到，我国生产的“墨”中佼佼者当属“徽墨”。“徽墨”产自徽州府歙州（今安徽省歙县），从五代开始此地便以生产墨而著名，宋代以后，在安徽省的歙县、黟县、休宁县、绩溪县等地也曾出现过许多制墨的名家高手，所生产的成品墨，无论其质量或外观装饰，均为极佳的上乘品，颇受文人们的喜爱。因歙、黟、休宁、绩溪等县地属徽州，故这些地区生产的墨世称“徽墨”，并闻名全国。爷爷还兴致勃勃地将他收藏多年的徽墨样品拿给我观看，这些形状各异、油亮乌黑、散发出馨人肺腑清香气的徽墨，充满着中华文化深厚的内涵。爷爷虽珍藏有一些“徽墨”，或一些金色、红色的“墨块”，但他却不肯轻易使用，只有在为亲友等人书写扇面、楹联、抄写书稿或特殊用途时，才肯拿出来用一下，而平时写字使用的只是市场上出售的“龙门”“松烟”“金不换”等杂牌的墨块。

爷爷还告诉我，书写前的磨墨过程，也是写字人思想净化、集中精力、心情平稳的过程。写字的人一边磨墨一边构思，既要考虑全篇的布局，又要考虑每一个字的间架结构，从内容到形式都要认真思考，这样才能踏踏实实、安安稳稳地写好字。磨墨还可以帮助写字的人活动腕力，使之运转自如而不僵。爷爷一生作书或临帖之前，几乎每次磨墨两三盘，以利书写。我开始研磨时，由于用力不当，不多时就出现歪斜，后来在爷爷的多次指导下，经过反复的练习，墨块在我的手中才能运用自如，不再歪斜了。在爷爷循序渐进的教导下,我对磨墨写字慢慢地产生了兴趣,爷爷晚年作书时,磨墨的工作便由我来担当。

爷爷一生读书写字用过许多砚台,经常使用的砚台是一方青石质地、直径约20厘米、外观造型极其平常的圆形砚台。砚台中部略呈凹状,石质细滑,便于研磨;周边部分略高于中心约1.5厘米,石质较为粗糙。该砚台是爷爷于1927年在四川三台盐务稽核所工作时选购的,此后一直带在身边。1958年秋季的一天清晨,爷爷洗漱完毕后坐在桌前准备作书,按其习惯,须先磨墨两三盘。正在爷爷磨墨时,忽然砚台中的墨汁不见了,再看,方桌上溢满了墨汁,老人喟然长叹道:“铁研磨穿矣!”原来此砚已洞穿。后经翁儒九叔协助,将已洞穿的砚台擦拭干净,此后,这一方“铁砚”便成了全家人学习爷爷那种以坚忍不拔、持之以恒精神治学的生动教材(该砚现存孟儒十四叔处)。

爷爷还搜集收藏了一些珍贵的端砚台。记得1957年秋天,爷爷准备迁入睦南里新居前,有一天我与父亲长儒和叔父翁儒、孟儒为爷爷整理文物时,爷爷拿出部分端砚为我讲解,这是我第一次见到端砚。端砚是我国历代文人学者所钟爱推崇的砚台,唐代始产于广东端州(今广东省肇庆市)。看到这些石质坚实、细腻、做工精细、雕刻美丽,并配以别致的硬木盒套的砚台,我心中十分喜爱。我即刻询问爷爷使用端砚的好处是什么？爷爷告诉我，使用端砚“发墨不损毫，（书写）流利且生辉”。并顺口为我背诵出唐诗人李贺的诗句：“端州砚工巧如神，踏天磨刀割紫云。”可见爷爷是多么喜爱自己收藏的端砚了。爷爷尤其喜爱一方1940年得到的清代经学家程瑶田[①]曾使用过的端砚，此砚长约21厘米、宽约13厘米、高约5厘米，砚池刻有程瑶田撰铭文：“尔方尔质，尔员尔饰。方以智者员而神，神而明之存其人。”并简记年月始末“乾隆戊辰秋，歙程瑶田初补学官弟子用此砚，时年廿有四，因铭之。”砚背面刻有程瑶田叔祖程后村的题记：“家易畴侄孙用此砚五十一年，适官香湖明府宰吾邑，保荐孝廉方正，以易畴为举，首应恩诏，今秋荣调合肥。易畴奉此砚于别筵，用致知遇之感，余乐述之，以成一段佳语云。嘉庆戊午，后村程光国记。”有关程后村先生的事迹，鲜见著录。爷爷后来拜读老友姚品侯先生所藏的沈南诠《南游日记》一书，得知后村先生“语言谦和，颇以远方客至为喜”，“后村先生雄于财，喜宾客，放杯文酒，终老林泉。固太平之幸民也”。为此事，爷爷遂写成《题程瑶田砚》一文。1956年，爷爷亲手拓（程氏）石砚墨本并书长跋，赠予老友陈邦怀先生，陈老爱之甚笃。

---

① 程瑶田（1725—1814），字易田，又字易畴，号让堂，安徽歙县人。著述长于解释经义，在训诂学之外，尤精数算、音律之学，有自定文集《通艺录》19种及《附录》7种。

三、祖父教我做拓片

我小的时候，经常看见爷爷王襄老人坐在“八仙桌”前全神贯注地拓拓片。有一时期，爷爷从早晨吃过早点后便开始工作，一直干到中午吃午饭时才暂停工作，午饭后或下午的时间，便对自己所拓的拓片反复审视，对不满意的“成品”立刻挑选出来另册存放或销毁；对要送给友人及准备用于书稿的拓片，更是格外仔细地加以筛选。因此，有时爷爷会对一件文物反复地拓上好几遍，直到得出一件满意的拓片才肯罢手。

爷爷特别喜爱《簠斋吉金录》(邓实、褚德彝辑印)书中，陈簠斋(陈介祺，字寿卿，清代金石学家，其室名为“宝簠斋”，后即以“簠斋”为号。擅长墨拓技术，有较多的精拓本传世)对所藏的商周秦汉铜器、钱范、造像等380余件的墨拓，尤其欣赏毛公鼎、虢叔旅钟、兮仲钟等拓片。我后来学习拓拓片时，爷爷就经常拿出《簠斋吉金录》给我讲解书中的内容，多次告诉我陈簠斋墨拓的特点是“立体”“完整”“传神”“多变”，而且墨色极为均匀、浓厚，是初学者练习拓拓片的范本。爷爷一生更是仿照陈簠斋拓铜器的方法，非常精心地为自己所收藏的甲骨、金石等文物拓墨拓。

1953年我升入初学后，接触到历史课，对中外历史知识产生了极大的兴趣，更由于受到爷爷收集文物、考古研究的影响，也想亲手拓一些文物的拓片，于是我将自己的想法告诉了爷爷，爷爷听后十分高兴，从此，课余一有时间，我便跑进爷爷居室，坐在靠近窗户的“八仙桌”前，请爷爷教我学拓片。

起初，爷爷帮我准备好拓拓片的工具和器材，教我用丝绸、丝棉、棉花、油纸、棉线等，制作成手拓墨拓专用的工具——“扑子”；裁制好墨拓用的棉纸（六吉棉连宣纸）；在砚台中研好拓拓片的墨汁，并用温水浸泡、稀释好“白芨”（中药）的液汁，以备做黏合剂用。一切准备工作就绪后，爷爷便开始教我学拓片。开始，爷爷让我用清代或民国的铜钱做练习，教我“铺纸”“粘胶”“着墨”等各种工序，经过反复地拍拓，在爷爷的悉心指导下，我终于完成了一张张精美的铜钱拓片，心中无限喜悦。后来，经过多次的实践，我逐渐学会、摸索出了一些拓拓片的方法，也拓出一些较为成功的拓片，爷爷见到我的进步很是高兴，便放手让我参照陈簠斋的墨拓技术，自行练习拓拓片。我曾拓过不同年代的古泉、铜镜、小型文物的铭文等。遗憾的是由于多种原因，我未能深入地向爷爷请教他拓片的方法。

爷爷是甲骨文的发现者，也是研究甲骨文的专家。

他一生都在孜孜不倦地研究甲骨，并有《簠室殷契类纂》《簠室殷契征文》等许多专著，在这些作品中所用的甲骨拓片，均出自爷爷之手，爷爷是一位拓甲骨拓片的“里手”。每当我看爷爷拓甲骨拓片时，总是非常小心，首先在桌子上摆放些书本（线装书）、毛巾、棉布之类的柔软物品，然后在柔软物品上再放上一层棉花，棉花之上是要拓的甲骨片。一次，我见此情景感觉非常奇怪，便请教爷爷：“干吗这么小心呀？”爷爷用手指着甲骨片，并用苍老、凝重的声音回答道：“这是难得的宝贝呀，别看这些字（甲骨文）你不认识，它可是我们老祖宗当年用的文字，距今已有几千年的历史了。”爷爷还告诉我，由于甲骨片的质地与一般金石文物的质地不同，甲骨非常脆弱，用力过大，极易断裂。所以拓甲骨时，必须做好防护准备，用力适度。不然，用力过小，甲骨上的纹络（甲骨文字）就不清晰；用力过大，甲骨片极易断裂，造成不可挽回的损失。在爷爷的指导下，我曾练习过拓小块的甲骨，虽也少量地拓出一些不错的甲骨拓片，但终因技术不佳，成功者少。想起来，也是终生憾事。

爷爷教我学拓片，不仅使我学会墨拓的方法，也使我有机会接触到一些小型的（带有文字、图饰的）古代文物如刀、戈、盘、钱、镜、瓦当等，通过对这些古代文物的观察、询问、研究，从而使我学到许多历史、文物知识，如使我了解到我国货币发展的历史，各个朝代货币的特点以及每个朝代的经济概况；使我明白了我国铜镜的特点、功能及简单的制造工艺；在练习墨拓的过程中，更使我有机会看见、触摸到人类文化的瑰宝——甲骨，在爷爷的指点下，使我对金文、甲骨文也有了初步的了解。

遗憾的是，爷爷过世后，又经过“文化大革命”，我就再也未能继续学习墨拓的技术了。

四、祖父给我讲故事

1949年后，我正在小学读书，平时贪玩，又不注意饮食营养，加之体质较差，不幸染上肺病，终日无精打采，咳声不断，不思饮食，全身无力，骨瘦如柴，时时贪睡，无法坚持学习，全家人见此情景，心急如焚，为我多方求医问药，后经中、西医师确诊，我患有“肺痨”(肺结核病)，除按照医嘱及时服用药物外，还须卧床静心修养，为此，我只能休学后在家中养病。

我在前院北屋书房休养期间，家人们也经常来看望，特别是每天的下午，午睡后至晚饭前，爷爷总要由后院来到大门口的报箱收取当日的报纸或信件，路过前院，总要到北屋来看一看我，有时坐在屋中与我聊一聊，或给我讲些小故事，这也是我最快乐的时刻。

爷爷为我讲过许多的小故事，这些故事虽不系统，有些也不十分完整，但如今回忆起来却感到十分亲切、有趣。爷爷讲的故事多来自古籍文献、民间传说或神话故事等，其主要内容涉及哲学、历史、天文、地理、文学、艺术、民俗等多个学科、多个领域的知识，极大地激发了我日后学习中国文化的兴趣。例如爷爷曾讲过《山海经》中的盘古开天辟地、女娲补天造人、弈射九日、夸父逐日等故事；《史记》中的大禹治水、成汤灭夏、武王伐纣、秦始皇焚书坑儒、陈胜与吴广大泽乡起义、鸿门宴、孙膑减灶、韩信拜将、毛遂自荐等故事；《韩非子》中的鲁班造木鹞的故事；《汉书》中的苏武牧羊的故事；《烈女传》中的孟母择邻的故事；《新唐书》中高力士为李白脱靴故事；还有《说岳全传》中的岳飞，《杨家将演义》《杨家将传》中的杨业、杨延昭、杨文广、佘太君、穆桂英等抗击金兵的故事等；以及流传广泛的民间故事孟姜女哭长城、花木兰从军、三保太监下西洋、火烧望海楼、八仙过海、二十四孝、天狗吃太阳等；京剧、评书中的故事有《空城计》《草船借箭》《失街亭》《斩马谡》《四进士》《三打祝家庄》《除三害》《十八罗汉斗悟空》，等等。爷爷有时还为我讲一些古人学习、治学的故事，如李白铁杵磨成针、匡衡凿壁偷光、车胤囊萤照读、徐霞客志在天下、顾炎武读破万卷书、贾逵隔篱偷学、孙敬头悬梁、苏秦锥刺股等故事。有时也教我背诵一些诗词中简短的名家的名句、成语等。

爷爷喜爱京剧、昆曲和曲艺，平时多从收音机中听些戏曲的片断，偶尔在我的父亲或叔父们的陪同下去中国大戏院、国民戏院(新华戏院)、华北戏院、大舞台、小梨园等处看戏、听曲艺。爷爷爱看的昆曲有侯永奎的《夜奔》、梅兰芳的《游园惊梦》等，爱看的京剧有谭富英的《定军山》《四郎探母》，梅兰芳的《贵妃醉酒》《霸王别姬》《宇宙锋》、程砚秋的《锁麟囊》，荀慧生的《荒山泪》，马连良的《借东风》《四进士》，裘盛戎的《铡美案》《姚期》，袁世海的《将相和》，叶盛章的《酒丐》，李万春的《闹天宫》，袁世海、李少春的《野猪林》，谭富英、裘盛戎的《将相和》等。此外，曲艺中白云鹏的京韵大鼓，花五宝的梅花大鼓，石慧儒的单弦，王毓宝的天津时调，侯宝林、马三立、张寿臣的相声，陈士和的评书，李润杰的快板书，王殿玉的大雷拉戏等，都是爷爷喜欢欣赏的内容。爷爷就是将平时从古籍、戏剧、评书中看到、听到的内容，经过筛选后讲给我听。

爷爷给我讲的故事中，有很多是属于民间文学范畴。爷爷非常重视、喜爱民间故事，现仅举两例：

一是挖掘整理天津著名评书艺人陈士和先生的评书《聊斋》。

20 世纪 50 年代初，天津市文史研究馆为了挖掘、整理天津著名评书艺人陈士和先生所说的评书《聊斋》，特组织有关部门、专家、学者为其录音，爷爷王襄作为天津市文史研究馆馆长，对此事极为重视，并积极参与组织此项活动。当年，陈士和先生的录音时间多在下午，每逢此时，爷爷午饭后不再午睡，穿戴好衣帽，手拿拐杖、眼镜、手帕等物品，早早赴文史馆参加录音活动。那时，天津市文史研究馆设在南京西路70号(已拆除)，进大门后拾级而上，在前厅的左边有一间大会议室，陈士和先生就在这里录音。遗憾的是，1955年1月陈士和先生因患脑溢血病故，评书《聊斋》录音的活动不得不终止。陈士和先生病逝后，爷爷十分痛惜，1955年1月16日唁以挽联曰："中郎逸业已足堪传犹有流风传叔子，天宝说书今成往迹空怀遗韵惜龟年。"

爷爷曾告诉过我，陈士和(1897—1955)自幼酷爱评书艺术，千方百计涉足书场，聆听著名评书艺人田岚云等人的演述，尤喜爱张智兰讲说的《聊斋》评书段子，历经10多年间认真鉴赏、揣摩，极有收获。35岁时投身评书艺坛，演述《聊斋》评书。爷爷说陈士和说《聊斋》可谓是"声情并茂，妙趣横生"；"鬼狐精灵，惟妙惟肖"；"吐字清晰，嗓音传神"，因此，陈氏说《聊斋》，"长盛不衰，百姓深爱"。陈士和一生说书的实践，先后加工了50多段《聊斋》书目。新中国成立后，他曾当选为全国第一届文代会代表，被聘为天津市文史研究馆馆员，生前说评书《聊斋》的录音经整理后，出版了评书艺人陈士和的遗稿《聊斋》10册。

二是为《河北文学》书写恩格斯有关民间文学的论述。

1962年初,《河北文学》的编辑来家中拜访爷爷,谈话间,提出请爷爷为其刊物书写一幅有关文学内容的书法作品,爷爷当即应允下来。事后,爷爷将此事告知与我,并命我协助寻觅书写的素材。我平时喜爱阅读《人民文学》《收获》《新港》等文学杂志,因此,我从杂志中选出了大约有六七条古今中外革命领袖、著名作家的部分作品或语录,供爷爷挑选使用。后来,爷爷与《河北文学》的编辑反复研究,最终选中了恩格斯著《德国的民间故事书》中的一段内容:民间故事书的使命是在一个农人晚间从辛苦的劳动中疲乏地回来的时候,使他得到安慰,感到快乐,使他恢复精神,忘掉繁重的劳动,使他的石砾的田地变成馥郁的花园。民间故事书的使命是使一个手工业者的作坊和一个疲惫的学徒的可怜的顶屋变成诗的世界和黄金的宫殿,而把他的健壮的情人形容成美丽的公主。但是民间故事书还有这样的使命:同《圣经》一样地阐明他的精神品质,使他认识自己的力量、自己的权利、自己的自由,激起他的勇气,唤起他对祖国的热爱。[①]

爷爷将这段长文书写成中堂式的条幅,发表于1962年《河北文学》第二期的封页上。

---

① 参见《马克思恩格斯论艺术》第四卷,人民出版社,1965年,第411页。

在我少年时养病期间,我从爷爷讲过的故事中汲取到"做人"的营养,在人生的道路上明辨事理,分清善恶,更加激励自己热爱生活、热爱学习,为美丽的人生努力奋斗。

五、祖父引导我在人生道路上前行

七七事变后,日本发动了全面侵华战争。家父长儒所在的工作机构国民政府盐务管理局,按照上级的命令,逐步向内地大后方转移,母亲跟随着父亲来到了陕西省西安市,安家于东关外马厂子,不久,我在这里出生了。

我出生后,父亲给我起了个单字"城"的名字,其目的是让我永远地牢记,我是在日本侵华、烽火动乱的年代里,出生在千年古都西安城内,是炎黄的子孙。父亲将此意函告爷爷王襄,不料,爷爷也正好为我起了一个单字"承"的名字,其意是,继承我家先辈人读书的意愿,读书为国效力。爷爷见到父亲的信函后,立即回复,大意为:吾孙儿的名字可谓是"承"字外,还可取为"诚"字,即一生为人应具有"诚实""诚恳""诚心"的精神;也可以取做"成"字,即读书、做人、做事样样成功。父亲遵照祖父的意愿,最终为我起名为“成”字。我的童年时代是在西安古城度过的。

1945 年日本投降后，父亲奉命返津接收日伪盐务局,当时因交通不便,父亲一人先行,母亲带领我和妹妹随后经陇海铁路、京汉铁路绕道上海,乘轮船经海路抵天津塘沽,再乘北宁线(京山铁路)返津。不久,我便进入河北省立天津师范附属小学第二部（简称冀师二附小,即天津教育家刘宝慈创办的“模范小学”,今中营小学）初小学习。

作为爷爷的长孙,他特别关心我的学习情况,在我的记忆里,每学期期末考试后,学校发放的“学生学习成绩报告书”,他都要仔细过目,对老师的操行评定尤为重视。记得 1950 年抗美援朝运动中,学校组织“作文比赛”和“讲演比赛”,我都积极参加并获得了优异的成绩,学校为我颁发了奖品与奖状,爷爷见到后非常高兴,当时已 75 岁的老人,竟亲自为我找来玻璃镜框,将我获得的奖状镶入其中悬挂在堂屋的后墙上。我加入少先队后,1951 年夏季天津团市委组织夏令营活动，我报名参加了,但参加活动需缴纳部分的生活费,当时我家的收入仅够维持日常生活之需,爷爷知道后,便立刻从家中正常的生活支出中，挤出了我参加夏令营所需要的费用,支持我去参加夏令营的活动。另外,平时爷爷对我日常的生活、学习的状况也极为关切,每当我在家中讲述发生在学校的各种活动时，他都精心地听、细心地问，每逢见到我叙述自己取得成绩时的“夸夸其谈”“得意忘形”的样子，爷爷总是谆谆教导我要牢记“满招损，谦受益”“能人背后有能人”的道理，让我谦虚谨慎做人；每逢见到我读书学习不求甚解、囫囵吞枣，而且还满嘴地喊着“大概其”“差不离”“可以”等口头禅时，爷爷很是生气，总是极其严肃地批评我，让我要坚决改掉“知其然，而不知其所以然”的坏毛病，要踏踏实实地学知识、做学问。

王襄与夫人杨时及长孙在旧居合影

我的青少年时代是与爷爷的晚年一起度过的，实属是一大幸事，爷爷不仅关心我的生活与学习，还为我的成长铺平了人生道路。在我的青少年时代曾发生有两件“大事”与爷爷和我相关，使我至今不能忘怀。但是我一直将此两件“大事”视为个人的“隐私”或“家丑”，从不对外人宣讲,并一度打算永远埋藏在自己的心中。随着自己已步入老年,深深地体会到人生之路的苦、辣、酸、甜,崎岖不平的人生道路,虽使自己一生增添几分苦恼,但也为我增添了巨大的生活勇气和实现人生价值、理想的力量。爷爷面对我这两件“大事”,更有许多言行为我们后人树立了榜样,为此,我愿将自己的“隐私”或“家丑”公布于众,望自己后人铭记爷爷王襄的言行并效仿。

第一件“大事”。 抗战胜利后,家父长儒随国民党政府由西安返津接收日伪盐务局。抗战期间,父亲长期生活在“大后方”,生活较为清苦、单调,回到天津后,大都市的灯红酒绿生活,对他具有强大的吸引力,加之父亲的好逸恶劳的“少爷”思想和生活,更促使他经常出入于饭馆、餐厅、酒吧、剧院、舞厅等处所。不久,便在舞厅结识了一位周姓的女子,终日厮混,随之纳为“小妾”(即今日之“包二奶”)。

1946年夏季,母亲带领我和妹妹从西安,绕道上海回到天津,与祖父、祖母同住在城里鼓楼东大刘家胡同15号。很快,母亲与祖父、祖母等家人便得知我父亲在外“纳妾”之事,都非常气愤。据母亲讲,当爷爷、奶奶听到我父亲“纳妾”的消息后,当面就责骂父亲“荒唐”,是“陈世美”,是“不孝的子孙”,是“家门的不幸”。母亲知情后,更是悲愤欲绝,大病了一场,几乎精神失常。我的母亲虽不出身于名门望族, 但从小却受到良好的教育,我的外公是清末的留日学生、铁路测绘工程师，曾跟随詹天佑先生一起修建京张铁路，担当铁路路线的测量任务，也还曾参与过京汉、津浦铁路部分路段的测量工作，因长年在野外工作，积劳成病，英年早逝。我的外婆为人善良忠厚，勤劳朴实，早年丧夫守寡后，全身心地培养、教育我的母亲及其胞妹三人。母亲自幼受到亲人们的教育与关爱，是父母的"掌上明珠"，是家中的"千金小姐"。母亲嫁到我们王家后，孝敬公婆、侍奉丈夫、善待姑叔、培育子女，可谓是一位贤妻良母。母亲的"女红"技艺超群，进了我们王家的大门后，爷爷、奶奶、父亲、叔叔、姑姑们所穿着的衣服，大都是经过我母亲的双手一针一针缝制而成的。此外，母亲还参与了大量的家务活动。因此，母亲得到了家人们的敬重与好评。父亲的"纳妾"给我的母亲和家庭带来的不幸，遭到了全家人和亲友的反对与谴责，在爷爷、奶奶、姑姑与姨母等多人苦心规劝、协调下，父亲终于与"小妾"分了手，保全了我们这个完整的家。

第二件"大事"。20 世纪 50 年代初，我的父母亲由旧居迁出另择新居，随后，我升入中学学习，为了方便我的学习与生活，我也由旧居迁出，与父母亲生活在一起，但每逢节假日我仍必定返回旧居与祖父、祖母居住。

1957 年我在高中学习期间，一场大规模的"反右派"的政治斗争开始了，这场政治运动也波及了我家，家中的个别亲友被定为了“右派”,而我则被开除了团籍。

爷爷得知消息后，十分震惊,“深感家门的不幸”,“有辱家门”,爷爷曾对我说:你一个十几岁的孩子“从小就犯了(王)法,何时得了?”并希望我“要牢记教训”。我听了爷爷的话后,认真地反思了自己多年的言行,先后经过大约三年半的思想斗争,我仍然感到自己所得到的“开除团籍”的处分“过重”，于是我终于鼓起勇气,在1961年3月大胆地向中共天津市委信访办提出申诉;1962年5月我的申诉材料被转至共青团天津市委组织部;后于同年9月1日,共青团天津市和平区团委组织部来函告知:“你的团籍问题,经团区委调查了解,并根据中央甄别工作指示,于(1962年)8月30日研究,认为原对你的开除团籍处分过重，决定取消原处分决定,自即日起恢复你的团籍……”这对我来说真是一件“天大的喜事”，母亲知道这一喜讯后高兴得逢人便说:“我儿子得救了。”年近87岁的爷爷更是激动得老泪纵横,谆谆的教导我“要记住这件事的教训”,要“哪里跌倒的,就从哪里爬起来”,并热情的鼓励我要牢记“百炼成钢”“真金不怕火炼”“是金子就埋不住”等成语、名言的道理。

中学毕业后,因种种条件,使我未能进入高等学校继续学习,高等学校就成了我终生可望而不可即的神圣殿堂,未步入神圣殿堂深造,是我人生的一大憾事。但在我的头脑中却始终存有一种“不甘心”的思想,离开了学校后,我仍渴望着学习更多的科学文化知识。父母、爷爷等家人也都支持我走“自修”的路,父亲也经常为我讲述爷爷王襄老人发现、研究甲骨文,六爷爷雪民老人钻研篆刻技艺的过程,鼓励我,研究学问,只要自己肯下功夫钻研,也有可能是无师自通。爷爷为我讲解古文、古诗词,指导我系统地学习、阅读姚鼐的《古文辞类纂》;教我学会使用《说文解字》《书目答问》等工具书。好友黑祖昆、徐宝堂等人从天津、北京、河北省等地的高等院校中,为我购买了大量高等学校学生的用书,帮助我能够及时地学习到高等院校的部分课程。天津人民图书馆(天津图书馆的前身)、新华书店、外文书店更是我经常光顾的处所,也是我查找资料的基地。在家人与朋友的关心、帮助下,我坚持了三四年的自学生活,完成了大学一二年级的文科、理科基础课的学习以及大量的文学、历史、外语等专业课的学习与人生哲理,为我后来参加工作打下了极其良好的基础。我恢复团籍后,立即得到街道团组织的重用,并在街道团组织中参加工作与担任一定的职务。精神负担减轻后,身体日渐康复,我在休养身体的同时,更加努力的“自修”,准备参加工作。

当年我已是一位二十二三岁的青年了,爷爷鼓励我,身体日渐康复后,冷静下来(即指我恢复团籍一事),要学点“真本事”,“赶快工作”,“不能闲吃饭”。在爷爷的督促与教育下,经街道共青团团委及办事处的推荐与介绍,我于1964年初参加了教育系统的工作,成为一名光荣的人民教师。我参加工作时,爷爷已年届九旬,他的身体日渐衰弱,体力不支,终日昏睡,即便如此,每当我向爷爷讲述学校的生活、学生间发生的诸多故事时,他都尽力地悉心聆听,并不时地提些疑问,爷爷还曾多次告诫我,初为人师,应按韩愈的《师说》所讲,遵行“为人师表”的“师道”;热爱学生,要像孔子那样:“孔子居杏坛,贤人七十,弟子三千”,“桃李满天下”,尽力做到“青出于蓝而胜于蓝”,“弟子优于师傅”。爷爷要我牢记“开除团籍”一事的教训,多靠拢组织与领导;还鼓励我利用业余时间要继续坚持学习科学、文化知识,不能满足于“半瓶醋”,多为国家做贡献。爷爷这些“一言半语”的教导,我铭记在心,此后我一生的工作与学习,就是遵照爷爷生前的教诲,使我终身受益。

从我年幼记事始,至爷爷1965年病逝,我与他老人家共相处、生活约20年,此期间虽已是爷爷的晚年(70—90岁),但也正是他政治、思想、学术上最成熟的阶段,我有幸在自己的童年、少年与青年时期得到爷爷的教导,对自己的世界观与人生观的形成有着巨大的影响,我从小就想成为一名“像爷爷那样的学者”——既是共产党员又是学者,并终生为这一目标而奋斗。爷爷逝世后,家人极为悲痛,深感家中失去了一位“主心骨”,失去了一位“和蔼可亲的大好人”(我母亲的话语)。我在日后的生活与工作中，牢记爷爷生前的鼓励与教导，无论在教育战线或档案工作中，都积极靠拢组织，钻研业务，勤奋学习，努力工作，取得了一些成绩，得到了党组织和学校、机关领导以及同志们的表扬。随着改革开放的大潮，在党组织的培养教育下，我也光荣地加入了中国共产党。

如今，我已退休。在整理与回忆爷爷王襄老人的人生道路时，感受到爷爷一生经历了清末、民国、日伪不同时期的反动统治，饱尝了国家、民族的危难，他克服了重重困难，献身于祖国的科学事业，把全部的精力贡献给学术研究工作，淡泊自甘，从不将学术研究作为谋取私利的手段，热爱科学，献身科学，他的这种爱国主义的精神，对于我们后辈，至今仍具有深刻的教育意义。爷爷是我国最早发现、搜集、研究甲骨文字的学者之一，他在艰苦条件下，编纂的《簠室殷契类纂》《簠室殷契征文》等专著，对我国的甲骨学的研究与发展做出了重大贡献，他一生用全部心血倾注在古文字学、金石学、考古学等学科的研究上，且长期节衣缩食地搜集金石文物，对古陶、古镜、古俑、古钱、古文字、唐人写经、书法篆刻等方面，都有研究，并有独到的见解，但他从不居功自傲，更不夸夸其谈。爷爷在政治上是一位明辨是非、爱国、爱民族的洁身自爱的学者，他憎恶旧社会，笃爱新社会，新中国成立后自觉学习马列主义、毛泽东思想，在党的教育下，他从清末的举人，成为了一位为人民服务的共产党员，得到了天津市党、政府和人民的关怀与尊重，他积极参加中国科学院《甲骨文合集》编委会、天津市政协、天津市文史研究馆等工作，并将自己辛勤搜集的甲骨(包括拓片)、文物、图书、手稿等全部献给了国家。这位学术上卓有贡献的学者，政治品德上的完人，家庭、子孙的榜样与长者，后辈人将永久地怀念。

六、过年的记忆

我小的时候，盼望着能够天天“过年”。

1949 年前，每年春节，家中非常热闹，一进“腊月”，我家的前院、后院就显得“年味儿”十足，各屋的叔叔、婶婶便忙碌起来，有的置办年货，有的打扫房屋、院落。母亲此时更是一位“忙人”，她除了要协助“干奶奶李妈”购物、做卫生外，每天还要加班加点为孩子与家人赶制节日的新衣。此时的我，生活得更为愉快，大人们忙着“过年”的事，没有精力顾及我，因此，我有充分的时间“自由自在”地玩耍。父亲不时地为我买些玩具，如空竹、木刀、木扎枪，“金鱼”灯笼，京戏脸谱的面具等，为我的“玩”增添了不少新的内容和情趣。我和妹妹们，每人还可以得到许多好吃的干鲜果品，换上新衣、新鞋，有时还会得到父母或叔叔、姑姑们赠送的一份小小的礼物，自然也会得到爷爷、奶奶给的“压岁钱”。“过年”真是一件太高兴的事情了。

关于“过年”我还有几段犹新的记忆：

每年腊月初八，全家人要过“腊八儿”节，按照天津人的习俗，这一天全家要喝腊八粥。我家熬制的腊八粥非常好吃，粥里面除了放有许多糯米、各种豆类外，还有红枣、栗子、莲子、白果、核桃仁、花生仁等许多好吃的东西，加些食糖香甜可口，尤其是粥中的栗子特别好吃，令人难以忘怀。天津人还在这天用醋泡大蒜，名曰“腊八醋”。“腊八醋”味道醇正，也是吃饺子、拌凉菜的重要佐料，可惜的是，1949 年前我家从不泡制“腊八醋”，其原因听母亲讲，是因为早年家中祖辈在一次泡制“腊八醋”后，不吉利，死了人，此后家中再不泡制“腊八醋”。同样的原因，我家过年门窗上也从不悬挂带有节日红火气氛的“吊钱儿”，至新中国成立后才开此禁忌。

腊月十五，以娘娘宫（天后宫）为轴心的宫北、宫南大街上，商铺张灯结彩，货架上布满了琳琅满目的各种年货；大街两侧，卖蜡烛、空竹、鞭炮、绢花、瓷器、春联、年画、糖果、玩具等摊贩遍布，热闹非凡，这里是我最爱逛街、玩耍的地方，从腊月十五至三十日，几乎天天都要光临。

腊月二十三，按照天津的习俗“灶王爷上天”，要用糖瓜祭灶，百姓要过“小年”。我不管“灶王爷上天”祭灶，也不管要过“小年”，我只管要吃“糖瓜”。“糖瓜”这种应时到节的食品，用麦芽糖熬制而成，吃在口中甜而不腻，麦香味十足，有的“糖瓜”粘有一层芝麻，吃起来别有一番风味。

旧历的除夕之夜——腊月“年三十”的夜晚，更是我的“天堂”。傍晚，天色刚刚转黑，院里、屋里的电灯就亮起来了，伴随着“年夜饭”的酒香味，在由远处传来的声声爆竹声中，晚饭后，我和妹妹们便手提着点燃红蜡烛的灯笼，前院、后院地到处乱跑，尽情地燃放烟花鞭炮，欢声笑语充满了整个院落。此时，各屋中的婶母们忙着准备“年三十夜”敬神、祭祖用的饺子、年糕、馒首、鸡、鱼、肉等“供品”，爷爷坐在柜旁，依靠着大柜，一边打盹，一边在似睡非睡的朦胧状态中听着从收音机中传来的京戏、曲艺节目，奶奶和老太太们“搓搓麻将”“斗什和”，叔叔和姑姑们则在前院西屋的客厅里举办一个小小的“家庭音乐舞会”，用留声机唱片放送着“音乐名曲”，并在欢乐的乐曲声中，翩翩起舞。爷爷对人们的这些活动，用一句话概括为：“各有主张。”

午夜时分，敬神、祭祖开始了，家人们穿戴好专为过年新添置的衣物，在爷爷的带领下，来到后院的东屋，这里是我家的“神堂”，堂屋的中央陈设着“佛龛”（专为悬挂神像用的木质雕花物，今已赠送给天津博物馆保存)，里面供奉着绘有"全神像"的"大纸"，且每年要更换一次。据父亲告诉我说，这种"全神像大纸"须到"娘娘宫"或北京的琉璃厂去"请"方为灵验。然而我见到的"大纸"上绘制的各路神仙，姿态大致相同，呈端坐状；面目略有差异，涂有各种颜色(或用红、黄、绿、金等纸，贴在脸部)，可谓是"神头鬼脸""大小不一"。"佛龛"前的方桌系着绣花的桌围子，铺着大红色桌布，方桌两边的太师椅上摆放大红色的椅子垫，方桌上布满了碗、筷、酒杯及各种干鲜果品，饺子，鱼肉等供品，"佛龛"两侧陈列着一对点燃蜡烛的烛台，中央摆放着一座铜制的香炉。敬神时，爷爷首先点燃一炷香(实际上是点燃3—5根香)，插进香炉里，庭院中鞭炮齐鸣，然后家人们面对"各路神仙"行三鞠躬礼。礼毕后，爷爷又带领全家人直奔后院南屋的"家庙"去祭祖，一进南屋，面对的条案、方桌上陈列着"家庙"(木质雕刻精致的房屋模型，已赠天津博物馆保存)，"家庙"中排列着我家祖宗的灵牌，存放着祖辈的"影"(即画像，因当时照相技术尚未普遍，故以"影"替代照片)，方桌上同样摆放着许多祭祀用的供品，爷爷上香后，家人们照常行三鞠躬礼。据父亲讲，我家的敬神、祭祖或拜见长辈，以及婚丧嫁娶诸事，大约于辛亥革命后，各项礼仪活动，均废除跪拜礼，而改行鞠躬礼，这在当时也可谓是一件"革新"的大事了，此种习俗一直延续至今。

敬神、祭祖大礼后，家人们开始守岁，熬夜过年，一家人围在火炉旁，大人们一边包着年夜饭的“素饺子”，一边唠着家常，而我们这些孩子们则尽情地吃着零食、放着鞭炮、耍着玩具、打着灯笼前后院地乱跑，挨门挨屋地乱串，玩得十分开心，待困乏后，爬上床倒头便睡，爷爷也和我们孩子一样，从不熬夜。

新春到来，正月初一清晨，天刚蒙蒙亮，家人们又忙碌起来了，要举行隆重的“升大纸”活动，在阵阵鞭炮声中，人们将陈旧的“大纸”从“佛龛”中“请”了出来，再将已准备好的新“大纸”，“迎来”安置进“佛龛”里，然后用蜡烛点燃旧的“大纸”，焚香、鸣鞭炮，祈祷诸神平安升天。待旧的“大纸升天”后(完全燃烧后，化成为一堆灰烬)，一年一度的敬神仪式最终告一段落。此后，家人便按照天津卫的习俗，“初一饺子，初二面，初三合子往家转”，经过“破五”，直到正月十五“元宵”“灯节”，“过年”才宣告结束。

这些儿时过年的乐趣，虽已成往事，但在我心中却是永远难忘的快乐时光。

附
录

一、王襄大事年表

1876年(清光绪二年　丙子) 1岁

12月31日(农历十一月十六日)诞生于天津县城内二道街张泽水胡同[光绪二十年(1894年)改称为贡院胡同,今南开区贡院胡同]。其父王恩瀚(1847—1921年,字桂生,善中医,曾考取举人。)其母吕氏。

1879年(清光绪五年　己卯) 4岁

二弟王赞(字嚮夔,一字向葵)诞生。

1881年(清光绪七年　辛巳) 6岁

本年前后,全家移居城内东门里仓门口内西侧孙家胡同的一处宅院(与今南开区东门里基督教会仓门口会堂仅一墙之隔,1983年改称为南开区华容胡同)。

1882年(清光绪八年　壬午) 7岁

入书塾读书。

1883年(清光绪九年　癸未) 8岁

三弟王钊(初名衡,字雪民,一字燮民。篆刻家。)诞生。

1886年(清光绪十二年 丙戌) 11岁

从叔父王恩浵(1851—1900年,字香溪,号筠生、又号石珊,著名书法家。曾考取举人。)赴津门城东南斜街天津画家樊荫慈(号小舫)家的"樊氏家塾"读书。

1893年(清光绪十九年 癸巳) 18岁

自18岁至22岁,从王守恂(1865—1936年,天津人。字仁安,号阮南,晚号拙老人。光绪二十四年戊戌科进士)、李桐庵二位老师学习有关科举文字、古文及读书方法。

1894年(清光绪二十年 甲午) 19岁

王守恂"移馆王氏",且居于王恩瀚(桂生)宅中。继续从王守恂学"举业";始习古文、古诗词。

1895年(清光绪二十一年 乙未)20岁

开始从事中国金石文字学的研究。因"知读书需先识字",乃着力从事于许慎《说文解字》的研读,认为《说文解字》中的"古文、籀文多从七国时诡异之体及籀篇之遗,至真仓籀遗文,当求诸彝器款式",明确指出《说文解字》中的古文、籀文，仅为战国时期所流行的部分文字，极不全面，若要探讨古文字的演变源流，则必须大力研究出土的古器物。“为此彝器款识，藏之地下，显于人间，未为妄人点窜”，故“治金石学业。金可证经，石可订史，学固博奥，未易穷也”，为了研究工作的需要，积极练习篆书和治印。

1896 年(清光绪二十二年 丙申) 21 岁

继续从王守恂学“举业”，古文及古诗词。

1897 年(清光绪二十三年 丁酉) 22 岁

继续从王守恂学“举业”，古文及古诗词。

开始研读近代西方科技文化著作。

与夫人叶氏结婚。

1898 年(清光绪二十四年 戊戌) 23 岁

11 月(农历十月)，山东潍县古董商人范寿轩来津售古物，并到家中(原仓门口内孙家胡同，1983 年地名普查时，更名为华容胡同)。谈及河南“汤阴”(实则为河南安阳)出土“骨版”事，并征询欲得之否，乡人孟定生(广慧)闻之，“意为古简”，“促其脂车访求”。这是我国学者知有殷墟书契(甲骨)出土的最早信息。

补县学生。

1899 年(清光绪二十五年　己亥)　24 岁

秋季,古董商人范寿轩携甲骨来津求售,与孟定生二人竭力购求,由于"甲骨之大者,字酬一金",因二人皆为寒士,财力不逮,故仅于所见十百数中获得一二。其他"未购及未见之品"(包括一个整甲的上半),由范寿轩携至京师,"尽数售诸福山王文敏公"。此为我国学者首次发现甲骨,并开始竭力购求甲骨。

1900 年(清光绪二十六年　庚子)　25 岁

2 月,叔父王恩溯病故,终年 49 岁。

3 月,母亲吕氏病故,终年 49 岁。

6 月,八国联军入侵津门,城内东门里仓门口内孙家胡同的宅院中弹被毁。全家冒炮火,仓促逃至西城。后从流落于天津的山东潍县古董商人范维卿的手中,购得百余片甲骨。

秋季,录成《贞卜文临本》第一册,开始学习、临摹甲骨文。

庚子战乱后,全家移居城内东门里大刘家胡同(今南开区东门内大刘胡同 15 号)。

1901 年(清光绪二十七年　辛丑)　26 岁

叔父王恩湝病故,终年 59 岁。王恩湝(1842—1901

年,字晋仙,号景闲,晚号耐园。清光绪丁丑科进士,并获第四十二名翰林,任翰林院检讨)。

购得甲骨若干片。

1903 年(清光绪二十九年　癸卯) 28 岁

2 月,戊戌变法及义和团运动失败后,清政府采取废科举、兴学校的方法,以缓和社会矛盾并维护其封建统治。一时社会上出现了新学与旧学之争,因受各种思潮的影响,选择了参加普通学堂(即后来的铃铛阁中学)的进修,努力地阅读大量进步、革命报刊及近代西方自然与社会科学书籍,热情宣传爱国思想,认为"吾人读书当具爱国之心,为青年书自立之道"并自修英语。

1904 年(清光绪三十年　甲辰) 29 岁

开始系统地研究甲骨文。

11 月,夫人叶氏病故。

1905 年(清光绪三十一年　乙巳) 30 岁

夏季,赴北京参加清农工商部高等实业学堂招生考试。

冬季,与继配夫人杨氏结婚。

购得甲骨若干片。

1906年(清光绪三十二年　丙午)　31岁

考入清农工商部高等实业学堂预科学习。师从华学涑(化学课教师。1872—1927年,字实甫,石斧,中国同盟会员,力主革命及实业救国,天津著名教育家)、林纾(语文课)等教师。

继续研究金石文字学。

4月,完成《贞卜文临本》第一册中的孟(定生)藏及自藏的共563片甲骨的释文,并送交孟定生审阅。

9月,课余,在北京东珠市口天津试馆旧址的北京畿辅实业学堂（该校为直系同乡京官捐资筹办的,于1908年后因经费支绌,则逐渐停办,仅招生两期)内,任分析化学教师。

继配夫人杨氏病故。

1907年(清光绪三十三年　丁未)　32岁

继续在清农工商部高等实业学堂预科学习。

因得王廉生(懿荣)所藏中白作旅簠,故以所藏古器物,更书斋名为“簠室”。

12月19日(农历十一月初五日),与继配夫人杨时结婚。

1908年(清光绪三十四年　戊申)　33岁

入清农工商部高等实业学堂矿科学习。

编成《簠室古甬》一书。此书是我国最早著录古明器为图录的专著。

《晋斋宝藏彝器款识》(共5册)一文辑成。

由华学涑先生介绍加入中国同盟会(据天津画家陆文郁所讲,待考)。

1909年(清宣统元年 己酉) 34岁

继续在清农工商部高等实业学堂矿科学习。

《簠室古甬》一书出版。收录个人所藏古代明器64件,分类摄影,并附有说明14页,印本极为精湛。

长子长儒出生。

1910年(清宣统二年 庚戌) 35岁

12月15日,毕业于清农工商部高等实业学堂矿科(预科2年、专科3年)。奖给举人,候补河南省知县。

秋,与罗振玉相识。获罗氏《殷商贞卜文字考》。

完成《题甲子表》文:“此兽骨拓本三,由甲子至癸亥合为全文。甲子表与贞卜文同出安阳小屯村,备古人推步之用,故无他文字。此表可以书契视之,较贞卜文为可贵。□即古巳字。有宋以来,金文中遇□字均释子,纷纷聚讼,迄无定论,得此表足解纠纷矣。”(后收入《簠室题跋》(卷一)。

又:天津杨柳青刘子恒君,曾购得“王襄老人手拓六十甲子表三残墨本”。此墨本题跋为:“此三兽骨文,由甲子至癸亥合为全文。与龟卜文同出安阳,乃古人专备卜时查日之用,故无它文字,此表匪可已书契视之,较龟卜文尤为可宝。□古巳字,有宋以来,金文中遇乙巳、癸巳之巳,均释为子,纷纷聚讼,讫无定论,得此表,凡千余年之疑义,一旦冰解,其有功考古如此,呈定老世叔。”

购得甲骨若干片。

1911 年(清宣统三年　辛亥) 36 岁

春,其弟王赞“以事走京师”,获六朝唐人写经,邮至津门,始大力搜求六朝唐人写经,所得甚丰。

9 月,赴河南开封候补知县,曾任王守恂的河南巡警道警务公所帮办文牍。

12 月,因亲睹官场龌龊,遂绝意仕途,辛亥革命爆发武昌起义,返津。

1912 年(中华民国元年　壬子) 37 岁

与其弟王钊一同参加天津民国法政讲习所学习。

1913 年(中华民国二年　癸丑) 38 岁

4 月,毕业于天津民国法政讲习所经济科,并被委任为天津县行政公署技士。

女儿敬儒出生。

1914年(中华民国三年 甲寅) 39岁

经陈震华先生（清农工商部高等实业学堂同学)介绍,入长芦盐务稽核所石碑支所任职。

著《簠室识小录》(共2册)。

次子翁儒出生。

1915年(中华民国四年 乙卯) 40岁

辑录并完成《簠室杂钞》(第一册)。

1916年(中华民国五年 丙辰) 41岁

春,获罗振玉寄赠的《流沙坠简》一书,阅读后,写出专著《流沙坠简勘误记》。

三子孟儒出生。

1917年(中华民国六年 丁巳) 42岁

完成《簠室杂钞》(第二册)。

购得甲骨若干片。(据崔志远先生讲，自1899年起，经1900年、1901年、1905年、1910年及1917年等,王襄老人“陆续购进甲骨4000多片。”又据李鹤年先生、杨继曾先生讲,王襄老人一生“所藏甲骨5000片左右”。)

1918年(中华民国七年 戊午) 43岁

《簠室殷契类纂》一书初稿完成。并送请王懿荣之次子王崇烈(字翰甫)校正。

完成《簠室丛录》(共4卷)。

1919年(中华民国八年 己未) 44岁

为所辑《贞卜文临本》第一册写序,题名为《贞卜文临本序。□己未》(后收入《簠室题跋》第一册时改题为《贞卜文临本序》)。此文中有甲骨文的发现者,首次谈及我国学者发现甲骨文的经过,极有参考价值。后发表于1933年《河北博物院画刊》(第32期)。

整理订定《簠室杂钞》(共4册)。

重装《古鉥临本》(共收68印,并写《题所摹古鉥册》一文)。

1920年(中华民国九年 庚申) 45岁

12月,《簠室殷契类纂》(初版)一书,由天津河北第一博物院出版[曾得到俞祖鑫(字品三)先生的大力协助]。全书两册,为我国第一部甲骨字汇,具有甲骨文字典的功能,全书共分四类:

《正编》十四卷(依据《说文解字》,所识之字有873字,重文2110字,共录2983字);

《附编》一卷(合文243字,其中98字为重文);

《存疑》十四卷(依据《说文解字》所无或难以确认者1852字,且按偏旁部首排列);

《待考》一卷(不能收入《存疑》的142字)。并有华学涑、王守恂文及自序。

完成《簠室题跋》(卷一),共收录题跋92篇。

1921年(中华民国十年　辛酉)　46岁

8月31日,父亲王恩瀚病故,终年73岁。

秋季,调职福建盐务稽核所工作。

四子巨儒出生。

1922年(中华民国十一年　壬戌)　47岁

4月,完成《彝器铭释文》(后定名为《金文新释》,原稿不幸遗失)一文。

1923年(中华民国十二年　癸亥)　48岁

秋季,由福建返津休假,假满后,调职广东盐务稽核所工作。

完成《簠室殷契征文》书稿。

1925年(中华民国十四年　乙丑)　50岁

9月,《簠室殷契征文》(初版)一书,由天津河北第一博物院出版[曾得到俞祖鑫(字品三)先生的大力协助]。全书4册,由正文12卷、考释12卷及自序组成,共著录甲骨文1125条。收录的殷契墨本,皆择选自个人所藏甲骨,拓本影印而成。全书分为12类:天象、地望、帝系、人名、岁时、干支、贞类、典礼、征伐、游田、杂事、文字。而且此书是按照释类分类方法,分门别类地著录甲骨,实为首创。

11月,调职四川省射洪盐务稽核所工作。

1926年(中华民国十五年 丙寅) 51岁

由四川射洪调职至四川三台盐务稽核所工作。

1927年(中华民国十六年 丁卯) 52岁

在四川三台,修订初版的《簠室殷契类纂》一书。

华学涑先生于天津逝世,以悼诗纪念之。

1928年(中华民国十七年 戊辰) 53岁

冬季,自四川返津休假10个月。

诗集《入蜀诗草》定稿。共收录1925—1928年,于四川时所写旧诗73首。

辑录《入蜀琐录》(共2册)。收录1925—1928年于四川时,金石文题记等800余则。

继续修订初版的《簠室殷契类纂》一书。新识及勘误者27字,增补异文11字。

1929年(中华民国十八年 己巳) 54岁

1月,为天津的《常识画报》编辑《金石文字之狱》副刊,第一期于本月21日出版,发表有《中国文字变迁略说》一文。

9月,休假期满。调职至浙江省盐务稽核所乍浦分所工作。

10月,《簠室殷契类纂》一书,由天津河北第一博物院再版印行。

自浙江写诗《寿温支英》,为温世霖(1870—1935年,天津人,字支英。清末秀才,教育家和社会活动家)贺寿。为逝世于天津的严修写挽联悼唁之。

1930年(中华民国十九年 庚午) 55岁

完成《读书管窥集》一文(曾题名为《读书小识》《读书识小录》《簠室赘言》)。是阅读《三国志》《荀子》《吕氏春秋》等书的笔记。

完成《虞斋临古今文字》(共4册,其中第一、二册于1907年完成,第三册于1919年完成,第四册于1930年完成),为临摹陈簠斋等各家所藏彝器款式618件。

抄录罗振玉《梦郼草堂吉金图》及其《续编》,于省吾《尊古斋吉金图》等,并合订成册。

1931年(中华民国二十年　辛未)　56岁

8月,完成《秦前文字韵林》一书,并写序。此书所集文字,是以《簠室殷契类纂》《说文古籀补》《金文编》为蓝本,上起殷商,下至战国(七国),凡卜辞、金文、石鼓文、匋文、玺文、币文等释出的可识之字,共3102字,以《佩文韵府》之例,成为五编(分上平、下平、上、去、入五编)。此书曾于1934年交由书商印刷,但因印价问题而未能出版。

9月18日,日本帝国主义发动侵华战争,九一八事变后,日军侵占我国东北三省、热河等地,面对敌寇压境、山河破碎的时局,开始以诗抒愤。

完成《纶阁文稿》(第一册),辑1916—1931年文稿29篇。

完成诗集《越中吟》,辑诗13首。

《读书管窥集》及《簠室题跋》(卷一)中的部分文章,在《河北第一博物院院刊》上开始陆续发表。

冬季,调职湖北省盐务稽核所新堤分所工作。

1932年(中华民国二十一年　壬申)　57岁

《题寄钊弟贞卜文集字》一文,刊于《河北第一博物院半月刊》(第8期),后辑入《簠室题跋》卷一。

以自己的人生阅历、体会写出《示翁儒兼示诸子》诗,告诫子女"立志与立品,有恒毋怠荒。进修日磨砺,久久入明光”的道理。

1933年(中华民国二十二年 癸酉) 58岁

3月3日,闻热河被日军侵占,写《再题埃及王像拓本》语句,抒忧国忧民之情,慨叹“哀哉国亡,死者之墓亦不得保,至堪痛矣”。

5月,友人易穞园邮来般契拓本64册,并完成《题易穞园般契拓册》一文。

[注:易穞园(1866—1969)名忠箓,字均宝。湖北潜江人。民国初年任省议会会员,后任私立文华大学教授。痞金石,精鉴定。收藏古籍。拓本多世不经见者。]

完成《殷契录存》(第二册)。全书由二部分组成:第一部分为录自1931年前中央历史语言研究所发掘报告中389片,第二部分为录自易穞园20片。

《题所录贞卜文册》(即《贞卜文临本序 己未》)一文,发表于《河北博物院画刊》(第32期)。

1934年(中华民国二十三年 甲戌) 59岁

夏季,由湖北返津休假。由铁路局代运行李时,将装有甲骨的木箱遗失,后几经周折,从张家口车站追回。

完成《纶阁诗稿》(第一册)。诗集《泽畔集》(收录诗9首)编入《纶阁诗稿》。

秋季,休假期满。调职浙江省杭州盐务稽核所工作。

制木质(红木、硬木),铜质镇纸,并刻自题铭文。

11月13日,《申报》发行人史量才与其子及浙江之江大学学生邓仲同于浙江海宁翁家埠被国民党反动派狙击遇难而死。应浙江之江大学同学会之请,代撰《祭邓仲同君》祭文,并写《邓仲同同学遇难事》刻于该校同怀堂,揭露、控告国民党的反动派统治,告后人"知世途可畏哉"。

在杭州结识郁达夫,得郁达夫所书赠联:"夜窗听暗雨,暝色入高楼"。

1935年(中华民国二十四年　已亥) 60岁

3月25日,《题易穞园殷契拓册》一文,曾以《簠室题跋》为题,发表于《河北博物院画刊》(第85期)上,此文是甲骨文的发现者准确、翔实、生动、具体地谈及我国学者首次发现甲骨文的经过,是研究甲骨文发现史的重要依据,有重大的参考价值。

3月,夫人杨时赴杭州。

4月,游西泠印社。

5月1日,王赞弟病故。回津。

完成诗集《越吟续稿》(即《越中吟》续),收录诗17首,编入《纶阁诗稿》。

1936年(中华民国二十五年　丙子) 61岁

调职天津长芦盐务稽核所工作。任丰财场[据《天津市地名志》载：丰财场于元代至元二年(1265 年)建]处长兼厂长。

参加城南诗社。

参加冷枫诗社。

完成《簠室集古籀联语》(共 2 册)，是使用金文、甲骨文等书写的对联的汇集，收联语 554 副，其中：四言 4 副、五言 160 副、六言 2 副、七言 333 副、八言 47 副、九言 3 副、十言 3 副、十一言 1 副、十二言 1 副。

1937 年(中华民国二十六年　丁丑)　62 岁

日寇发动七七事变，抗日战争开始。咏诗抒愤慨之情"放眼河山剧可悲，人间非复太平时。私心有恨空填海，束手无言且咏诗"。

1 月 20 日王守恂病故。写《哭阮师文》悼念之。

为《归田谣》诗集(有《入蜀诗草》《越中吟》《泽畔吟》《越吟续稿》四编)写序。

1938 年(中华民国二十七年　戊寅)　63 岁

完成《簠室题跋》(卷二)，收录 1921—1938 年题跋 108 篇。

1939 年(中华民国二十八年　己卯)　64 岁

秋季，不愿为日伪统治者工作，毅然辞退长芦盐务稽核所职。

完成《宋泉志异录》(一卷)。该书所录宋泉,皆属常中见异,又为前人不经意者,收录的宋泉中,凡有极微小的差异,均能辨析,对"宋泉"研究,极富参考价值。

1940年(中华民国二十九年 庚辰) 65岁

诗人、书法家赵元礼(1868—1939年,天津人,字体仁,又字幼梅,号藏斋,工诗善书)病故。写挽诗《挽赵幼梅诗》悼念之。

1941年(中华民国三十年 辛巳) 66岁

教育家刘宝慈(1873—1941年,天津人,字扫云,号竹生、又号竹笙。1905年创办天津模范小学,主持校务36年,卒后,乡人于校园内立石像并建"竹生亭"以资纪念)病故。为"竹生亭"题写匾额。

以诗句揭露、谴责日寇侵略罪行。

研究甲骨,临摹(日本)林泰辅《龟甲兽骨文字》中20品;李鹤年的殷契拓本中66品,补入《殷契录存》。

1942年(中华民国三十一年 壬午) 67岁

继续以诗句揭露、谴责日寇侵略罪行。写诗(《饿乡》《和章一山留别韵》等)谴责日寇推行"米谷统制政策",抗议强制实行粮食配给制。

冬季，坚定地拒绝参加日寇委托、由日伪天津图书馆出面邀请，在东京举办的“大东亚书道展”。并表示“事之来也，不慑于声势，不屈于利害，从容处理”，不能变节的大无畏精神。

为避开众多日伪索书者，特订《王纶阁篆书润格》，开始鬻字。

继续研究甲骨文，读容庚《殷契卜辞》、董作宾《断代研究》，录其中若干甲骨于《殷契录存》之中。

为王守恂写墓志铭《先师王公墓志铭》。

在“崇化学会”开办的国学讲习班夜校讲授《左传》。

1943年(中华民国三十二年 癸未) 68岁

主持天津私立淑修小学校（城内鼓楼东大刘家胡同）校务。

完成《丛录备忘》(第一、二册)。

继续研究甲骨文，开始辑录《契文汇录》(第三册)。录有孙海波《甲骨文录》、梅原末治《安阳遗宝》等书中若干卜辞。

撰写《题墓门画像拓》

1944年(中华民国三十三年 甲申) 69岁

9月，日寇侵略我国已七年，感时忧患，无时或已。继续以诗句揭露、谴责日寇侵略罪行。借题埃及造像，以抒积愤。其诗有:《题埃及造像拓屏》《题埃及画像诗》《再题》。

《题自书横额,用放翁“此处天教著放翁”句》自励。指出:“陆放翁生当南宋,不忘汴京版图,其爱国热诚形于歌咏,读之发人深感。书此以志悦服,匪自况也。”

秋季,得《半塘定稿》《樵风乐府》《第一生修梅花馆词》《疆村语业》等词集十数种,读后有感,题字以记之,收入《簠室题跋》。

1945年(中华民国三十四年 乙酉) 70岁

8月15日,日寇无条件投降,极为欢悦,“知日本降服,八年国难,一朝告靖,中心慰忭,匪区区身世已也”。“曩逢国难,几不知所终。今则大难已定,目睹太平,俯仰欢慰,不虚此生矣”。

书写象形“虎”字,并《题所临象形虎字》:“兽之猛者莫如虎,乃以文称不以猛著也。然责人之恃兵以逞,夺权攘利,将不虎若也。噫! 可以鉴矣。”借此,一吐8年之积恨。

书写楷书联“陋室富破书乱帖,热肠搜冷石寒金”。题词写道:“近年贫病欺人,汰除壹是,默记所系,尚有四事:书、帖、金、石,昔日酷好,今犹未忘情,撰联自怡”,以此抒发终生治学之志。

继续研究甲骨文,从郭沫若《殷契碎编》及刘子恒藏殷契墨拓中摘录365品,辑入《契文汇录》(第三册)。

1946年(中华民国三十五年 丙戌) 71岁

年初，为叔父(十三叔)王恩澎之外曾孙杨硕民题画，并作《题画》诗："老逢乱世，盐米苦人。画中写照皆太平风味，感怀题句，藉解郁何？果厨中有此供给，亦生事之幸"。指出，抗战胜利后，国民党反动派的统治，仍然是政治腐败，对人民压榨依旧。人民所受苦难不减当年。当时的社会生活仍旧是"盐米苦人"的"乱世"。日本投降后的几个月所谓的"太平风味""厨中供给"，仅仅是"画中写照"而已。

7月24日，弟王钊病故。

秋季，北京"来薰阁"书贾陈某来津，拟以高价收购所藏之甲骨，婉言拒绝。

完成《造像拓本》，并题诗。

1947年(中华民国三十六年 丁亥) 72岁

借写《异事》诗，揭露、抨击国民党反动派的腐败和黑暗统治。诗曰："百万金钱具日飧，将无洗却旧寒酸，告君饱饫清新味，黍饭滑匙蕨荐盘。纸价缘何重白麻，瑶篇从此辱泥沙，祖龙劫遇今重遇，涕泪谁悲著作家。"指出，"异事有二，见于今时，类别言之：寒家九口，日食百万，可云奢矣。然厨下供给脱粟豉羹，匪享用逾情，实物价奇大。肆中书价不敌纸贵，函装之书狼藉售纸，亦著书者之厄欤？私心深忧，感叹成句"。

秋季，完成《古文流变臆说》(上编)。

11月，完成《从录备忘》(第三册)。

冬季，完成《古陶今释(一编)》(共2卷)，并继续整理、搜集《古陶今释续编》有关资料。

在“崇化学会”任教，教授《春秋左氏传》。

1948年(中华民国三十七年　戊子)　73岁

天津正处于解放前夕，家中经常得到中共的宣传品如：中国人民解放军的《三大纪律八项注意》《入城须知》《约法八章》等，并得到毛泽东的《新民主主义论》。读后坚信“共产主义就是真”“共产党一定会成功”。

《古陶残器絜语》一文发表于《燕京学报》(第三十五期)。

1949年(中华民国三十八年　己丑)　74岁

1月15日天津解放。清晨，开大门，为露宿在胡同、街巷的解放军战士送去开水，欢迎解放军进城。

写诗高呼“万方解放民更始，不负清时是幸存”，期望衰老之年能有所作为。

完成《古文流变臆说》(下编)。

完成《古陶今释(续编)》(共3卷)。

完成《纶阁文稿》(第二册)。辑1934—1949年文稿30篇。其中《亡弟雪民家传》一文，载有甲骨文在天津被学者首次发现经过的简述。

完成《簠室题跋》(卷三)，收录1938—1949年题跋131篇。

完成《从录备忘》(第四、五册)。

见陈邦怀所藏甲骨,定为上甲微。录入《契文汇录》(第三册)。

完成《契文汇录》(第三册)。

1950年 (庚寅) 75岁

《滕县汉石画像记》一文发表于《燕京学报》(第三十八期),并有抽印本。

完成《古镜写影》。是论述铜镜的专著,以形制刻铭为经,时代为纬,收自春秋至明代铜镜759面,经多年研究而成书,考证翔实,文字精练,颇有价值。

完成《从录备忘》(第六册)。

写长联,并题词励子侄。联语(古籀文)曰:“克家作人功夫基于自爱,博学多识进修惟在有恒”。题词是:“人惟自爱,乃能立品敦行以至成人,近则为一己图事业,远为群众谋福利,胥由自爱立其初基。古今无幸成之学问,既在进修,尤在有恒。果尽力予斯,人之所能吾亦能焉,不患学问之博奥矣。”

1951年 (辛卯) 76岁

新中国成立后,努力自学毛泽东的著作《矛盾论》《实践论》《论人民民主专政》《在延安文艺座谈会上的讲话》等,并阅读《社会发展史》《唯物辩证法》《政治经济学》诸书。深有心得体会,以诗颂之:“……方今唯物之论悦群众,马恩学派已大昌。从来说理重正确,事有实际非荒唐。君居学府闻见博,导以先路新康庄。八月凉秋家酿热,远劳作苦进累觞。”(《答孙正纲》诗)。

10月,再读梅原末治《安阳遗宝》,录书中所载甲骨二版,补记于《契文汇录》(第三册)内。

1952年(壬辰)77岁

开始辑录《纶阁所录殷契》(第四册)。其中录有辅仁大学丛书,唐兰撰集的《天壤阁甲骨文存》所载卜辞。

董作宾自美国来函,拟购买所藏之甲骨,拒绝。

1953年(癸巳)78岁

继续以“元旦书春”的自题方式,在新年元旦,春节到来之际,自颂吉祥、抒发愉快心情、歌颂祖国繁荣昌盛,并自勉家人努力、勤奋工作和生活。如本年为:“元旦书春,革故取新”并记“癸巳元日,天气晴和,七八老人快意书之。”此方法一直沿用至1965年。

2—3月,伊与参为其画像。为画像写《题宝契小象》诗及《题画像》文。待画像装帧完毕,篆书额首“簠室老人宝契小象”，并录《题宝契小象》诗及契文3则。

6月27日，受聘天津市文史研究馆任馆长。

完成《殷代贞史待征录》，并写序言。此文采用殷墟卜辞断代的说法，举贞人87例，并将贞人及其活动一一排比。

完成《丛录备忘》（第八册）。

完成《古陶今释（三编）》《共三编》。收陈簠斋等人的陶文拓本2304件，是研究、考释先秦、两汉陶文的重要资料。

为郑菊如（1866—1953年，名炳勋，天津人，教育家）写墓志铭。

将全部所藏甲骨捐献给国家（现藏天津市历史博物馆。准确数字待查。据胡厚宣先生讲，王襄老人旧藏甲骨“1166片”。）

1954年（甲午）79岁

8月9—13日，列席参加天津市人民代表大会。

10月，完成《殷契墨本选集》。收录自藏殷契拓本300片。

完成《丛录备忘》（第九册）。

1955年（乙未）80岁

2月18日，参加天津市各界人民反对使用原子武器大会，并在大会的《告世界人民书》上签名。

2月28日，提出“汉字简化方案意见”。

3月6—9日，列席参加天津市人民代表大会。

6月27日，为庆祝天津市文史研究馆成立2周年，写“无以岁华将至老，所期作述有千秋”联。并记《题赠文史馆联》：“文史馆开，瞬将二年。承市府之延揽，假艺苑以遨游。四时胜日，小集联欢。愿诸君抽绎夙学，发挥新智，送老著书，扶杖而观建设之成也。”

6月28日，应天津市人民广播电台之请，整理《天津史略》。

夏季，为陆辛农画《百花齐放图》题诗。诗前记载：“陆辛农画师感毛主席‘百花齐放’一语，画图实之。图成，值亚非洲会议开会，事至巧也。同人皆有诗歌咏之，余亦勉制短句附于其后。”诗曰：“昔毛主席政论篇，百花齐放著真诠。辛农画师有妙解，欲以色相呈当前。……我为此图发狂喜，亚非会议适开始。列邦友谊重敦盘，轺车想见皇华使，兹会于今属凿空，青史千载创鸿蒙。政教万国各自异，精神一贯趋大同。”

9月22—27日，出席天津市第一届政治协商会议。当选为政协委员。

11月6日，写联自寿：“老见异书学一进，今逢上寿计八旬”。并题记：“近年读马列著作，遇矛盾之理皆能立解，且合实际，知共产之学造福社会。不图老耄得此异书，胜读礼运诸篇。因制联自寿，以志心悦。”

12月27日，完成《簠室殷契》一文(为《殷契墨本选集》写序。收入《纶阁文稿》第三册时，改成《簠室殷契》。后于1982年9月刊于《历史教学》)。是作者发现、搜集、研究甲骨的自述，为天津学者首次发现甲骨的重要依据之一。

1956年（丙申）81岁

元旦书春："元旦作字，群众日利。丙申元日，天气晴和。社会主义已达高潮，望工农联盟益固，群众日进安康，成为大同，老人亦欲尽力于万一者也。簠室老人王襄私祝。"

2月6日，光荣地加入了中国共产党。

2月25—30日，列席参加天津市人民代表大会。

4月20—23日，出席天津市第二届政治协商会议。

6月19日，甲骨学者胡厚宣夫妇来访，并为其摄影。

6月，发表声明：声讨和揭露美、蒋相互勾结，劫持我国古代文物去美国。

继续研究甲骨、金石之学。其成果有：《题琅琊石刻》《题琅琊石刻屏》《再题汉吉语砖拓》《题临殷契屏》《题程瑶田研拓》等作品。并阅读金祖同《殷契遗珠》、胡厚宣《战后京津新获甲骨集》等专著。

完成《纶阁所录殷契》(第四册)。

开始辑录《簠室所抚殷契》(第五册)。

1957年（丁酉）82岁

1月20日，为《天津晚报》题词："政清俗简，民勤年丰"。

6月，完成《孟定生殷契序》一文。(即为李鹤年写《题孟定生所载殷契拓本》文，后改题为《孟定生殷契序》，收入《纶阁文稿》第四册)。此文中，系统、完整地阐述了天津学者首次发现甲骨文的全过程，是研究甲骨文发现史的重要依据之一。

6月，为唐石父在天津宁河县新获汉瓦，写《题新出残瓦》文。

7月15日，陶孟和及罗常培来访，为其各赠契文联。

7月24日，不慎右腿受伤，经"苏先生"(苏少权，1885—1960年，天津人，著名中医正骨科大夫，其家中多人均以"中医正骨"为业，使用的"苏先生膏药"疗效甚好)医治，痊愈后，行动仍不便。

8月，将《古文流变臆说》《古陶今释》《古镜写影》《簠室殷契》4部书稿，送中国科学院审订。

9月24日，获中国科学院关于《古文流变臆说》《古陶今释》《古镜写影》《簠室殷契》4部书稿审订的意见：认为《古文流变臆说》，有一定水平，原则上同意出版；《古陶今释》，有较高参考价值，建议转让考古所保存；《古镜写影》，未能进行综合论述，故不拟出版；对于《簠室殷契》一书，提出"此书所收甲骨拓本，几全部收入《殷墟书契续编》，科学院考古研究所正在准备编辑《甲骨文字拓片集成》(即《甲骨文合集》),希望作者速与该所联系研究,一并出版”。

9月,迁居。由天津城里东门内大街大刘家胡同(今天津市南开区东门内大街大刘胡同)15号,迁至天津市和平区睦南道睦南里3号。

11月3日,苏联第二颗人造卫星升空,咏诗。

完成《丛录备忘》(第十册)。

完成《簠室题跋》(卷四),收录1950—1957年题跋。

1958年（戊戌）83岁

2月,邀请画家刘子久、陆辛农等人为其画制《萃古园图册》,请陈邦怀作跋,并自题《萃古园记》及诗4首。

完成《丛录备忘》(第十一册)。

完成《纶阁文稿》(第三册)。辑1949—1958年文稿14篇。

继续研究甲骨文:为边正平所藏殷契拓本题诗,录王廉生旧藏殷契拓本45本于《簠室所抚殷契》(第五册)内。

说明：王襄1904—1958年收录诸家所藏甲骨拓本编序

1904年《贞卜文临本》(第一册)

1933年《殷契录存》(第二册)

1949年《契文汇录》(第三册)

1956年《纶阁所录殷契》(第四册)

1958年《簠室所抚殷契》(第五册)

1959年（己未）84岁

受聘为中国科学院历史研究所《甲骨文合集》编辑委员会委员。并将旧藏甲骨拓本全部赠予《甲骨文合集》编辑部。

完成《纶阁文稿》(第四册)。辑1957—1959年文稿4篇。一生辑《纶阁文稿》共4册,89篇。

为杨鲁安书赠“古为今用”条幅(篆书)。并题记:“继曾书来,属书此四字。详释其意,有不为考古而考古,则考古之用途乃大见,其于马列之学得其精实之义也。书以相证。”

1960年（庚子）85岁

完成《汉及后汉文物举例·附新文物举例》。是研究新中国成立前、后出土传世的两汉新莽时期文物的重要参考资料。

邓颖超同志到家探视、慰问。

1961年（辛丑）86岁

10月,《古文流变臆说》由龙门联合书局出版。该书就甲骨文、金文推考我国文字演变规律。举甲骨文69字,金文75字以为释例,加以说明。全书分上、下两篇。是文字学者研究工作的重要参考。

应北京和平画店之请，书写“一曲长歌广陵散，万弩齐发浙江潮”篆文联。

邓颖超同志到家探视、慰问。

1962年（壬寅）87岁

2月，受聘为天津市人民委员会文物保管委员会委员。

12月，应邀参加天津市艺术博物馆主办的天津市书画300年展览会。送去展品篆书毛泽东《如梦令·元旦》及“散氏盘”铭文，并展出。

1963年（癸卯）88岁

6月27日，天津市文史研究馆成立10周年。写诗赠全馆同志共庆之。

12月13日，当选为中国人民政治协商会议河北省天津市第三届委员会委员。

完成《簠室题跋》（卷五），收录1958—1963年题跋44篇。其中1964年11月16日的《题王纶阁画像》一文是其一生中所写的最后的一篇文章。一生辑《簠室题跋》共5卷，418篇。

1964年（甲辰）89岁

1月1日，写："元旦书春，凡事遂心"。

春节，写："初春试笔，百事如意"。并写诗一首祝问文史馆诸同志："计来此日皆为客，忽忽清贫过自然。差善诸君皆健者，无穷快乐颂常年。"此为生前所写的最后一首诗，一生辑《纶阁诗稿》共2册，写诗312首。

3月初，致函北京胡厚宣，询问《甲骨文合集》的编辑工作。

夏季，胡厚宣来津访问，并为其拍照留影。

7月，应北京荣宝斋之请，篆书毛泽东《如梦令·元旦》。另楷书毛泽东《采桑子·重阳》，一并寄复。

10月1日，得李骆公制"国情十五年 我寿九十"印。此为生前所用的最后一方印，一生共用印章170方。

用毛泽东、周恩来、鲁迅、陈毅等人的诗句，书写条幅（篆书、楷书），赠家人及亲友。

1965年（乙巳）90岁

1月1日，写："元旦书春，万事从心"。

1月31日晚7时30分，因患肺炎，病逝于天津市医学院附属第一中心医院（即天和医院）。住院医治期间，天津市党政领导同志曾多次亲来慰问。

2月3日，《天津日报》刊登"市文史研究馆馆长王襄同志逝世"的新闻。宣告"王襄同志治丧委员会"成立，并发布《讣告》。

2月4日,《天津日报》《河北日报》相继发布《讣告》。

2月5日9时30分,天津市文史馆馆长王襄同志追悼会在市殡仪馆(原和平区河南路58号)召开。天津市副市长王培仁主祭。

2月5日,王襄棺木安葬于天津市北仓第一公墓。

夏季,遵其遗嘱,将其一生的手稿、墨迹、甲骨和全部收藏,均捐献给国家,由天津市革命委员会接收,分类后,分别拨交给天津市历史博物馆(甲骨、文物),天津市人民图书馆(书籍、手稿),天津市艺术博物馆(墨迹、字画、印章),天津市文史研究馆(其他部分收藏)保管。

9月,天津市人民委员会,为奖励其捐献遗著及收藏文物,特举行颁奖仪式大会,副市长周叔弢主持会议、授奖。同时,由天津市文物保管委员会、天津市文史研究馆,在天津市文物公司2楼,历时2周,联合举办王襄同志遗著及收藏文物展览会。

二、王襄部分著作分类简目

这里开列的王襄老人著作目录，仅为王襄先生一生著作中最具代表性的部分作品。各类作品按时序排列，作品时间不详者，一律附在其后。其中带有“*”的篇目，为已经出版印刷或发表过的作品。

1. 古文字(甲骨文)类

《贞卜文临本》(即《簠室所抚殷契》第一册)(1900年)

*《簠室殷契类纂》(《正编》14卷、《附编》1卷、《存疑》14卷、《待考》1卷)(1920年)

《金文新释》(原名《彝器名释文》)(1922年)

《簠室集百寿字》(1927年)

《中国文字变迁略说》(1929年)

*《簠室殷契征文》(全书12卷、考释12卷)(1929年)

《虞斋临摹古今文字》(第一册、第二册1907年，第三册1919年，第四册1930年)

《秦前文字韵林》(1931年)

《殷契录存》(共二册)(即《簠室所抚殷契》第二册)

(1933年)

《簠室集古籀文联语》(共二卷)(1936年)

《纶阁所抚金石文字》(1944年)

《契文汇录》(共三册)(即《簠室所抚殷契》第三册)(1949年)

《殷契墨本选集》(1954年)

《纶阁所录殷契》(共四册)(即《簠室所抚殷契》第四册)(1956年)

《簠室所抚殷契》(共五册)(1958年)

*《古文流变臆说》(1961年)

*《王襄著作选集》(上、中、下)(2005年)

《簠室殷契》

《殷墟书契待问篇录本》

《古玺临本》

《敬吾心室识篆图》

《三体石经考录本》

《毛公鼎释文》

2. 文物、考古类

《晋斋宝藏彝器款识》(1908年)

*《簠室古甬》(1909年)

《题甲子表》(1910年)

《题十七权钱》(1910年)

《集六朝唐人写经残页》(1911年)

《六朝、唐人写经》(1911年)

《流沙坠简勘误记》(1916年)

《古钵临本》(1919年)

《宋钱志异录》(1939年)

《题墓门画像石》1943年)

《题李叔同集印册》(1945年)

《题所集造像册》(1946年)

*《古陶今释》(共二卷)(1947年)

*《古陶残器絜语》(1948年)

*《古陶今释续编》(共三卷)(1949年)

《古镜写影》(1950年)

*《滕县汉石刻画记》(1950年)

《殷代贞史待征录》(1953年)

《汉及后汉文物举例》(亦名为《两汉文物举例》)(1959年)

3. 笔记、题跋类

《簠室识小录》(共二册)(1914年)

《簠室杂钞》(共四册)(第一册1915年、第二册1917年、第三册和第四册1919年)

《簠室丛录》(共四卷)(1918年)

《题贞卜文》(1920年)

*《簠室题跋》(卷一1920年、卷二1938年、卷三1949年、卷四和卷五1963年)

《入蜀琐录》(上、下册)(1928年)

《读书管窥记》(曾题名为《读书小识》《读书识小录》《篚室赘言》)。(1930年)

*《题寄钊弟贞卜文集字》(1932年)

*《题所录贞卜文册》(1933年)

*《题易穞园殷契拓册》(1935年)

《丛录备忘》(第一册1941年、第二册1943年、第三册1947年、第四册、第五册1949年、第六册1950年、第七册和第八册1953年、第九册1954年、第十册1957年、第十一册1958年)

《题所录殷契》(1944年)

《篚室殷契》(1955年)

《孟定生殷契序》(原名为《题孟定生所藏殷契拓本》)(1957年)

《篚室笔记》

《篚室课余杂钞》

《篚室小知录》

《课余日知》

《陈介祺书札跋》

4. 诗词、文稿类

《入蜀诗草》(1925年)

《入蜀琐录》(共二册)(1928年)

《越中吟》(1930年)

《泽畔吟》(1934 年)

《越吟续稿》(1935 年)

《归田谣》(1937 年)

*《纶阁诗稿》(第一册 1934 年,第二册 1964 年)

*《纶阁文稿》(第一册和第二册 1949 年、第三册 1958 年、第四册 1959 年)

5. 书法类

《簠室横额》(自书匾额)(1907 年)

“到此安平亦乐土　闲将文字写乡思”(为王瓒、王钊书联)(1923 年)

《百寿字样》(条幅)(1927 年)

“寿君正逢上元节　生日再庆五十年”(为王钊书寿联)(1933 年)

“上寿百岁若驹光允宜自奋　寒士一生有食藉何事旁求”(自励联)(1934 年)

“竹生亭”(模范小学“竹生亭”匾额)(1941 年)

“无以岁华将至老　所期作述有千秋”(为天津市文史研究馆成立 2 周年书联)(1955 年)

“老见异书学一进　今逢上寿计八旬”(自寿联)(1955 年)

“政清俗简　民勤年丰”(为《天津晚报》题词)(1957 年)

“古为今用”(赠杨鲁安联)(1959 年)

“求是书斋”(为王成书匾额)(1964 年)

毛泽东:《采桑子·重阳》《如梦令·元旦》(为北京荣宝斋书联)(1964 年)

陈毅:“我住江之头　君住江之尾　彼此情无限　共饮一江水”(赠天津市文史研究馆)(1964 年)

“古刹大悲禅院”(为天津大悲院书匾额)(新中国成立后)

后记

我的祖父王襄老人，是我国最早鉴识、收藏及研究甲骨文的学者之一。自1899年始，20余年里搜集甲骨4000余片。老人一生酷爱文物考古、金石文字之学的研究，著述颇丰，所著《簠室殷契类纂》《簠室殷契征文》《古文流变臆说》等作品，均具有较高的学术价值，为诸多学者所推崇。老人是书法家，在书法上颇有功力。老人一生反对祖国文物外流，特别对"洋人"掠夺我国甲骨一事深恶痛绝，他指出"殷契出土至今，日渐稀少"，"日后不可多得矣"。他认为甲骨(文物)外流，是愧对于国家、民族和子孙后代的"丑事"，"此事是万万做不得的"。晚年，老人经过慎重思考，决定将自己珍藏的甲骨(包括甲骨拓片)、文物、字画、手稿等全部捐献给国家，得到了党、国家和人民的颂扬。

我的祖父王襄老人一生经历了大清帝国、中华民国、日伪政权、中华人民共和国等不同的历史时期。始终在政治上明辨是非，爱憎分明。他对旧社会恨之愈深，对新社会爱之愈笃，从清末的举人终成为一名共产党员；从一位旧社会洁身自爱的学者转变成一位为人民服务的战士。他艰苦奋斗一生,实现了献身学术、献身祖国的夙愿,成为一位在学术上卓有贡献的学者和政治品德上的楷模。我有幸在自己的青少年时期能与祖父共同生活,受到了祖父亲切的关怀和教导,在祖父的思想与人品的影响下,使我走上了献身社会主义祖国的文化教育事业。

随着我国改革开放事业的蓬勃发展,文化学术研究异常活跃,许多专家学者、朋友与家人希望我能将所了解到的有关王襄老人的旧闻、轶事讲述出来,以供全面了解老人的生平及学术研究参考。本着“实事求是”“了解多少,就写多少”的原则,我将自己的亲身经历,辑录成篇,经有关专家、亲友的修订、汇编成册,仅供参考,并以此纪念甲骨文在津发现120周年。

本书编辑过程中,得到了天津市政协文史资料委员会好友方兆麟先生的热情帮助与指导,深深感谢。

本书使用了众多的图书、报刊文字、照片、网络等的资料,因篇幅所限,在此恕不一一赘述,谨向原作者致谢。因本人学识浅显,加之记忆有误,本书不当之处,望读者指正。

簠室长孙 王 成

于求寔书屋 2019年1月